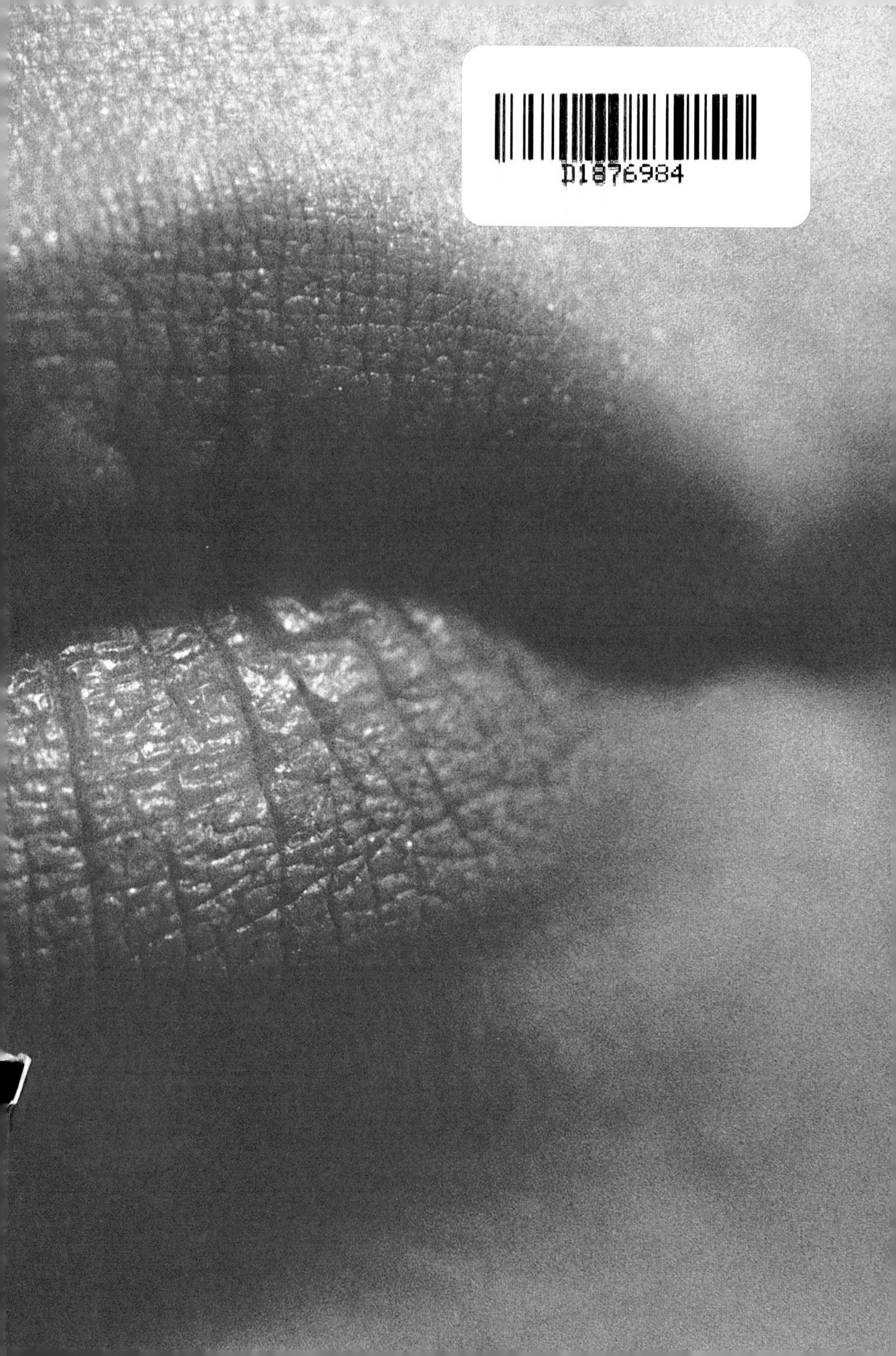

Christine Wolfrum

Staatsexamen in Ökotrophologie und Anglistik, später noch Magister in amerikanischer Kulturgeschichte, Literatur, Kunst und Journalistik, arbeitet heute als Journalistin und Buchautorin. Bei dtv junior veröffentlichte sie den dtv pocket reader ›Ich und ein Baby? Gefühle, Gedanken, Erfahrungen‹ (78146). Christine Wolfrum lebt mit Mann und zwei Kindern in München.

Foto: *Gerd Jankuhn*

Peter Süß

Dr. phil., hat Geschichte, Germanistik und Politikwissenschaft studiert. Heute lebt und arbeitet er als Buch- und Fernsehserienautor in Berlin. Für dtv junior schrieb er zusammen mit Gabriele Kosack den dtv pocket reader ›Daily Soaps. Macher, Fans & Stars‹ (78158).

Foto: *Michael Görres*

Christine Wolfrum
und Peter Süß

LIEBE, SEX UND MEHR

Alles, was ihr wissen wollt

Der Verlag dankt Dr. Martin Heindl, Chefarzt in Wasserburg, und Prof. Dr. Norbert Kluge, Universität Koblenz-Landau, für die Überprüfung der medizinischen wie sexualwissenschaftlichen Fakten des Buches.

Originalausgabe
Aktualisierte Neuausgabe März 2005

www.dtvjunior.de
Umschlaggestaltung
Jorge Schmidt und Tabea Dietrich unter
Verwendung eines Fotos von Jan Roeder
Visuelles Konzept und
Gestaltung
Jorge Schmidt und Tabea Dietrich, München
Fotos
Jan Roeder, Gauting
Cartoons und Sachzeichnungen
Hans-Jürgen Feldhaus
Schrift Boton, Frankie
Gesamtherstellung Kösel, Krugzell
Printed in Germany
ISBN 3-423-78201-3

Christine Wolfrum
und Peter Süß

LIEBE, SEX UND MEHR

Alles, was ihr wissen wollt

Fotos von
Jan Roeder
Cartoons und
Sachzeichnungen von
Hans-Jürgen Feldhaus

Deutscher
Taschenbuch
Verlag

SEXUALITÄT? ... 14

Ein wissenschaftliches Wort ... **14**

DIE MACHT DER HORMONE ... 17

SUSANNE UND SEBASTIAN ... 21

Partytime ... **21**

FRAUENSACHEN ... 25

Sexsymbol Busen ... **25**
»Ich habe meine Tage gekriegt« ... **27**
Was passiert eigentlich bei der Monatsblutung? ... **29**
Wie oft blute ich? ... **31**
Binden oder Tampons? ... **31**
Schmerzen während der Menstruation ... **32**
Das erste Mal bei der Frauenärztin ... **34**

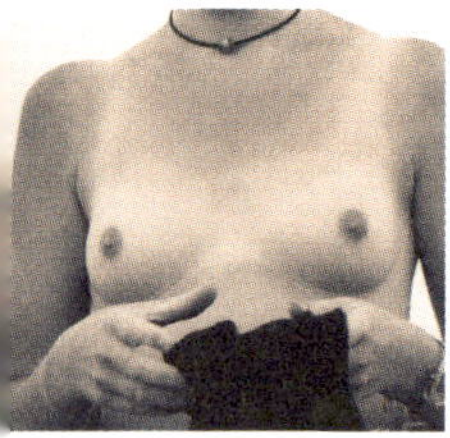

MÄNNERSACHEN ... 38

Die Hoden ... **38**
Der Penis ... **40**
Erektion ... **42**
Feuchte Nächte ... **43**
Wenn die Stimme kippt, Bart und
Schamhaare sprießen ... **44**
Das erste Mal beim Männerarzt ... **45**

WAS MÄDCHEN UND JUNGEN ANGEHT: VON HAUT UND HAAREN ... 46

Ich rieche so anders ... 47
Ich kann dich gut riechen ... 48

DIE ACHTERBAHN DER GEFÜHLE ... 49

Elternsprüche ... 51
Der beste Freund, die beste Freundin ... 52
Die Clique ... 56
Ich fühle mich einsam und unglücklich ... 60
S(i)msen ist super ... 63
Welchen Sinn hat das Leben noch für mich? ... 66

EIN LEBEN ZWISCHEN ZWEI WELTEN: ICH BIN EINE TÜRKIN IN DEUTSCHLAND ... 70

WER WILL WEN? ... 76

Clemens' Tagebuch ... 76
Wer will mich? ... 83
Wie ich ihn mir wünsche ... 85
Wie ich sie mir wünsche ... 86
Wo ist denn mein Märchenprinz? ... 88

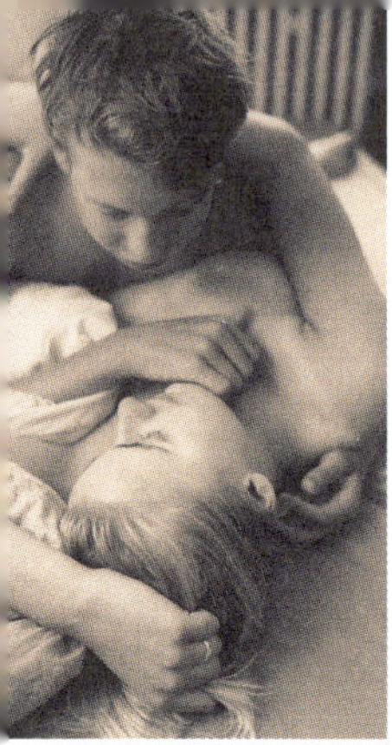

STREICHELEINHEITEN. FÜR MEINEN KÖRPER ... 91

Pulsierende Wellen: Der Orgasmus ... 95

JE T'AIME, TI AMO, I LOVE YOU ... 97

WIE WEIT WOLLEN WIR GEHEN ... 103

HOMO-HETERO-BI – ODER WIE? ... 108

Als Junge verliebt in einen Jungen ... 108
Als Mädchen verliebt in ein Mädchen ... 109
Jung, cool – und schwul ... 113
Ansichten von Heteros über Schwule und Lesben ... 120
Homo im Osten Deutschlands ... 121
Eine Lesbe erzählt ... 124

DAS ERSTE MAL ... 130

ICH LIEBE MIT, ICH LIEBE OHNE ... 141

Durchblick bei Verhütung ... 141
Die bekannten Verhütungsmittel auf einen Blick ... 156

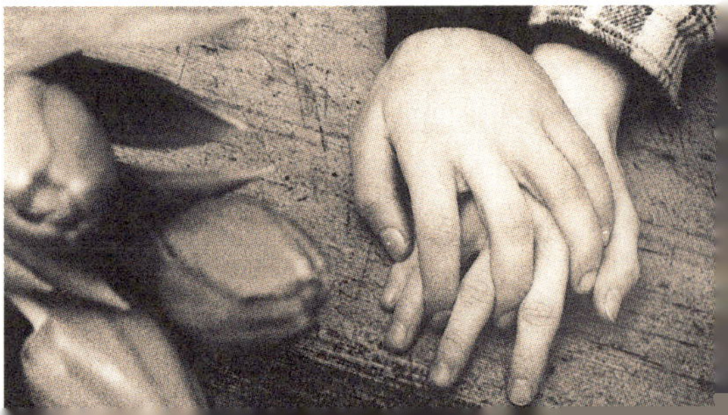

SCHWANGER WIRST DU NICHT ALLEIN ... 160

Gwendolyns Tagebuch ... 160
Schwanger – was nun? ... 164
Abbruch: rechtswidrig, aber nicht strafbar ... 168
Abtreibungsmethoden, die keine sind ... 171
Was geschieht beim Schwangerschaftsabbruch? ... 172

BEZIEHUNGSWEISE SO FUNKTIONIERT'S – ODER AUCH NICHT ... 176

Über Ehrlichkeit, Erwartungen, Sex und Liebe, dies & das ... 179
Was stimmt für euch? Kleiner Beziehungstest ... 182
Fifty ways to loose your lover ... 182

WEGE DURCH DEN CYBER-DSCHUNGEL ... 184

Neulich im Liebesforum ... 184
Chat-Einmaleins ... 189
Internet – und Chat-Tipps ... 191

»ICH KANN ES NICHT VERZEIHEN« ... 194

Mein Partner war untreu ... 195

DAS GRÜNGEÄUGTE SCHEUSAL: EIFERSUCHT ... 200

Ansichten und Erfahrungen ... **202**

ALLES IST AUS ... 204

Was kannst du tun? ... **211**
Was du auf gar keinen Fall tun solltest ... **211**
Denke daran **212**
Und tschüs! ... **212**

THE DARK SIDE OF SEX ... 217

Gitti, 17: Ich wurde von meinem Stiefvater missbraucht ... **217**
Prostitution ... **222**
»Du bist ja pervers!« ... **223**

»AIDS KOTZT MICH INZWISCHEN AN« ... 227

HIV und Aids ... **227**
Was ist Aids? ... **228**
Wo kommen Aids-Viren vor? ... **228**
Was ist Aids nicht? ... **228**
Aids, Kondome und kein Ende. ... **231**
Sexuell übertragbare Krankheiten im Überblick ... **232**
Der Test ... **233**

ADRESSEN ... 236
REGISTER ... 244

'E LAK

SEXUALITÄT?

Ein wissenschaftliches Wort

Was mir beim Wort Sexualität einfällt? Miteinander schlafen. Sonst nichts. Sexualität ist so ein biologischer Begriff. Im Unterricht heißt es ja auch Sexualkunde. Ich würde das Wort nie benutzen.« ***Teresa*** *14*

»Sexualität? Ein komisches Wort. In der fünften und sechsten Klasse haben wir den Körper der Frau und des Mannes wissenschaftlich durchgenommen. Jeder bekam eine Zeichnung der männlichen und weiblichen Geschlechtsorgane in die Hand gedrückt. Die mussten wir genau beschriften. Wer nicht mehr weiterwusste, konnte im Buch nachschauen. Im Unterricht blieben wir die meiste Zeit stumm oder kicherten. Es war so schrecklich peinlich zusammen mit den Jungs.« ***Katharina*** *14*

»Sexualkunde sollte getrennt sein. Für Jungen mit einem Lehrer und für Mädchen mit einer Lehrerin. Sonst lachen bloß alle. Aber der Lehrer müsste auch etwas über die Frauen wissen – eben auch über ihre Gefühle und erogenen Zonen. Bisher habe ich nur gelernt, dass das weibliche Geschlechtsorgan ein Gewirr von Gängen ist.« ***Thomas*** *14*

»Niemand hat sich getraut was zu fragen, aus Angst, ausgelacht zu werden. Einmal sollte ein Mädchen an der Tafel die Geschlechtsorgane bestimmen. Erst meldete sich niemand. Dann wagte sich doch die Susanna vor. Knallrot ist sie angelaufen. Alle haben sich kaputtgelacht, obwohl es überhaupt nicht lustig war.« ***Katharina***

»Unser Lehrer hat uns doch tatsächlich gefragt, wer schon seine Tage hat. Natürlich hat sich keine gemeldet.« ***Teresa***

»Peinlich, wenn das dann nur eine Einzige ist ...« **Katharina**

»... und vor den Jungen. Das ist doch voll bescheuert. Immer waren die mit dabei. Damit auch ja nichts wirklich Wichtiges besprochen werden kann.« **Teresa**

»Bei uns in der Klasse hat sich niemand getraut, in Sexualkunde was zu fragen. Die erzählen nur schweinische Witze und machen anzügliche Bemerkungen. Dabei würde ich gerne etwas über die Ängste der Mädchen hören. Ob's wehtut beim ersten Mal. Wie kommt eine Frau zum Orgasmus? Was passiert da eigentlich? Kommt das vom Kopf her? Oder doch vom Körper? Ich glaube, da zieht sich irgendwas zusammen. Vielleicht die Klitoris? Jedenfalls ein irres Gefühl. Hat mir meine ältere Schwester gesagt.« **Mirea** *13*

»Im Unterricht geht es nicht um Liebe und sexuelle Beziehungen. Sondern darum: Was kann passieren? Wie verhüte ich? Aber nicht: Was macht Spaß?« **Bernd** *15*

»Ja, genau. Über Lust und weibliche Sexualität wird überhaupt nicht gesprochen. Eine Frau, das ist – Periode, Eisprung, Schwangerschaft, Gebären. Wie sollen wir Sexualität oder unseren Körper erleben, wenn uns das Miteinanderschlafen als ›der vollzogene Geschlechtsakt‹ verkauft wird? Ein grässliches Wort.« **Angelika** *16*

Ist es bei euch auch so ähnlich im Sexualkundeunterricht? Gäbe es nicht ältere Geschwister und gute Freunde, nicht Liebesromane und Jugendzeitschriften, sondern nur den Sexualkundeunterricht, erschiene Sexualität als etwas, das wie Arbeit verrichtet werden muss. Lehrer flüchten sich häufig in die Verwissenschaftlichung, denn die Blümchen und Bienchen haben ausgedient. Da wird von Pollution und Menstruation gesprochen, von Lustfaktor und Genitalflüssigkeit, von Verhütungsmitteln und Aids. Aber Sexualität ist weit mehr – umfasst dein gesamtes Wesen, deinen Körper und deine Gefühle, Empfindungen, Fantasien... Doch das ist noch lange nicht in allen Köpfen drin.

In einigen Bundesländern geht man erfreulicherweise bereits andere Wege. Dort gehen speziell ausgebildete ältere Jugendliche in Schulklassen und sprechen mit jüngeren Schülern über Liebe und Sexualität.
Aber selbst wenn bei euch der Sexualkundeunterricht noch in den alten Bahnen verläuft, könnt ihr vielleicht doch ein paar Änderungen erreichen. Bittet doch den Lehrer, die Klasse aufzuteilen: Einmal sind die Mädchen dran, dann wieder die Jungen. So seid ihr jeweils unter euch und außerdem ist die Gruppe kleiner.

Wir Autoren können letztlich nur von dem berichten, was uns andere erzählen, und von den Erfahrungen, die wir selbst bisher gemacht haben. Und die sind sehr verschieden, auch unsere Ansichten sind nicht immer gleich.
Deshalb werden sicher einige Fragen, die ihr habt, offen bleiben. Aber wer hätte je schon alles Leben auf Papier gebannt? Eure Erfahrungen mit Sexualität sind etwas ganz Eigenes und gehören nur euch. Es befreit aber und macht sicherer, wenn man weiß, dass manche Situationen von anderen Mädchen und Jungen ähnlich erlebt werden. Und das – so hoffen wir – könnt ihr in und mit diesem Buch entdecken. In diesem Sinne

Christine Wolfrum und Peter Süß
München und Berlin Oktober 2004

DIE MACHT DER HORMONE

Also, wenn ich mich kritisch im Spiegel betrachte, finde ich, dass mein Hintern etwas zu rund und zu groß ist. Im Gegensatz zu meinem Busen. Der ist eher klein. Aber so einen richtig großen möchte ich eigentlich auch nicht. Der wackelt beim Sport nur hin und her. Auch mein Bauch gefällt mir nicht. Andere haben einen ganz flachen, durchtrainierten Bauch. Meiner wölbt sich leicht vor. Hin und wieder bekomme ich eine richtige Wut, wenn ich merke, dass meine Lieblingsklamotten über dem Bauch spannen. Ich beneide die Mädchen in meiner Klasse, die einfach schlank sind. Mein Vater sagt, ich soll nicht so spinnen. Als wenn das Äußere so wichtig sei. Der hat gut reden.«

Nena *14*

Der maßgeschneiderte, schöne Körper boomt. Ein Blick in Zeitschriften, in Werbespots und auf Plakate zeigt uns, wie wir aussehen sollten. Kein Wunder, dass Fitness-Studios großen Zulauf haben, Kosmetikhersteller und plastische Chirurgen enorme Gelder einstreichen. Wer ist schon zufrieden damit, wie ihn die Natur geschaffen hat?

Dazu passt, dass Mädchen heute Model werden wollen oder davon träumen, dass das Fernsehen sie gleich als Moderatorin möglichst für MTV oder Viva einkauft, weil sie super aussehen. Für eine »makellose« Figur wird gehungert und bis zum Umfallen gejoggt. Und wenn das nicht reicht, suchen auch viele junge Mädchen einen Schönheitschirurgen auf. Immer mehr Jungen tun es den Mädchen gleich. Sie fragen sich, sehe ich gut genug aus? Und wie komme ich an? Bin ich cool genug? Oft fühlen sie sich zu dick, zu hässlich, zu unmuskulös.

Ob du dich für schön und begehrenswert hältst, hängt nicht nur von Äußerlichkeiten ab, sondern davon, welche innere Einstellung du zu deinem Körper hast. Wissenschaftler haben nämlich herausgefunden, dass jemand, der mit sich zufrieden ist, auch nach außen eine gute Ausstrahlung besitzt! Auch wenn andere dir das Gegenteil weismachen wollen: Hungern ist keine gute Waffe gegen mangelndes Selbstwertgefühl und Versagensängste, ebenso wenig wie wenn du dir einen Panzer aus Muskeln zulegst. Suche den Kontakt zu Gleichgesinnten. Und noch etwas: Vertraue deiner eigenen Urteilskraft und zeige dich konfliktbereit.

»Es ist komisch. Seit ich zwölf Jahre alt bin, betrachte ich mich in allen spiegelnden Flächen. Sogar wenn ich Klavier übe, kann ich mich dabei im glänzenden schwarzen Holz anschauen. Klar, dass dann beim Üben nicht viel rauskommt. Aber irgendwie beobachte ich mich bei allem, was ich tue. Ich will wissen, wie ich schaue, wenn ich konzentriert bin, wenn ich lächle, wenn ich zornig bin oder traurig. In jeder Auslage betrachte ich zuerst einmal mich. Sogar im Lack der Autos schaue ich mich an und erschrecke, weil ich so fett aussehe. Ob das noch normal ist?« ***Luise*** *13*

»Zuerst wuchs nur ein einziges Haar an der Scheide. Das sah komisch aus. Später wurden es mehr. Aber trotzdem blieben sie etwas spärlich. Als mein Busen zu wachsen begann, schaute mich meine Mutter immer wieder prüfend an. Eines Tages sagte sie: ›So, jetzt habe ich Zeit und kaufe dir einen BH. Der ist schon längst nötig!‹ Das Einkaufen war mir furchtbar peinlich. Meine Mutter und die Verkäuferin füllten die Umkleidekabine aus und beratschlagten sich. Weil ich diese Prozedur so schnell wie möglich hinter mich bringen wollte, nahm ich gleich den erstbesten. Ich wollte mir von niemandem sagen lassen, ob ich nun einen BH tragen muss oder nicht.«

Mascha *17*

»Jeder Tag ist ein Kampf mit meinem Körper und mit meinem Kopf. Ich fühle mich, als ob meine Füße auf je einer Eisscholle stehen. Ständig muss ich aufpassen, dass die Schollen nicht auseinander driften und ich dabei untergehe.« ***Lukas*** *16*

Plötzlich ist nichts mehr wie vorher. Das siehst du, wenn du dich im Spiegel betrachtest. Das fühlst du, wenn du dich schlecht gelaunt auf dem Sofa lümmelst und dich zu nichts aufraffen kannst. Etwas Entscheidendes hat sich in deinem Leben geändert.

Für diese äußeren und gefühlsmäßigen Veränderungen sind Hormone verantwortlich, chemische Botenstoffe. Hormone tragen Botschaften von der Zentrale, der Hirnanhangdrüse, zu den übrigen Hormondrüsen. Diese bilden Substanzen, die in komplizierter Weise auf jede Zelle des menschlichen Körpers einwirken. Wird in der Hirnanhangdrüse, auch Hypophyse genannt (sie befindet sich zwischen den Augen), zum Beispiel der Befehl »wachsen« gegeben, dann leiten die »Hormonboten« diese Information weiter. Die Hormondrüsen beginnen mit der Hormonproduktion, die das Wachstum ankurbelt. Zwischen dem 8. und 11. Lebensjahr kommen Mädchen normalerweise in die Pubertät: Der Körper produziert nun vermehrt weibliche Geschlechtshormone, vor allem Östrogene und Gestagene. Diese Sexualhormone waren auch schon vorher in kleinen Mengen im Körper vorhanden. Doch nun greifen sie so intensiv ein, dass du dich veränderst: körperlich, geistig und seelisch!

Zwischen dem 9. und 11. Lebensjahr runden sich deshalb auch die Brüste, Achsel- und Schamhaare beginnen zu sprießen, zuerst ist es oft nur ein zarter Flaum, später werden sie üppiger, oft kräuseln sie sich. Meist sind die Schamhaare dunkler als die Haare am Kopf. Bei Blonden

und Rothaarigen können sie auch hell oder rotblond sein.
Manche Mädchen werden jetzt pummelig. Andere schießen in die Höhe, wirken kantig und mager. Das bleibt jedoch nicht endgültig so. Zwei oder drei Jahre später siehst du wieder ganz anders aus.
Bei Jungen beginnt die Pubertät etwas später – ungefähr zwischen dem 11. und 14. Lebensjahr. Mach dir also keine Gedanken, wenn deine Freunde dir plötzlich über den Kopf wachsen, sich schon rasieren müssen, während bei dir außer einem Kükenflaum noch nicht viel Bart zu sehen ist. Es ist auch bedeutungslos, wenn dein Penis größer ist als der von deinem besten Freund, während sie vor einem Jahr noch gleich lang waren. Schließlich kommt bei »Frühentwicklern« genau dasselbe heraus wie bei »Spätzündern«: nämlich ein erwachsener Mann.
Doch wie merkt man eigentlich, wann es bei einem selbst losgeht? Plötzlich wird deine Stimme tiefer, und wenn du dich nach dem Duschen mal wieder etwas ausgiebiger nackt im Spiegel betrachtest, stellst du vielleicht fest, dass sich deine Figur verändert hat. Deine Arme und Beine sind länger geworden, deine Schultern breiter, deine Hoden größer, und du entdeckst die ersten Haare an deinem Körper. Das alles – und vieles mehr – liegt an dem männlichen Sexualhormon Testosteron, das von den Hoden jetzt verstärkt produziert wird.
Doch nicht nur an den Veränderungen deines Körpers merkst du, dass du in der Pubertät steckst. Hattest du vorher nur Fußballspielen oder Skateboardfahren im Kopf und fandest du Mädchen vielleicht ganz nett, aber eigentlich ziemlich uninteressant, merkst du, dass du sie jetzt mit anderen Augen betrachtest.

SUSANNE UND SEBASTIAN
Partytime

Chaos vor dem Kleiderschrank. Susanne steht ratlos vor dem Spiegel. Am Boden türmen sich schon eine Menge Klamotten. Aber sie kann sich nicht entscheiden, was sie anziehen soll. Das blaue Schlauchkleid sieht zwar toll zu ihren blonden Haaren aus. Aber eigentlich möchte sie lieber Jeans anziehen. Darin fühlt sie sich sicherer. ›Also gut, gehe ich wie immer: Hose und knallenges Hemd.‹ Sie fischt das erdbeerrote T-Shirt aus dem Haufen und schlüpft hinein.

Britt, bei der die Party stattfindet, wohnt nur zwei Häuserblocks weiter. Als Susanne ankommt, ist es schon ziemlich voll. Sie ist verwirrt und kann vor lauter Köpfen Britt nicht gleich entdecken. Unsicher und etwas verkrampft lehnt sie im Türrahmen. Suchend lässt sie ihren Blick schweifen und sieht – Sebastian. Er unterhält sich angeregt mit Sibylle und fuchtelt dabei wild mit den Armen. ›Wie süß er aussieht‹, denkt sie. Und ihr Herz rast wie toll. Sie muss heftig schlucken. Als hätte er ihren brennenden Blick gespürt, schaut Sebastian auf und direkt in ihre Richtung. Da kommt von hinten Mario aus ihrer Klasse, wirbelt sie lachend herum. »Komm mit, ich zeige dir die CDs, denn ich bin heute Abend der DJ«, sagt er und zieht sie einfach mit sich fort.

›Wenn er sich mit der anderen jetzt gut versteht, komme ich zu spät‹, denkt Susanne. ›Das ist einfach Scheiße!‹ Aber sie kann Mario nicht entkommen. Dann taucht plötzlich auch Britt auf, die sie herzlich umarmt. ›Irgendwie läuft alles schief‹, denkt Susanne verzweifelt. ›Wenigstens will ich sehen, ob er was mit Sibylle hat oder nicht.‹ Angestrengt hört sie dem Geplapper der anderen zu, bekommt nur einzelne Gesprächsfetzen mit. Dann dreht sie sich abrupt um, bahnt sich ihren Weg zur Wohnzimmertür. ›Jetzt ist er weg mit ihr!‹, schießt es ihr durch den Kopf. Da sieht sie ihn in der Sofaecke lümmeln, den einen Arm auf

FÜR KÖNNER

der Rücklehne. Dort, wo Sibylle sitzt. ›Aus! Es ist aus.‹ Susanne hat einen dicken, fetten Kloß im Hals. Am liebsten würde sie hier vor allen losheulen. Was soll sie bloß machen? Doch sie kann den Blick nicht von den zweien wenden. Schließlich geht sie ganz langsam hinaus auf die Terrasse. Ein Glück, dort ist niemand. Susanne atmet tief durch. Es ist eine wunderbare laue Sommernacht. Rund um die Terrasse sind lauter kleine Teelichter aufgestellt, total romantisch. Doch für Susanne ein Grund mehr, heftig zu schlucken. Traurig und gleichzeitig sehnsüchtig schaut sie ins Dunkel des Gartens. Plötzlich hört sie Schritte neben sich. Nur jetzt nicht angesprochen werden. Sie möchte allein sein. Was hat sie von einer Party, wenn der, den sie mag, sich super mit einer anderen amüsiert.

»Schön hier, nicht«, sagt eine leise Stimme. Susanne erschrickt. Gut, dass es so dunkel ist. Diese Stimme hat sie gleich erkannt. Die würde sie immer und immer wiedererkennen. Sebastian!

»Ja«, kann sie nur sagen und kommt sich ziemlich blöd vor.

»Gefällt's dir hier nicht?«, fragt er weiter.

»Doch, schon.« Susanne hat einen ganz trockenen Mund, ihr ist heiß und gleichzeitig fröstelt sie.

»Ja, was hast du denn dann? Du bist doch sonst immer so lustig.« »Ach, ich weiß nicht. Vielleicht, weil ...«

Eine Pause von zehn Sekunden, dreißig Sekunden, einer Minute?

»Was ›weil‹, nun komm schon«, drängt Sebastian.

›Was soll ich denn sagen? Verdammt noch mal‹, denkt Susanne. Schließlich kann sie nicht sagen, dass sie total eifersüchtig auf Sibylle ist. »Wegen dir und Sibylle. Das hat mir was ausgemacht.« Jetzt ist es raus.

›Nur gut, dass es so dunkel ist und keiner sieht, wie rot ich werde‹, denkt Susanne.

»Ach so, Sibylle wohnt bei uns im Haus. Die kenne ich schon seit unserer Sandkastenzeit. Ich mag sie sehr gern. Aber anders. – Komm«, sagt Sebastian und nimmt sanft Susannes Hand und zieht sie ins Haus. »Gerade spielen sie mein Lieblingslied. Lass uns dazu tanzen.«

Sexsymbol Busen

Nichts wird von Mädchen kritischer betrachtet und untereinander verglichen als der Busen. Zu Beginn der Pubertät – also irgendwann zwischen dem achten und elften Lebensjahr – produziert der weibliche Körper vermehrt Östrogene. Dann vergrößert sich der dunkel gefärbte Hof um die Brustwarze, schließlich die Brust selbst. Es dauert mehrere Jahre, bis die Brust ihr endgültiges Aussehen und ihre endgültige Größe erreicht hat. Sie kann dann die Form von Äpfeln oder Birnen haben, sie kann rund oder länglich sein, groß oder klein. Der Vorhof kann viel Platz einnehmen oder auch nur ein kleiner Ring sein, der Brustnippel kann vorstehen oder auch etwas nach innen gezogen sein. Für das Empfinden sexueller Lust spielt das alles keine Rolle. Wichtiger dafür ist, wie stark die Brusthaut und Brustwarzen mit berührungsempfindlichen Nerven durchzogen sind. Wer seine Brüste akzeptiert, so wie sie sind, wird auch die Zärtlichkeiten des Partners oder der Partnerin intensiver genießen können.

Meist wachsen die Brüste nicht gleichmäßig. Dann ist womöglich die linke Brust kleiner als die rechte. Vielleicht bleibt aber auch eine Brust etwas kleiner als die andere. Das ist völlig normal. Bei Linkshänderinnen ist die linke Brust oft etwas kleiner (durch stärkere Bewegung dieses Brustmuskels), bei Rechtshänderinnen ist das umgekehrt. Wie zart oder schwer die Brüste werden, wann sie wachsen und welche Form sie schließlich erhalten, ist bei jedem Mädchen anlagebedingt.

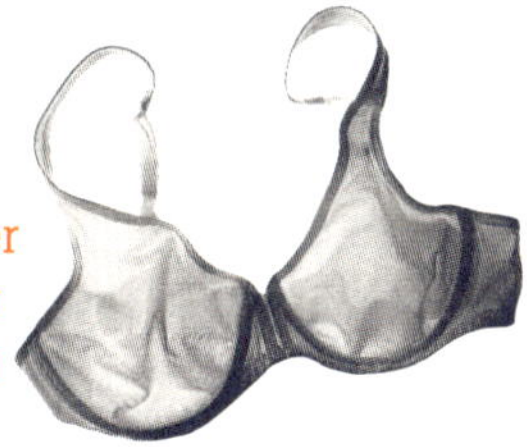

»Ich konnte es nicht fassen. Als ich zwölf war, wuchs mein Busen und schien nicht mehr aufhören zu wollen. Ich war völlig verzweifelt. Die Jungen liefen hinter mir her und sagten, dass ich ganz schön ›viel Holz vor der Hütt'n‹ hätte. Es war furchtbar. Mein Busen schien mich nach vorne zu ziehen. Schließlich bin ich nur 1,56 Meter groß und rappeldürr. Bei jedem Schritt wogt

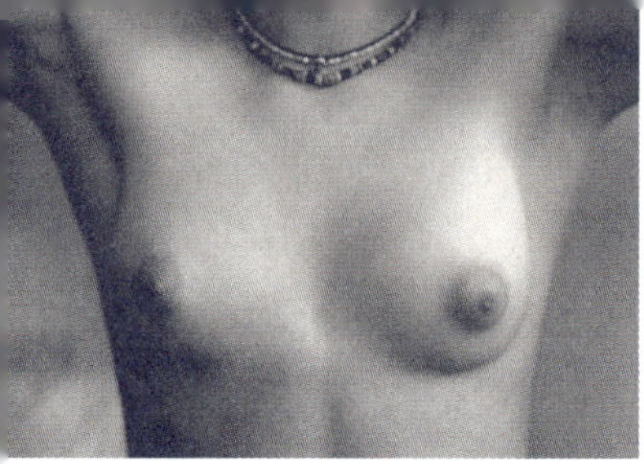

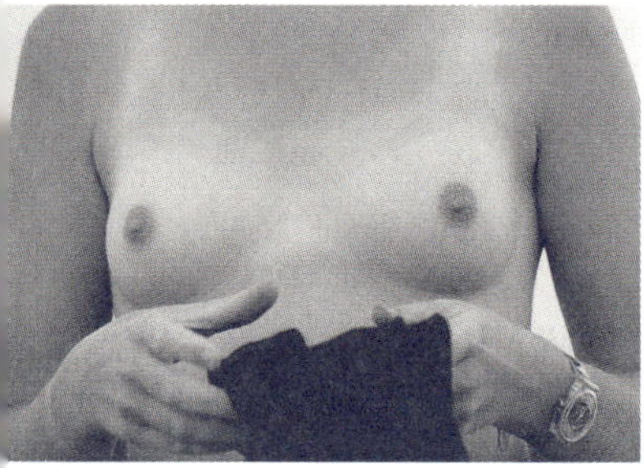
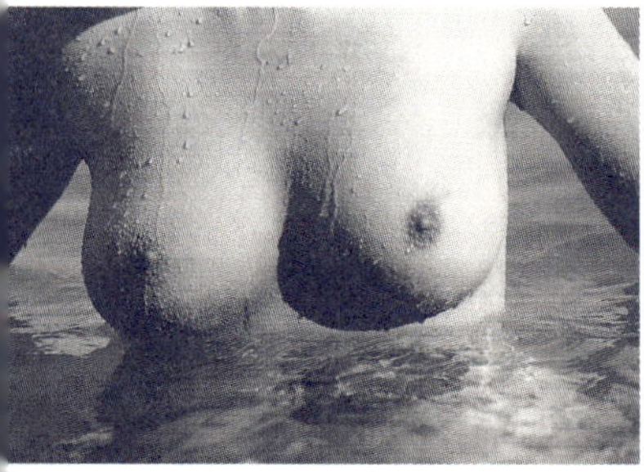
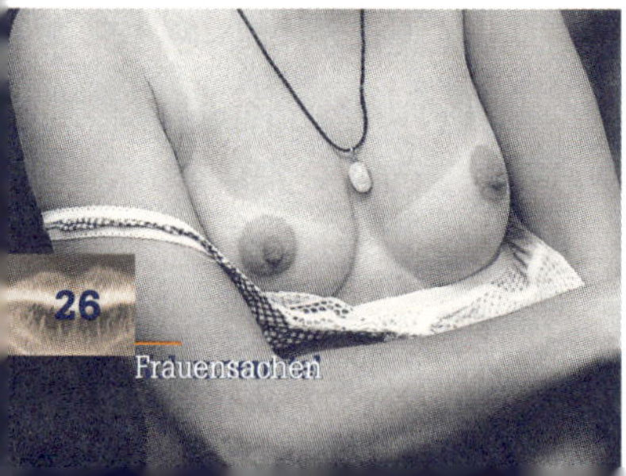

mein Vorbau auf und ab. Ich bin ziemlich sportlich, traue mich aber bei den Bundesjugendspielen gar nicht mehr mitzulaufen. Ich hoffte, dass mein Busen durch tägliches Schwimmen kleiner werden würde. Aber das hat nicht funktioniert. Da fing ich an nur noch riesige Schlabberpullis zu tragen und schob die Schultern ein bisschen vor. So wollte ich diesen Monsterbusen verstecken. Wenn ich am Tisch sitze, habe ich die Arme vor der Brust verschränkt. Auch heute noch fühle ich mich nicht glücklich mit so viel Masse. Manchmal denke ich daran, Geld für eine Brustverkleinerung zu sparen.« ***Margot*** *17*

Viele Stars, wie zum Beispiel Cher, haben sich dem Skalpell eines Schönheitschirurgen anvertraut. Die Spätfolgen, beispielsweise bei einer Brustvergrößerung mit Silikon, sind aber noch nicht abzusehen. Was jedes Mädchen wissen sollte, ist, dass alle zehn Jahre das Implantat ausgewechselt werden muss – und das bedeutet jedes Mal eine anstrengende und teure OP unter Vollnarkose. Besser ist die Einstellung: Mein Busen gehört zu mir. Und er ist schön! Sich dem Modediktat zu unterwerfen ist äußerst fragwürdig, weil man nie weiß, was in ein paar Jahren »in« ist: In den 50er Jahren war ein großer Busen gefragt, in den 60ern kam Twiggy mit ihrem Mini-Busen. Heute ist wieder mehr Oberweite gefragt, wie das Model Heidi Klum und die Schauspielerin Jennifer Lopez zeigen. Doch das kann dir egal sein. Schließlich ist dein Busen nicht ein x-beliebiges Kleidungsstück, das man je nach Bedarf formt!

»Ich habe meine Tage gekriegt«

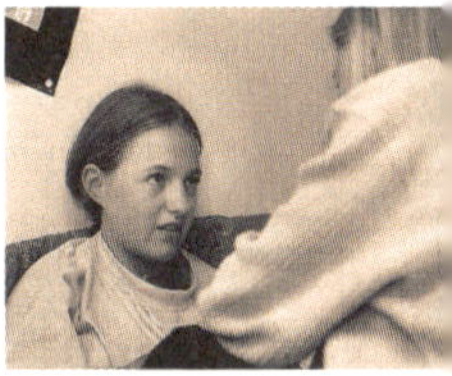

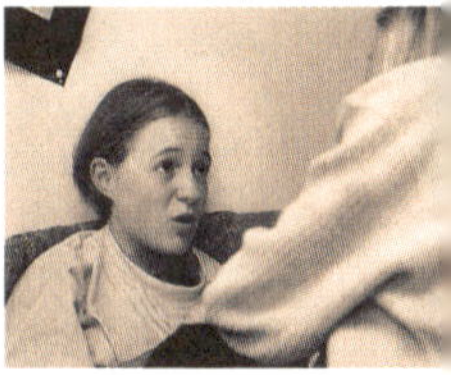

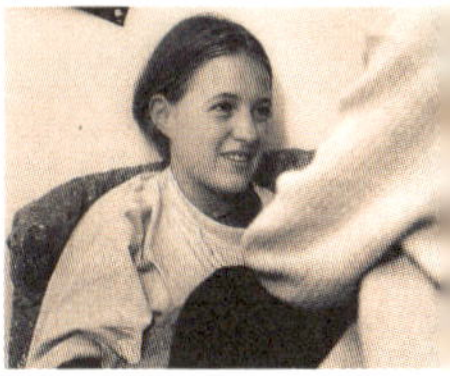

Auch wenn du sehnlichst darauf wartest, wirst du meist trotzdem davon überrascht. Oft findest du erst nur einen kleinen Fleck im Slip, manchmal hellrot oder auch nur bräunlich verfärbt. Wirst du von deiner ersten Menstruation überrascht, genügt meist ein Papiertaschentuch.

Die einen wünschen »es« sehnlichst herbei. Die anderen verstecken ihre Tampons oder Binden verschämt ganz unten in der Schultasche, wenn »es« so weit ist. Die Rede ist von der monatlich wiederkehrenden Blutung. Zwischen dem zehnten und dem sechzehnten Geburtstag bekommen Mädchen zum ersten Mal ihre Menstruation, ihre Periode.

Manche Mädchen erschrecken, wenn ihr Slip öfter mal feucht ist. Einige Zeit vor der ersten Blutung sondert der Körper durch einen Überschuss an Östrogenen eine geruchlose, glasig-weißliche Flüssigkeit ab, den so genannten »Weißfluss«. Das ist ganz normal, du brauchst dich deswegen nicht zu ängstigen und auch nicht zu schämen.

»Dass ich so frei mit meinem Körper umgehen kann, verdanke ich sicher der liberalen Erziehung meiner Eltern. Auch die erste Periode war kein ›Schockerlebnis‹ für mich. Nach der Schule besuchte ich mal wieder meine Freundin Johanna. Wir haben zusammen gekocht und gegessen. Dann musste ich auf die Toilette. In meinem Slip war ein winziger Blutfleck. Okay, dachte ich, jetzt ist es also so weit. Herzlichen Glückwunsch! Obwohl ich ziemlich durcheinander war, freute ich mich trotzdem. Schon seit einem halben Jahr wünschte ich mir ›sie‹ endlich zu haben, und sei es nur, um beim Sportunterricht nicht mitmachen zu müssen. Ich pinkelte erst einmal in Ruhe, dann fragte ich Johanna: ›Soll ich lachen oder weinen?‹ – ›Warum?‹, fragte sie zurück. ›Ich habe meine Tage bekommen. Und das zum ersten Mal.‹ Sie fand, das sei was zum Lachen. Also grinste ich stolz, denn jetzt war ich wieder ein Stück erwachsener. Johanna hatte ihre Tage noch nicht. Sie gab mir eine Binde von ihrer Mutter. Dann machten wir zusammen Hausaufgaben. Aber so richtig konzentrieren konnte ich mich nicht. Als ich nach Hause ging, traf ich meine Mutter beim Gemüseladen. Ich lief auf sie zu und legte meinen Kopf auf ihre Schultern. ›Hi, Mami, ich habe meine Tage gekriegt.‹ Sie nahm mich in den Arm und organisierte für denselben Abend zwei Karten für das Musical ›Magic at four a. m.‹ im Deutschen Theater. Es war ganz toll und ich war rundum glücklich.« ***Lisa*** *13*

»Über meine Periode kann ich wenig sagen. Ich hab sie halt mit zwölf Jahren bekommen – und fertig. Meine Mutter merkte das sofort und kaufte mir Binden. Das fand ich richtig nett von ihr. Manchmal hab ich während meiner Regel etwas Bauchweh. Doch das ist nicht der Rede wert. Ich finde, man sollte wegen der monatlichen Blutungen kein Theater machen.« ***Katharina*** *14*

Wie war es bei dir? Manche Mädchen finden es ganz doof, wenn die Mutter über die bevorstehende Menstruation reden will, vielleicht sogar darauf drängt, zusammen Binden oder Tampons einkaufen zu gehen. Für andere ist es wichtig, gerade darüber mit der Mutter zu reden, eventuell diesen Tag sogar zu feiern.
In anderen Ländern wird die erste Menstruation, wie sie auch heißt, oft von Initiationsriten für das Mädchen begleitet. Das heißt, das Mädchen wird mit bestimmten Ritualen vom Kindsein verabschiedet und in die Gruppe der (heiratsfähigen) Frauen aufgenommen. In Japan zum Beispiel lädt die Familie des Mädchens Verwandte und Freunde zu einer Überraschungsparty ein. Was es zu feiern gibt, wird erst klar, wenn die Mutter ein großes Tablett mit Essen auftischt, das mit einem kandierten Apfel oder rot gefärbtem Reis dekoriert ist. Jeder weiß dann, was los ist. Ob das für das Mädchen peinlich oder toll ist, wird dabei nicht berücksichtigt. Auf Sri Lanka wird der Wahrsager herbeigerufen, der aus dem Tag und der Stunde der ersten

Monatsblutung die Zukunft des Mädchens liest. Dann folgt eine rituelle Waschung – das Mädchen wandelt sich zur Frau. Und das wird auch gebührend gefeiert: Es erhält Geschenke und Geld. In vielen Ländern wird den Mädchen zum Zeichen der Reife die Haut tätowiert.

Was passiert eigentlich bei der Monatsblutung?

Bis es zu deiner monatlichen Blutung kommt, sind in deinem Körper komplizierte Vorgänge abgelaufen. Dabei spielt wieder die Hirnanhangdrüse (Hypophyse), das übergeordnete Steuerungsorgan der Hormone, eine entscheidende Rolle. Über das Blut wird ein follikelanregendes Hormon abgegeben. (Follikel heißt das Eibläschen, in dem ein Ei heranwachsen soll.) Das Hormon gelangt über den Blutkreislauf in den Eierstock und regt dort das Wachstum der Eibläschen an. Die Hülle, in der die Eizelle heranreift, bildet nun ihrerseits in zunehmender Menge das Hormon Östrogen und gibt es in den Blutkreislauf ab. Bis zur Zyklusmitte hin bildet sich vermehrt Östrogen. Ist eine gewisse Konzentration an Östrogen erreicht, spürt das die Hirnanhangdrüse und signalisiert: Stopp! Davon haben wir jetzt genug. Sie schaltet um und luteinisierendes Hormon (kurz LH genannt) wird in die Blutbahnen ausgeschüttet. Das löst den Eisprung in der Mitte eines jeden

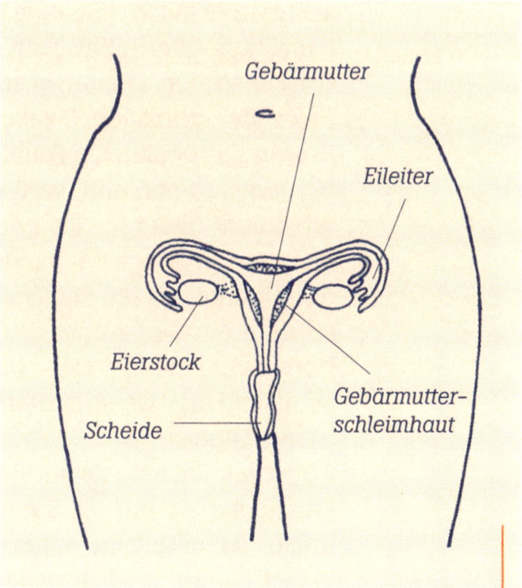

Die weiblichen Geschlechtsorgane

Der weibliche Zyklus ist sehr störanfällig

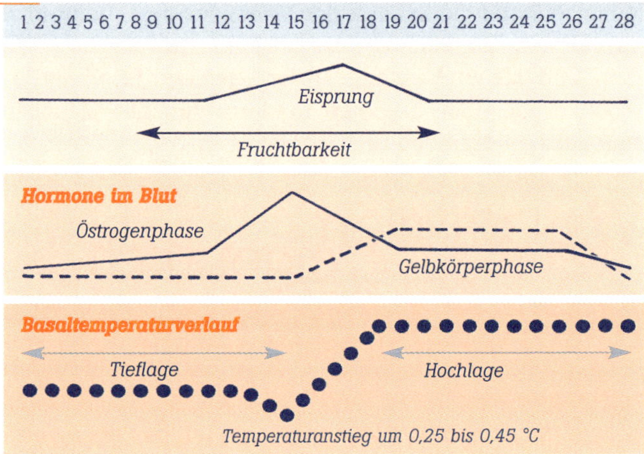

Zyklus aus. Also ein Stoß LH – und nach wenigen Tagen macht es zack. Dann springt die Eizelle, die so groß ist, dass sie gerade noch mit dem bloßen Auge erkannt werden kann, aus dem Eibläschen und wird mit etwas Gewebswasser in den Eileiter gespült. Etwa vier Tage dauert die Reise der winzigen Eizelle in die Gebärmutter. Aus den Resten des geplatzten Follikels bildet sich nun der Gelbkörper (wird so genannt, weil er gelblich aussieht) und dieser wiederum bildet in der zweiten Zyklushälfte zunehmende Mengen an Progesteron, dem schwangerschaftserhaltenden Hormon. Ist die Eizelle jedoch nicht befruchtet worden, so stellt der Gelbkörper die Hormonproduktion ein und der Hormonspiegel sinkt ab. Dadurch lösen sich die obersten Schichten der Gebärmutterschleimhaut und du bekommst »deine Tage«.

Aber bereits am ersten Tag der Blutung empfangen die Eierstöcke erneut ein Hormonsignal von der Hirnanhangdrüse, so dass eine neue Eireifung beginnen kann. Die Menstruation ist also gleichzeitig der Anfang eines neuen Zyklus.

Am Ende der Menstruation ist die Gebärmutterschleimhaut bis auf eine dünne Schicht ganz abgeblutet. Insgesamt verlierst du bei jeder Periode – sie dauert im Durchschnitt

wenige Tage bis zu einer guten Woche – meist nicht mehr als 60 Milliliter Blut – etwa eine kleine Tasse voll.
Der Kreislauf beginnt von neuem. Östrogene stimulieren den Aufbau von Gewebe in der Gebärmutter. Unter dem Einfluss von Progesteron verdoppelt sich die Schleimhaut, die mit vielen Blutgefäßen und Drüsenschläuchen versehen ist, um optimal auf eine Befruchtung vorbereitet zu sein. Denn nur in einem gut durchbluteten Eibett kann sich die befruchtete Eizelle in der Gebärmutter einnisten.

Wie oft blute ich?

Der Spruch: »Das einzig Regelmäßige an der Regel ist ihre Unregelmäßigkeit« trifft zu. Oft dauert es Monate, bis nach der ersten Blutung die zweite folgt. Es können auch vier, fünf oder sechs Wochen dazwischen liegen. Mach dir deswegen keine Sorgen. Meist pendelt sich der Zyklus erst über Jahre hinweg ein. Dann dauert ein Monatszyklus etwa 28 Tage. Wenn du aber deine Periode nach 26, 30 oder 32 Tagen bekommst, ist das genauso normal.

Binden oder Tampons?

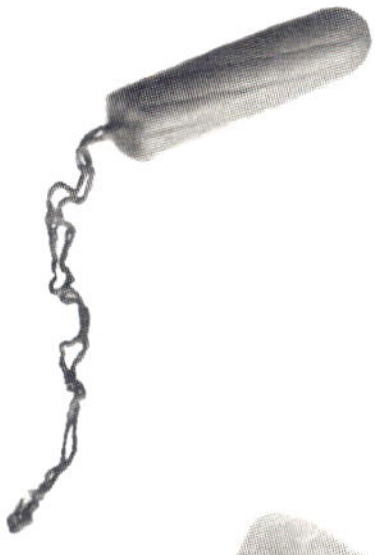

Ob du Binden oder Tampons nimmst, ist deine Entscheidung. Am besten, du probierst beides aus. Kaufe aber keine parfümierten Binden. Die Duftstoffe reizen die Haut und können zu Allergien führen. Nimm auch keine parfümierten Slipeinlagen oder welche mit Plastikbeschichtung. Das synthetische Material sorgt für ein feuchtwarmes Milieu im Scheidenbereich. Das ist ein günstiger Nährboden für Pilze und Bakterien. In der Nacht benutze lieber Binden. Es gibt dafür extra lange und dicke.

Tampons sollten nicht länger als fünf Stunden in der Scheide bleiben. Wenn die Blutung abklingt, ist ebenfalls eine Binde besser. Bei geringem Blutfluss saugen sich die Tampons mit Scheidenflüssigkeit voll. Dann fehlt der wichtige Schutz gegen Krankheitserreger. Und das kann

Infektionen begünstigen. Zu Beginn der Periode oder bei schwächeren Blutungen empfehlen sich Mini-Binden oder Mini-Tampons.

Schmerzen während der Menstruation

Für viele Mädchen ist es heute völlig normal, während ihrer Periode Sport zu treiben, tanzen zu gehen, eben all das zu machen, was man sonst auch tut. Manche aber leiden unter Bauchkrämpfen, haben Rückenschmerzen, Kopfweh oder Kreislaufprobleme. Dagegen kannst du einiges tun und damit erreichen, dass du dich auch während deiner Tage rundum wohl fühlst.

Was du bei Regelschmerzen tun kannst:

- **Wärme**

Eine Wärmflasche auf den Bauch ist eines der bewährtesten Hausmittel bei Menstruationsbeschwerden. Auch ein warmes Bad mit einem duftenden Badezusatz entspannt spürbar.

- **Kräutertees**

Krampflösend wirken Gänsefingerkraut, Johanniskraut, Kümmel, Pfefferminze, Frauenmantel und Thymian. Besonders starke Blutungen regulieren Ackerschachtelhalm, Hirtentäschel und Schafgarbe. Menstruationsfördernd ist Brennnessel, Kamille, Frauenminze, Melisse, Fenchel. Jeweils einen Teelöffel Kraut mit einer Tasse heißem Wasser übergießen, fünf Minuten bedeckt ziehen lassen, abseihen und heiß trinken. Du kannst dir die Tees auch in einer Apotheke passend zusammenstellen lassen.

- **Entspannung**

Nimm dir am ersten Tag deiner Blutung nicht viel vor. Hinlegen und entspannen, dabei ein packendes Buch lesen ist für zahlreiche Mädchen die beste Methode.

Bewegung

Bei anderen Mädchen hilft genau das Gegenteil. Sie brauchen Bewegung. Versuch es mit Gymnastik oder Tanzen.

Atmung

Bei schweren Krämpfen hilft richtiges Atmen. Lege dich flach auf den Boden, die Hände liegen sanft seitlich unterhalb des Bauchnabels. Versuche so zu atmen, dass sich der Bauch dort hebt und senkt, wo deine Hände ruhen. Zum Beispiel so: beim Einatmen auf sieben zählen, die Luft kurz anhalten, dann auf sieben wieder ausströmen lassen.

Schmerztabletten

Wenn all diese natürlichen Methoden nicht helfen, kannst du – nach Rücksprache mit der Frauenärztin – auch einmal eine Schmerztablette nehmen. Bedenke dabei, dass Schmerztabletten – häufig eingenommen – abhängig machen und schlimme Nierenschäden hervorrufen.

Miteinander schlafen während der Periode?

Manche junge Frauen schwören darauf, dass das Miteinander schlafen total entspannt. Das musst du selbst für dich ausprobieren. Aber auch während deiner Tage musst du verhüten. Viele Frauen werden schwanger, weil sie das nicht wissen! Spermien können in der Gebärmutter bis zu einer Woche überleben. Dauert die Periode lang und ist der Eisprung sehr frühzeitig, so ist eine Befruchtung möglich.

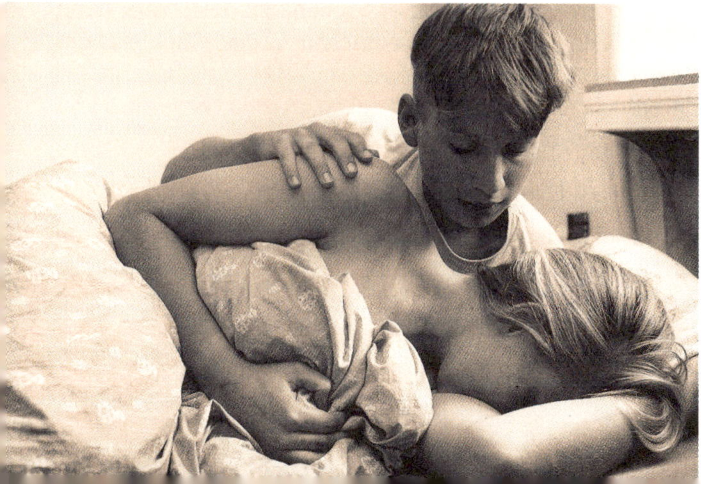

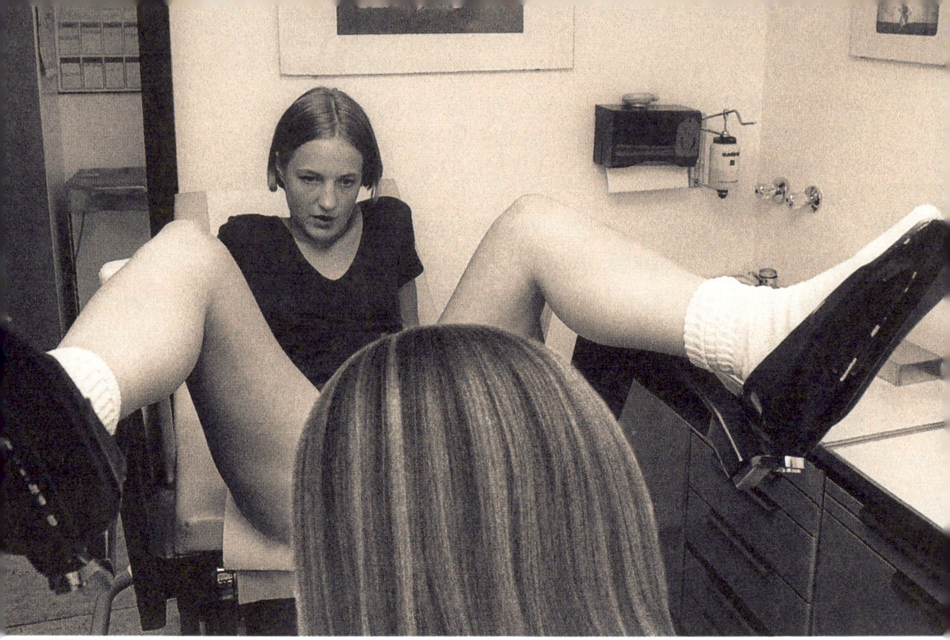

Das erste Mal bei der Frauenärztin

Viele Mädchen fürchten sich vor dem Gang zur Frauenärztin. Und ein Frauenarzt kommt für einige erst gar nicht infrage. So wie Birga, 12, denken viele Mädchen in dem Alter: »Ich finde den Frauenarzt so was von e...kel...haft! Wenn der überall rumfährt und hinguckt, nee. Frauenärztin geht ja noch – aber Frauenarzt. Der weiß dann genau, wie du da unten ausschaust. Das wäre mir nur peinlich.«

Es braucht dir aber nicht peinlich zu sein, egal ob du zu einer Ärztin oder einem Arzt gehst.

Wie findest du eine gute Ärztin?

Frage bei deinen Freundinnen und deiner Mutter nach. Du kannst dir auch bei jeder Pro-Familia-Beratungsstelle (siehe Adressen im Buch auf Seite 236ff.) einen Termin geben lassen.

Du solltest bei deinem Arztbesuch das Gefühl haben, dass dich dein Gegenüber ernst nimmt, dich versteht und dir alles, was du fragst, geduldig und ausführlich erklärt. Wenn du schon beim ersten Mal den Eindruck hast, dass die »Chemie« zwischen euch nicht stimmt, dann gehe nicht mehr hin und suche weiter.

Wann musst du zur Frauenärztin?

Wenn du übel riechenden Ausfluss hast, Blutungen außerhalb der Periode, Schmerzen im Unterbauch oder beim Wasserlassen, bei Fragen zur Empfängnisverhütung und bei einer Schwangerschaft.

Woran du vorher denken solltest

Schreibe dir alle Fragen auf einen Zettel. Nachher bist du vielleicht so aufgeregt, dass du gerade das Wichtigste vergisst. Schreibe dir auch auf, wann du deine Tage bekommen hast. Frage deine Mutter nach deinen Kinderkrankheiten. Oft sind diese Informationen für die Ärztin wichtig. Übrigens: Euer Gespräch unterliegt der Schweigepflicht, sobald du vierzehn Jahre alt bist. Das heißt, die Ärztin darf deinen Eltern nicht sagen, worüber ihr gesprochen habt.

Der gynäkologische Stuhl

Kein Mädchen besteigt diesen Stuhl beim ersten Mal ohne Scheu. Praktisch und bequem ist diese Stellung für den Arzt. Wenn er dich gründlich untersucht, versuche so locker wie möglich auf dem Stuhl zu liegen. Deine Ärztin wird dir jeden Handgriff, den sie macht, genau erläutern. Die Untersuchung tut nicht weh. Sanft führt sie das Vaginoskop (ein dünnes optisches Gerät) ein. Sie hat davon viele verschiedene Größen, wovon eine deinem Körper genau angemessen ist. Meist wärmt sie das Metall vorher in der Hand an.

MÄNNERSACHEN

Beim Jungen ist es das Sexualhormon Testosteron, das große Veränderungen in seinem Körper hervorruft. Dieses Hormon, wie auch weitere, sind verantwortlich für das, was wir gemeinhin als »typisch männlich« ansehen: Bartwuchs, tiefe Stimme, breite Schultern, muskulöserer Körperbau. Die männlichen Geschlechtshormone bestimmen auch die sexuellen Wünsche, und Wissenschaftler nehmen an, dass sie für gewisse Verhaltensweisen verantwortlich sind, die als »männlich« gelten: Aggressivität und ungestüme Kampfbereitschaft zum Beispiel.

Die Hoden

Die Hoden wachsen in der Pubertät bis auf die Größe einer Pflaume heran. Umgeben sind sie von einer dünnen, faltigen Haut, dem Hodensack.

In den Hoden entwickeln sich in unzähligen kleinen Schläuchen, den Samenkanälen, Samenzellen. In der Regel sind die Hoden unterschiedlich groß und befinden sich auch nicht auf gleicher Höhe im Hodensack. Bei jedem Mann liegen sie anders: bei dem einen relativ eng am Körper, bei dem anderen hängen sie stark.

Die Hoden sind druck- und schmerzempfindlich. Bei Kälte oder wenn du zum Schwimmen in kaltes Wasser gehst, zieht sich der Hodensack zusammen und drückt die Hoden eng an deinen Körper. Das hat die Natur so eingerichtet, damit die Hoden möglichst immer die gleiche Temperatur aufweisen. Nur bei 35 Grad sind die Hoden nämlich in der Lage, Samen, das Sperma, herzustellen. Wenn es im Sommer sehr heiß ist, rutschen die Hoden etwas tiefer, um nicht zu warm zu werden. Der Hodensack dehnt sich dabei ein wenig. Du solltest dein eingeschaltetes Handy übrigens nicht ständig in der Hosentasche tragen. Wissenschaftler schließen nämlich nicht aus, dass Wärme und Strahlung der Mobiltelefone sich schädlich auf Hoden und Spermienproduktion auswirken.

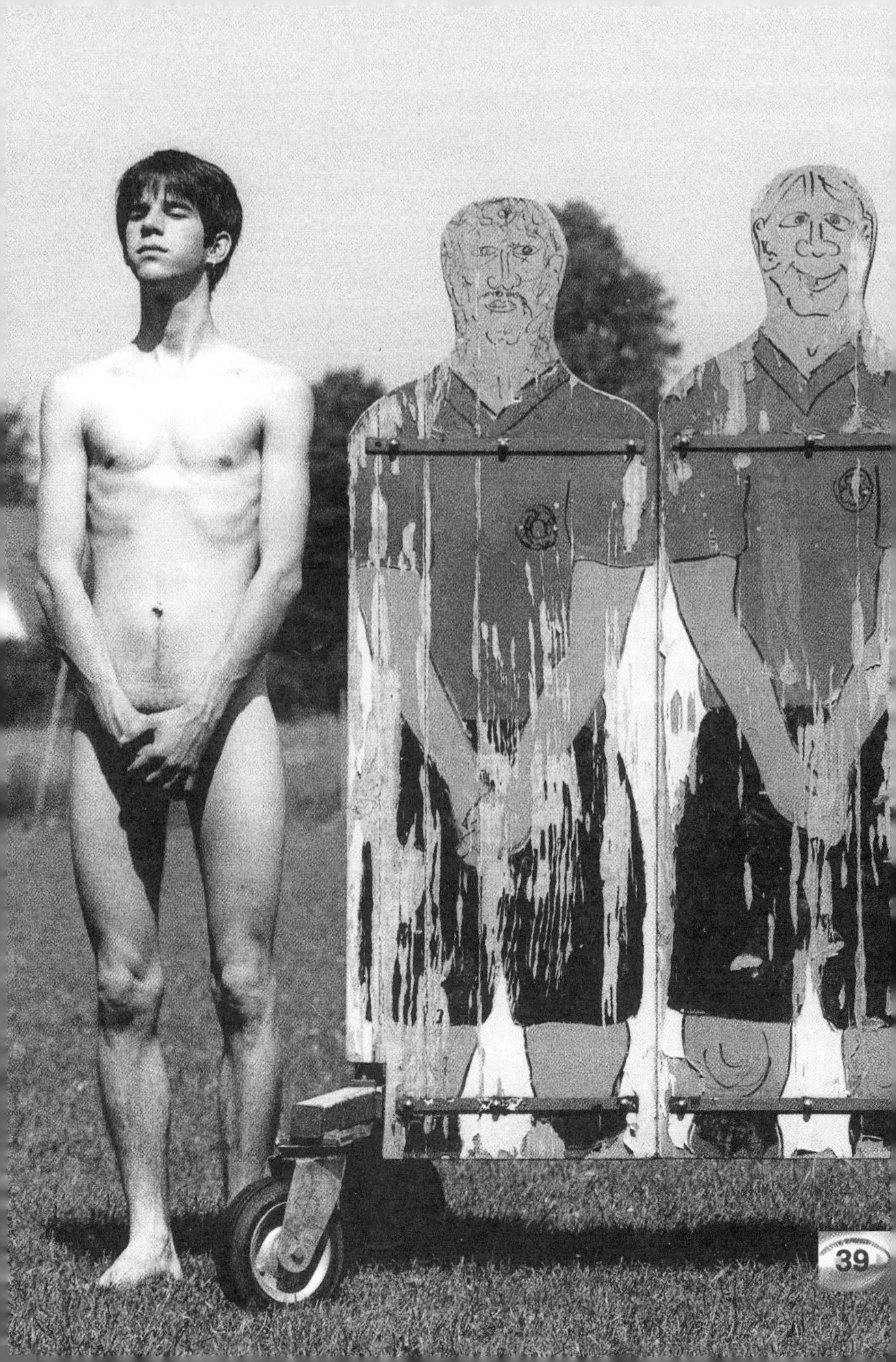

Die männlichen Geschlechtsorgane

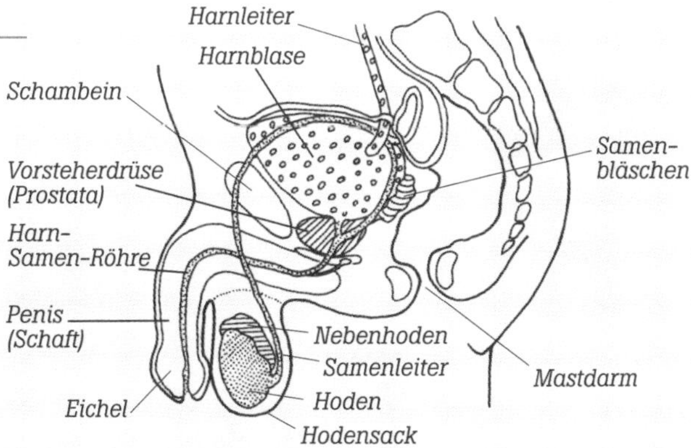

Der Penis

Der Penis (auch Glied, Schwanz, Pimmel) ist der Stolz der Männer, aber auch immer wieder Anlass für allerlei Mythen, Märchen und Missverständnisse.

Es gehört zu den üblichen Spielen, dass Jungen ihre Penisgröße miteinander vergleichen – entweder, indem sie andere Jungs verstohlen unter der Dusche betrachten, oder auch ganz offen, indem man ein Maßband bemüht.

Dabei ist zunächst einmal festzustellen, dass die Größe des schlaffen Gliedes nicht viel aussagt über die Länge im steifen Zustand. In der Regel wächst ein kleines Glied bei der Erektion stärker als eins, das schon im Normalzustand sehr groß ist. Auch steht ein großes Glied nicht für eine besonders ausgeprägte Manneskraft. Männer mit einem großen Penis sind nicht zwangsläufig leichter erregbar als Männer mit einem kleinen. Mach dir also nichts draus, wenn andere Jungen mit ihrer Penisgröße protzen. Viel eher sind solche Angebereien Ausdruck von Unsicherheit und Minderwertigkeitskomplexen.

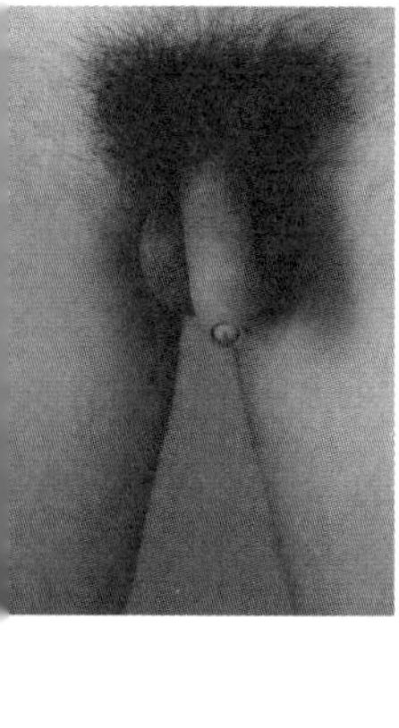

Doch dreht sich nicht immer nur alles um die Größe des Penis, es gibt auch andere »Probleme«:

»Meine Vorhaut sieht aus wie ein Elefantenrüssel und meine Mitschüler amüsieren sich immer darüber.«

***Michael** 15*

»Mein Schwanz ist ziemlich schief. Ich habe Angst, dass mich ein Mädchen deswegen auslachen würde.« ***Jan** 16*

Kein Penis ist wie der andere. Wie groß er letztlich wird und welche Form er entwickelt, ist erblich bedingt. Der eine ist kurz und dick, der andere lang und dünn; einer ist fast so krumm wie eine Banane, der andere verhältnismäßig gerade – ganz ebenmäßig gewachsen ist er übrigens fast nie. Auch die Vorhaut, die den empfindlichen vorderen Teil des Penis, die Eichel, schützt, ist nicht einheitlich gewachsen: Die eine ist kaum auszumachen, die andere umschließt vollständig die Eichel. Das alles ist vollkommen natürlich. Schließlich haben wir auch nicht alle dieselbe Augen- und Haarfarbe, unsere Nasen und Münder sind auch nicht alle gleich groß und gleich geformt – das wär doch auch furchtbar langweilig.
Den meisten Mädchen ist die Größe und Form eines Penis übrigens ziemlich egal und auch für ihre sexuelle Lust spielen sie keine Rolle. Denn die Scheide ist ein sehr anpassungsfähiges Organ.

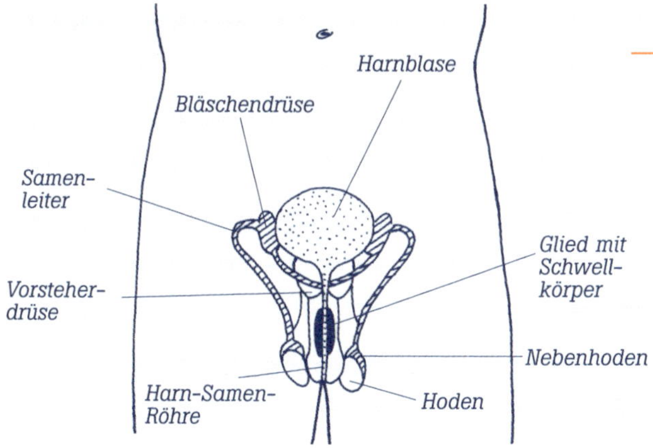

Die männlichen Geschlechtsorgane

Erektion

Der Penis ist ein Schwellkörper. Das heißt, er hat weder Knochen noch Muskeln. Die drei Stränge, die ihn durchziehen, füllen sich bei verstärkter Erregung mit Blut – der Penis richtet sich auf, vergrößert sich und wird steif. Dann tritt häufig eine klare Flüssigkeit an deiner Penisspitze aus. Das ist noch kein Orgasmus, sondern der »Lusttropfen«. Er zeigt an, dass du zum Geschlechtsverkehr bereit bist. Im Lusttropfen können bereits Samenfäden enthalten sein.

Dein Penis ist übrigens ein sehr eigenwilliges Körperteil. Mal richtet er sich auf, wenn du das gar nicht willst; und ein andermal, wenn's darauf ankommt, bist du vielleicht so nervös, dass sich gar nichts tut.

»Einmal war ich am Strand. Ich trug eine enge Badehose und dann musste ich mich, ohne dass ich wusste, warum, eine halbe Stunde auf den Bauch legen, sonst wäre es doch sehr peinlich geworden. Anschließend habe ich nur noch Shorts getragen.« ***Jörn*** *16*

»Mal passierte es auf dem Weg zur U-Bahn, mal, wenn ich an der Tafel stand. Klar ist das unangenehm, aber nur am Anfang. Irgendwann war es mir scheißegal, wenn ich in unpassenden Situationen eine Erektion bekam.« ***Dirk*** *17*

Schon sprichwörtlich für die Selbstständigkeit deines Penis ist die »Morgenlatte«. Ohne dass du weißt, warum, wachst du häufig mit einem Ständer auf. Das hat mehrere Ursachen. Während du schläfst, arbeiten deine Organe weiter. Die Nieren etwa füllen durch ihre Tätigkeit die Harnblase. Wenn sie voll ist, drückt sie auf die Adern, über die der Penis durchblutet wird. So staut sich Blut in den Schwellkörpersträngen. Außerdem produziert dein Körper morgens die größte Menge des männlichen Hormons Testosteron. Auch das begünstigt die »Morgenlatte«.

Feuchte Nächte

»Mit zwölf hatte ich zum ersten Mal einen feuchten Traum. Das hat mich nicht erschreckt, denn ich war schon aufgeklärt. Blöd dabei ist, dass es so unkontrolliert kommt. Dann wacht man nachts oder morgens mit 'ner feuchten Hose auf. Das ist unangenehm. Deshalb fing ich an mich selbst zu befriedigen.« ***Stefan*** *15*

Zwischen elf und fünfzehn wird ein Junge geschlechtsreif. Das heißt, seine Hoden produzieren Samen, der Junge ist biologisch fähig, ein Kind zu zeugen. Die meisten Jungen haben in diesem Alter noch keinen Sex. Wenn du dich nicht selbst befriedigst, staut sich der Samen in den Nebenhoden und nachts kommt es dann zu einer plötzlichen »Entladung«, zu einem Orgasmus – oft in Verbindung mit lustvollen Träumen. Das nennt man »feuchte« Nächte, nächtlicher Samenerguss oder Pollution. Das passiert jedem Jungen und ist kein Anlass, peinlich berührt zu sein oder sich Sorgen zu machen.

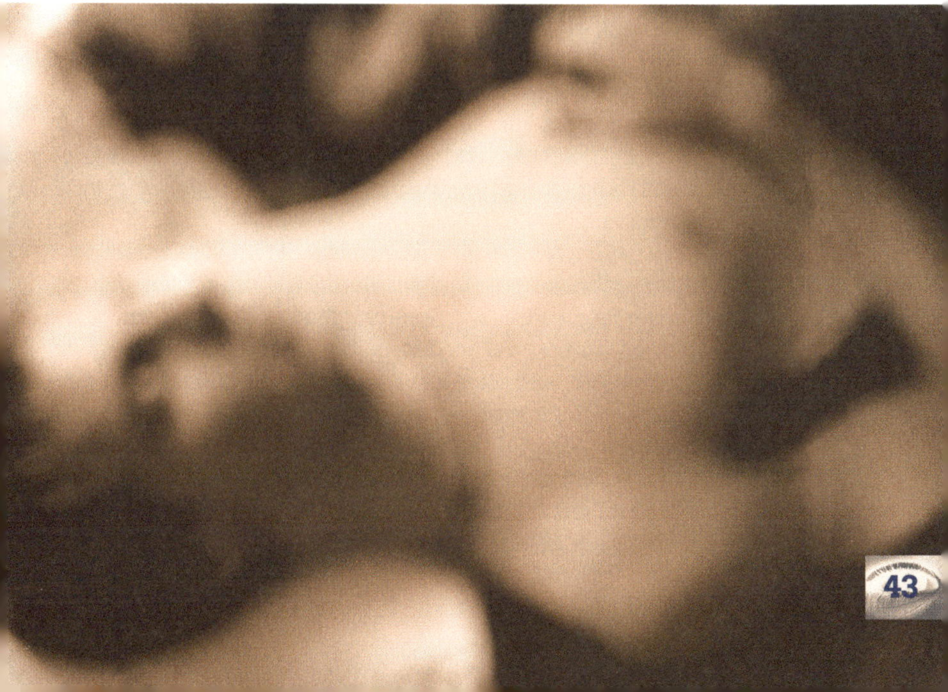

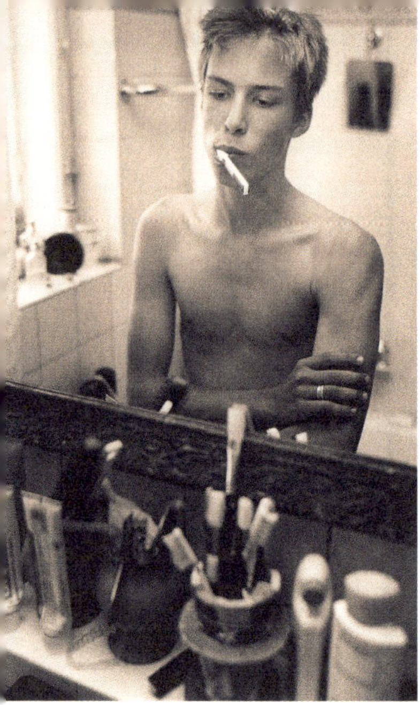

Wenn die Stimme kippt, Bart und Schamhaare sprießen

Das hervorstechendste Merkmal der Pubertät ist, dass alles wächst: dein Penis, deine Hoden, deine Körperhaare – und deine Stimmbänder. Sie verlängern sich und deine Stimme wird tiefer. Das geschieht in der Regel um das 14. Lebensjahr herum, und zwar nicht allmählich, sondern ziemlich plötzlich. Dann versagt mitunter die Stimme oder der Klang wechselt zwischen hoch und tief, ohne dass du darauf Einfluss hast. Das mag sich zwar für ein Weilchen ziemlich blöd anhören, aber es geht vorbei und dann hast du wieder eine harmonisch klingende Stimme, freilich ein paar Oktaven tiefer als zuvor. Dass du erwachsen wirst, signalisieren dir auch die Körperhaare, die in der Pubertät zu wachsen beginnen. Meist geht es mit Achsel- und Schambehaarung los, der Bartwuchs setzt aber erst gegen Ende der Pubertät ein. Wie stark bei dir die Haare wachsen, ist übrigens auch erblich bedingt. Hat dein Vater eine dichte Brustbehaarung, wird es wahrscheinlich auch bei dir bald sprießen.

Das gegenwärtige Schönheitsideal, kräftig gefördert von Jeans-Models und Bodybuildern, favorisiert seit Jahren immer noch den unbehaarten Mann. Doch oft sind die glatten Körper, die in den Zeitschriften und Kinospots zu bewundern sind, von Natur aus ebenfalls behaart. Um den gängigen Werbestrategien zu genügen (»Ein Model mit behaarter Brust – undenkbar«, sagt eine Modellagentur-Chefin), müssen sich die Fotomodelle zeitaufwändigen bzw. schmerzhaften Behandlungen unterziehen – sich ständig am ganzen Körper rasieren (was einerseits Pickel nach sich ziehen kann und andererseits die Haare zu vermehrtem Wachstum anregt) oder sich mittels kaltem oder heißem Wachs enthaaren lassen. Häufig werden die Haare der Models auch einfach am Computer wegretuschiert. Das ist alles ziemlich affig und du solltest diesem Programm für Hartgesottene nicht nacheifern. Akzeptier dich, wie du bist! Außerdem: Es gibt genügend Mädchen, die »auf behaart« stehen.

Das erste Mal beim Männerarzt

Wenn du Schmerzen hast oder denkst, dass mit Penis oder Hoden etwas nicht stimmt, solltest du einen Allgemeinmediziner, das heißt einen »praktischen Arzt«, aufsuchen oder einen Facharzt für Nieren- und Blasenleiden (Urologe). Beide findest du im Branchenbuch unter dem Stichwort »Ärzte«. Du kannst mit ihm ganz offen reden. Erstens ist jeder Arzt an seine ärztliche Schweigepflicht gebunden und zweitens bist du nicht der Erste, der Fragen über die Genitalien stellt.

Hast du Probleme damit, deine Vorhaut zurückzuziehen? Dann hast du vielleicht eine Phimose, eine Vorhautverengung. Sie muss operativ behandelt werden. Es ist ein kleiner Eingriff, bei dem du örtlich betäubt wirst und der Arzt ein Stück der Vorhaut entfernt. Damit ist das Problem beseitigt. Tust du nichts gegen die Phimose, kann es zu einer Entzündung der Eichel kommen. Außerdem solltest du zum Arzt gehen, wenn du den Eindruck hast, dass deine Hoden sich nicht richtig entwickeln, und wenn du Schwierigkeiten mit der Erektion und dem Samenerguss hast. Wenn du glaubst, du könntest dir eine Geschlechtskrankheit zugezogen haben (siehe Seite 232), gehst du am besten zu einem Facharzt für Haut- und Geschlechtskrankheiten (Dermatologe) und schilderst ihm deine Beschwerden.

WAS MÄDCHEN UND JUNGEN ANGEHT: VON HAUT UND HAAREN

Wachstum in der Pubertät ist gut und schön. Auf manches, was da wächst, könnte man jedoch gut verzichten – auf Pickel zum Beispiel. Im Gesicht machen sie dir zu schaffen, auf den Schultern und dem Rücken breiten sie sich aus. Sie können schmerzhaft sein und tragen nicht gerade zu deiner Schönheit und einer guten Laune bei. Und doch gehören sie zur Pubertät. Sie sind Ausdruck der hormonellen Umstellung, die dein Körper durchmacht. Die Haut sondert vermehrt Talg ab, der die Poren verstopft. Ergebnis: Die Haut entzündet sich, es kommt zu Pickeln und Mitessern. Wer ganz übel dran ist, dem beschert die Pubertät richtige Eiterpusteln. Die solltest du auf gar keinen Fall mit den Fingern ausdrücken, weil du Narben zurückbehalten könntest. Auch scharfe Reinigungsmittel, zum Beispiel Seife, sind nicht angebracht, da die Haut darauf gereizt reagieren kann und sich unter Umständen noch mehr entzündet. Am ehesten wirst du die Pickel wieder los, indem du die Haut morgens und abends mit Wasser und einer speziellen aseptischen Waschlotion reinigst. Dein Hautarzt (Dermatologe) oder eine Apotheke in der Nähe halten weitere Mittel bereit, die deine Beschwerden lindern. In der Regel klingt die Akne nach ein bis zwei Jahren von selbst wieder ab, weil dann das hormonelle Durcheinander in deinem Körper beendet ist. Bei sehr

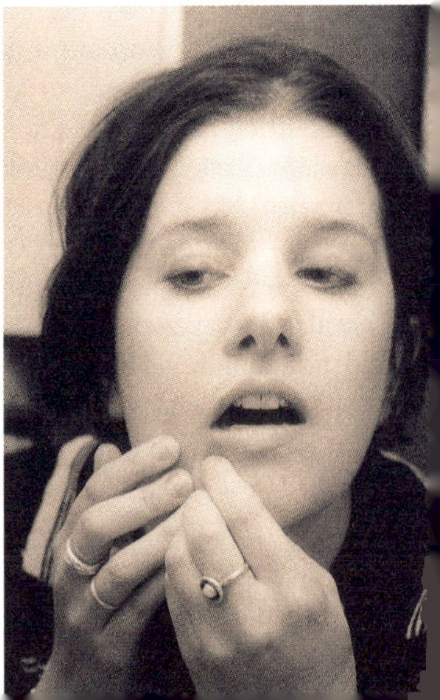

starker Akne empfiehlt sich aber in jedem Fall ein Besuch beim Hautarzt. Er kann dir Medikamente verschreiben, damit die schmerzhaften Eiterpusteln gut abheilen.

Ich rieche so anders

»Früher brauchte ich mir nur einmal in der Woche die Haare zu waschen. Jetzt mache ich das alle zwei Tage. Ich habe das Gefühl, dass ich viel schneller schwitze. Dann rieche ich sehr intensiv unter den Achseln, manchmal auch an der Scheide. Besonders im Sommer finde ich den schweißigen Geruch ganz schön lästig. Wenn ich mich richtig aufbrezel – so in Partyklamotten –, fühle ich mich sicher und toll. Doch kaum habe ich eine halbe Stunde getanzt, rieche ich tatsächlich wie ein Iltis. Sicher liegt das auch an dem Poly-Fummel aus glänzendem, luftundurchlässigem Stoff.« ***Anja*** *17*

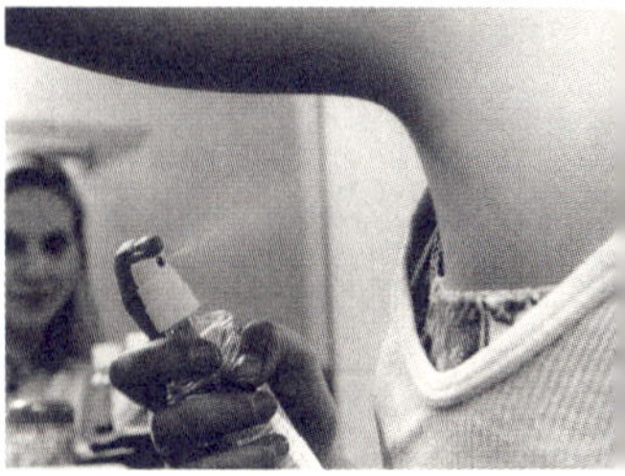

Tatsächlich verändert sich jetzt dein Körpergeruch, weil Drüsen unter den Achseln, im Genitalbereich und auf dem Kopf bestimmte Duftstoffe herzustellen beginnen. Du wirst merken, dass du auch intensiver riechst, wenn du erregt bist. Von allen Primaten (Menschen und Affen) besitzen wir die meisten Schweiß-, Talg- und Duftdrüsen. Die haben nicht viel mehr zu tun als uns einen charakteristischen Körpergeruch zu verleihen. Wir allerdings verwenden täglich viel Zeit darauf, mit Seife und Wasser diesen natürlichen Duft zu entfernen, und ersetzen ihn mit Sexuallockstoffen von Pflanzen und Tieren. Sich ausreichend zu waschen ist eine Sache, den eigenen Körperduft mit Intim-Waschlotionen, Sprays, Seife und Parfüms zu übertünchen eine andere. Zu viel waschen ist unnötig und sogar schädlich. Denn es zerstört den gesunden Säureschutzmantel der Haut, macht sie rau, schuppig und anfällig für Krankheitskeime. Besonders bei der Scheide ist es wichtig, sie nur von außen zu reinigen. Werden durch Seifen die nützlichen Säurebakterien in der

Scheide getötet, dann können Krankheitskeime leicht hineingelangen und Infektionen verursachen.
Außerdem reagiert manche Haut allergisch – zum Beispiel mit einer intensiven Rötung – auf parfümierte Produkte. Ärztinnen meinen sogar, dass es genügt, sich morgens mit viel Wasser und einer Babyseife unter den Achseln zu waschen. An der Scheide reicht meist viel warmes Wasser.

Was Mädchen oft zu viel tun, tun Jungs zu wenig. Jetzt in der Pubertät ist es notwendig, für Körperpflege etwas mehr Zeit als früher aufzuwenden. So angenehm »Körperparfum« auch sein kann: Schnell mischt es sich mit dem Schweiß und dann dauert es nicht mehr lange und du stinkst wie ein Bär. Nach jeder sportlichen Tätigkeit sollte eine Dusche selbstverständlich sein (Füße waschen nicht vergessen!) und auch dein Penis sollte zumindest einmal am Tag mit Wasser in Berührung kommen. Ziehe die Vorhaut komplett zurück und wasche die Eichel und den Penisschaft mit warmem Wasser, einer pH-neutralen Seife oder Waschlotion. Unter der Vorhaut bildet sich schnell eine gelblich-weiße Substanz (Smegma), die nicht nur stechend riecht, sondern auch einen idealen Nährboden für Bakterien abgibt. Entfernst du sie beim Waschen nicht, kann es zu Entzündungen kommen.

Ich kann dich gut riechen

Unsere Nase entscheidet sekundenschnell unter mehr als 10 000 Duftstoffen, ob wir jemanden mögen oder nicht. Nicht ohne Grund sagen wir: »Ich kann den Menschen nicht riechen« und meinen damit, dass wir ihn nicht leiden können. Warum wir aber manche Menschen riechen können, warum der Duft der Haut – vielleicht völlig unbewusst – unser Sexualverhalten, die Partnerwahl und unsere Gefühle beeinflusst, ist zum Teil noch ungeklärt.
Die Wissenschaftler sind zumindest den Gerüchen auf der Spur. So besteht der Achselschweiß hauptsächlich aus:

- Androstenol (moschusartig)
- Androstenon (urinartig)
- 3-Methylhexensäure (schweißig)

Die Laktone auf der Kopfhaut besitzen ein nuss- bis pfirsichartiges Aroma. Daneben gibt es noch zahlreiche Gerüche, die noch unbekannt sind.

DIE ACHTERBAHN DER GEFÜHLE

Jeden Samstag helfe ich in einer Konditorei aus. Gleich daneben ist ein Sportgeschäft, in dem ein ganz süßer Typ arbeitet. Ich hab sogar schon seinen Namen herausbekommen: Dennis. Am Wochenende spielt er immer mit seiner Band im Freizeitheim. Wenn wir uns begegnen, werden wir beide jedes Mal rot wie zwei Tomaten. Außer einem kurzen Hallo bringen wir nichts heraus. Nur meiner Freundin Lore, die auch in der Konditorei aushilft, habe ich von ihm erzählt. Vor drei Wochen hat sie ihm, ohne mein Wissen, einen Zettel zugesteckt. Darauf stand nur der Satz: ›Hast du Lust, mit mir in den Club zu gehen?‹ Damit wollte sie erreichen, dass endlich was in meiner ›Beziehung‹ zu Dennis passiert. Am nächsten Samstag kam er auf mich zu und meinte, der Zettel sei ja wohl von mir. Dabei strahlte er und sagte: ›Heute geht es bei mir leider nicht, aber gern ein anderes Mal.‹ Doch bis heute hat er mich nicht wieder darauf angesprochen. Zwar geht er immer wieder an der Konditorei vorbei und schaut suchend durch die Scheibe, ob ich da bin. Doch herein kommt er nicht. Letzten Samstag fuhr er mit seinem Mountainbike in Zeitlupe immer wieder an der Konditorei vorbei. Ist er zu schüchtern, mich anzusprechen, oder interessiert er sich vielleicht doch nicht so für mich? Soll ich auf ihn zugehen oder fühlt er sich dann zu sehr von mir bedrängt? Er gefällt mir sehr gut, aber irgendwie traue ich mich nicht.«

Charlotte *15*

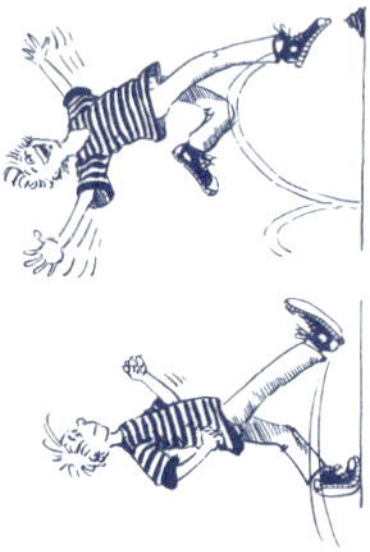

Das Wechselbad der Gefühle, das Charlotte durchmacht, ist nicht ungewöhnlich. Jeder Jugendliche muss da durch. Die Kindheit ist zu Ende. Und wenn man sich noch so sehr nach den bekannten Gefühlen aus dieser Zeit sehnt, ein Zurück gibt es nicht. Das, was sich nun vor dir erstreckt, ist unbekanntes Gebiet. Ein weißer Fleck, der dir manchmal Angst macht, dich zumindest immer mal wieder unsicher werden lässt.

Liebe Susanna
wir kennen uns jetzt
schon seit
vorgestern, aber
gestern Abend hast
du mich ganz schön
eingewickelt

bis bald
dein Gert

PS: Ich freu mich
schon auf Morgen.

So viel gemeinsame
Zeit
mit einem Wort
an irgendeinem Tag
weggewischt.
Werde ich dich
je wiedersehen?

Mirko, 15

Du hast den Eindruck, deine Gefühle überwältigen dich. Du scheinst ihnen hilflos ausgeliefert zu sein. Da lächelt dich morgens in der Schule dein Schwarm an und für die nächsten Stunden des Tages schwebst du auf Wolke sieben. Doch dann macht jemand eine blöde Bemerkung über dich. Und das ganze Hochgefühl ist weg. Oft meinst du, alle wollen was von dir, vor allem deine Eltern. Sie liegen dir in den Ohren, weil du dein Zimmer schon wochenlang nicht aufgeräumt hast. Oder deine Mutter findet, dass du ganz schön schräge Klamotten trägst. Du hast das Gefühl, sie wollen über dein ganzes Leben bestimmen. Und das passt dir nicht. Du möchtest selbst entscheiden, was du tust und was du lässt. Und es macht dich furchtbar wütend, dass deine Eltern offensichtlich nicht bemerkt haben, dass du kein kleines Kind mehr bist. Dann möchtest du am liebsten nur noch die Tür hinter dir zuknallen und ganz für dich sein.

Elternsprüche:

»›Du bist zu klein, um bei Anbruch der Dunkelheit noch draußen zu spielen‹, sagt meine Mutter.« ***Christina*** *13* »›Du bist alt genug, um auf deinen jüngeren Bruder aufzupassen‹, finden meine Eltern, wenn sie mal wieder abends ins Kino gehen wollen.« ***Lena*** *14* »›Solche aufreizenden Klamotten kannst du wirklich noch nicht tragen. Du bist doch noch ein Kind‹, sagte meine Mutter, als ich mit einem knallengen, kurzen Lackrock und hohen Stiefeln (von meiner Freundin Nathalie geborgt) nachmittags aufkreuzte.« ***Michaela*** *16* »›Das Hemd kannst du jetzt wirklich nicht mehr ohne BH tragen. Da sieht man ja alles durch‹, fand eines Tages meine Mutter.« ***Rita*** *13* »›So gehst du mir nicht aus dem Haus. Was sollen die Nachbarn denken‹, hat mich mein Vater gestern angeblafft.« ***Stephan*** *14* »›Du kannst doch in deinem Alter kein Kinderkarussell mehr fahren‹, hat meine Mutter gesagt und mir damit den Spaß auf dem Oktoberfest gründlich verdorben.« ***Lisa*** *14* »›Du bist verrückt, jetzt schon eine feste Freundin zu haben‹, schimpft meine Mutter und versucht so, mir meine Beziehung mit Elisabeth mies zu machen.« ***Bernd*** *16*

»Jetzt mit vierzehn hab ich oft keinen Bock auf Familie. Immer das Gleiche: am Wochenende gemeinsame Ausflüge und während der Woche sitzt die gesamte Familie täglich am Abendbrottisch. Und ständig wollen die Eltern reden. Wenn ich dann keine Lust darauf habe, fragen sie, ob was mit mir los ist oder ob ich Kummer habe. Wehre ich ab, sind sie sauer und machen mir Vorwürfe, dass ich ihnen den Appetit und den Abend verderbe. Sind sie doch selbst daran schuld. Warum lassen sie mich nicht in Ruhe?«

Teresa *14*

»Ich hab mit meinen Eltern relativ wenig Ärger. Wenn es mal Zoff gibt, ziehe ich mich zurück. Am liebsten mache ich alles mit mir selber ab. Wenn ich mal nicht weiterweiß, telefoniere ich mit meinem Cousin. Der wohnt in einer anderen Stadt.« ***Harry*** *16*

Der beste Freund, die beste Freundin

Wenn die beste Freundin,
wenn die beste Freundin
mit der besten Freundin,
um was einzukaufen,
um was einzukaufen,
durch die Straßen laufen,
durch die Straßen latschen,
um sich auszuquatschen,
sagt die beste Freundin
zu der besten Freundin:
Meine beste Freundin! ...

Aus der Revue »Es liegt in der Luft«, Berlin 1928
Text: Marcellus Schiffer

»Meine beste Freundin Nicola kenne ich seit der ersten Klasse. Wir haben uns nicht immer gleich gut verstanden. In der fünften Klasse haben wir uns sogar überhaupt nicht mehr angesehen. Da hatten wir uns gestritten. Ich weiß heute nicht einmal mehr, um was es eigentlich ging. Aber ich war sehr verletzt und felsenfest davon überzeugt, dass sie sich erst in aller Form bei mir entschuldigen müsse, bevor wir überhaupt wieder normal miteinander reden könnten. Ihr ging es genauso. Also

schauten wir angestrengt in die entgegengesetzte Richtung, wenn wir uns doch unvorhergesehen gegenüberstanden. Seit dem Sommerfest vor zwei Jahren verstehen wir uns wieder: Unsere Blicke kreuzten sich und wie auf ein Zeichen hin mussten wir grinsen und fielen uns spontan in die Arme. Seitdem sind wir wieder die engsten Freundinnen und treffen uns jeden Tag. Gleich nach den Hausaufgaben besuchen wir uns abwechselnd. Manchmal gehen wir in die Kaufhäuser und schauen nach Klamotten. Dann probieren wir einfach so rum. Es macht Spaß, sich auch mal in einen anderen Typ zu verwandeln. Dabei blödeln wir auch viel. Sehr zum Ärger der Verkäuferinnen, denen unser Gekichere auf die Nerven geht. Wir kaufen nur selten was, denn meistens reicht unser Geld grad noch für ein Eis oder eine Limo. Oft gehen wir nachmittags Inlineskaten bei uns im Schulhof. Da treffen wir auch andere aus unserem Viertel. Ich bewundere Nicola, dass sie einfach so Jungs anredet. Den Mut hätte ich nicht. Ich muss meist eine halbe Stunde überlegen, bis mir was Passendes einfällt. Aber dann hat der Junge schon abgedreht und ist mit seinem Freund oder der Clique davon.
Überhaupt ist Nicola ständig verliebt. Dann erzählt sie mir haargenau, was ihr neuer Freund erzählt hat und was sie darauf geantwortet hat. Wir überlegen gemeinsam, ob sie ihn anrufen soll, was sie ihm sagen soll, ob es besser ist, ihn ins Kino einzuladen oder ihm auf den Sportplatz zu folgen. Leider sind ihre ›Beziehungen‹ meist schon nach ein bis zwei Wochen aus. Dann ist sie sehr unglücklich und ich tröste sie. Manchmal bin ich es auch leid, immer ihre Jungengeschichten anzuhören.
Wenn ich mich in einen Jungen verliebe, rede ich nicht drüber. Es wäre mir peinlich, wenn dann alle in der Straße wüssten, dass ich zum Beispiel mit David gehen will, er aber nicht mit mir. Da sage ich auch lieber Nicola nichts, denn die plaudert immer alles aus, erzählt jedem, ob er es hören will oder nicht, in wen sie gerade heftig verliebt ist.

Wir reden aber auch darüber, wie wir uns fühlen, welche Musik wir gern hören und wohin wir in Urlaub fahren. Nicola ist ganz unglücklich, dass sie sechs Wochen mit ihren Eltern und jüngeren Geschwistern wegfahren muss. Sie sagt, dass sie das nicht überlebt. Jedes Jahr fahren sie in das gleiche kleine englische Dorf, wo sich Fuchs und Hase Gute Nacht sagen. Früher war das ja ganz toll. Aber jetzt! Jetzt will sie was erleben. Und ihre Eltern wollen endlich Ruhe und Abgeschiedenheit genießen. Ganz schön schlimm für sie.
Nicola versucht immer wieder neue Diäten. Sie ist groß und stark und am besten stehen ihr Schlabbersachen. Aber so richtig ernst nimmt sie es mit dem Abnehmen nicht. Denn wenn sie an einer Eisdiele vorbeikommt, wird sie sofort schwach. Dann verschiebt sie das Dünnerwerden auf den nächsten Tag. Manchmal stört es mich, dass sie sagt, ich sei auch mollig.
Ich fühle mich in meiner Haut ja nicht so sicher und da machen mir solche Sprüche viel aus.
Trotzdem, kaum bin ich abends zu Hause, fällt mir ein, was ich Nicola vergessen habe zu sagen. Dann hänge ich mich gleich ans Telefon. Meine Mutter wird deswegen oft richtig sauer, denn schließlich bin ich gerade erst zur Tür hereingekommen. Aber so ist es nun mal, Nicola ist eben meine beste Freundin.« ***Mara*** *14*

»Es gibt zwei Arten von Freunden. Mit den einen geht man clubben und auf Partys und hat nur das eine im Kopf: baggern bis zum Abwinken. Dann lässt man ein bisschen den Larry raushängen, hat 'ne Menge Spaß. Das ist es dann auch. Man redet nicht viel über Probleme. Über Probleme rede ich nur mit meinem besten Freund. Dann gehe ich zu ihm, frage ihn, was er darüber denkt. Er ist für mich zum Beispiel ein sehr guter Ratgeber, wenn es um Mädchen geht. Umgekehrt gilt das natürlich auch.« ***Enrico*** *17*

»Ich kenne meinen besten Freund schon aus der Schule. Wir hören die gleiche Musik, haben die gleichen Interessen, stehen auf denselben Mädchentyp. Es gab eine Zeit, da haben Martin und ich uns daraus einen Sport gemacht. Wir verteilten Punkte, wenn wir ein Mädchen abschleppten. Das haben wir aber schon vor ein paar Jahren aufgegeben. Inzwischen freuen wir uns füreinander, wenn der andere ’ne neue Freundin hat. Acht Monate war er jetzt mit einem Mädchen zusammen. Dann machte sie Schluss. Sie war Türkin. Der Vater war sehr konservativ. Von der Beziehung durfte niemand was wissen. Sie hatte wenig Zeit für ihn. Wir haben oft darüber geredet, denn er war wirklich verliebt in sie. Ich konnte ihn ein bisschen trösten, aber eine Lösung gab es nicht. Da war einfach der Wurm drin.« ***Mike*** *17*

»Das Beste an meiner besten Freundin ist, dass ich sie stundenlang mit meinen Problemen nerven kann. Man ist völlig unglücklich und sie ist immer noch an mir interessiert. Das ist schon toll.« ***Annette*** *17*

»Ich hatte mal einen besten Freund. Aber als er in der Klasse rumposaunt hat, dass ich Grit ziemlich klasse finde, und sich dann natürlich alle über mich lustig gemacht haben, hab ich ihn abgeschossen. Ich behalte das meiste jetzt für mich.« ***Pjotr*** *16*

Was Pjotr erlebt hat, kommt leider häufiger vor. Jeder sollte jemanden haben, dem er absolut vertrauen kann, und es ist ein niederschmetterndes Erlebnis, vom besten Freund/der besten Freundin »verraten« zu werden. Du solltest so etwas nie tun. Denn irgendwann wird sich das rumsprechen und niemand will mehr dein bester Freund oder deine beste Freundin sein. Gute Freundschaften halten meist nämlich viel länger als Beziehungen, oft ein ganzes Leben lang. Und das ist etwas unheimlich Schönes und Wertvolles!

Die Clique

»In der Gruppe fühle ich mich wohl. Wir sind meist vier bis fünf Mädchen. In der Schule stehen wir in der Pause auf dem Schulhof beieinander. Und dann lästern wir über die Jungen oder sagen, welcher Junge uns gefallen würde. Meist ist unser Geschmack ziemlich ähnlich. Da gibt es auch manchmal Probleme. Lacht er eine von uns besonders süß an, sind die anderen eifersüchtig oder sauer. Aber meistens geht es bei uns lustig zu. Manchmal lade ich meine Clique, das können bis zu sieben Mädchen sein, zu einer ›Pyjamaparty‹ ein. Alle bringen ihre Schlafsäcke mit. Da sind wir dann total lang auf, kuscheln im Nachthemd oder Schlafanzug bis vier oder fünf Uhr morgens auf dem Sofa und Teppich, essen Knabberzeug, trinken Saft, reden und lachen über alles. Außerdem unterstützen wir uns gegenseitig, wenn's einer von uns nicht so gut geht. Letzten Monat musste ich ins Krankenhaus. Da haben die von der Clique täglich angerufen und einige Mädchen haben sogar Briefe geschrieben. Ich habe in der einen Woche fünfzehn Briefe bekommen. Das hat mir total geholfen. Und wenn der Lehrer einen fertig macht, greifen die anderen ein und beschuldigen ihn, unfair zu sein. Davor haben bei uns in der Klasse viele Lehrer Angst. Das kann schon mal tumultartig enden.« ***Maria*** *14*

Eine Clique kann Geborgenheit geben. Dort erfährst du, dass du von Gleichaltrigen angenommen wirst. Sie denken oft genauso wie du, beschäftigen sich mit den gleichen Fragen und haben ähnliche Probleme. Im Schutz der Clique kannst du schon mal eine große Lippe riskieren oder einen feurigen Blick auf einen Jungen oder ein Mädchen werfen. Die Freunde geben dir Sicherheit: In einer guten Clique kannst du deine Schwächen zeigen, ohne gleich ausgeschlossen zu werden. Und wenn du mal so richtig schlecht drauf bist, trösten dich die anderen oder helfen dir. Denn alle aus der Gruppe sind mehr oder weniger auf der Suche nach ihrem ganz persönlichen Weg und müssen sich dabei immer wieder gegenseitig ermutigen und unterstützen. Dort aber, wo ein großspuriger Anführer, eine besonders redegewandte Anführerin den Ton angibt, wird es schon schwieriger. Da kann es sein, dass die Clique eher schlecht als gut für dich ist. Dann geht es mehr darum, seinen Platz in der Hackordnung zu behalten, um ja nicht auf der untersten Stufe zu landen, wo man immer von den anderen einstecken muss. Ob eine Clique gut oder schlecht für dich ist, kannst du leicht herausfinden. Fühlst du dich zu etwas gedrängt, was du gar nicht willst, kommst du dir dort immer minderwertig vor, weil du dir zum Beispiel nicht die Markenklamotten der anderen leisten kannst, so sind das sicher die falschen Freunde.

»Obwohl ich genauso angezogen bin wie die anderen Mädchen in meiner Klasse, sagen viele, dass ich out bin. Einmal war ich mit einer Freundin im Schwimmbad, zwei Jungen aus meiner Klasse waren ebenfalls da, darunter mein Exfreund. Von einem anderen Jungen, der etwas später kam, weiß ich, dass er mich ganz gut findet, vielleicht sogar mit mir gehen will. Irgendwann sagte er dann zu uns: ›Und nun spielen wir ein schweinisches Spiel mit Zungenkuss und so.‹ Ich wollte aber nicht und rannte weg. Meine Freundin kam nach einer Weile zu mir und sagte: ›Das ist doch nicht so schlimm, komm und mach mit!‹ Ich änderte meine Meinung natürlich nicht, und als ich auf unsere Decke zurückging, sagten alle, auch meine Freundin, ich wäre ja wohl unterentwickelt, wenn ich bei solchen Spielen nicht mitmachte. Außerdem würden mich viel mehr Jungs mögen und ich wäre nicht mehr so out, wenn ich bei solchen schweinischen Spielen nicht abseits stünde. Ich bin sofort gegangen, weil ich so enttäuscht von allen war. Jetzt ärgern sie mich sogar in der Schule damit. Ich weiß wirklich nicht mehr, was ich tun soll. Ich habe sogar schon versucht sie zu ignorieren, aber es half nicht. Darüber zu reden ging gleich gar nicht.« ***Karin*** *12*

Ich fühle mich einsam und unglücklich

»Ich habe immer Pech mit Jungs. Obwohl ich nicht schlecht aussehe, kriege ich keinen Freund. Ich kann tun, was ich will. Wenn ich einen Jungen süß finde, traue ich mich meist nicht, ihn anzusprechen, denn ich habe Angst, einen Korb zu bekommen. Jetzt habe ich mir endlich ein Herz gefasst und einen Jungen aus meiner Schule gefragt, wie er mich so findet. Er sagte nur: ›Ganz normal.‹ Danach traute ich mich erst mal nicht, mich weiter mit ihm zu unterhalten. Meine nächste Chance kam auf der Schlittschuhbahn. Meine Freundinnen und ich hatten zuvor schon ein paar Jungs ein bisschen angemacht und sie waren auch nicht sauer darüber. Doch als ich meinen Schwarm dann ein bisschen schubste, zischte er gleich böse: ›Pass auf!‹ Da verließ mich der Mut. Ich weiß nicht, was ich tun soll. Denn einerseits will ich wirklich einen Freund, andererseits will ich nicht verletzt werden, indem er mir sagt, dass er sich nicht für mich interessiert.«

Margit *15*

»Ich bin total in einen Jungen verknallt. Ich verabrede mich oft mit meiner Freundin. Dann gehen wir ins San Marco, unsere Eisdiele, wo ich auch Thomas sehe. Jedes Mal nehme ich mir vor, ihm zu sagen, dass ich ihn liebe.

Doch wenn ich vor ihm stehe, bringe ich die drei Wörter nicht über die Lippen. Weil ich mir nicht mehr zu helfen wusste, habe ich einem Mädchen aus meiner Klasse gesagt, sie solle ihn mal fragen, wie er mich findet. Das hat sie auch für mich getan. Sie sagte dann, er finde mich total doof. Doch vor ein paar Tagen während der Kunststunde hatte ich ihm eine Schere geliehen. Er blieb vor meinem Tisch stehen und hat dort etwas ausgeschnitten. Als ich zu ihm hochschaute, sah er mich mit einem so süßen Blick an, dass mein Herz fast zersprungen wäre. Aber in der nächsten Schulstunde hat er mir schon wieder den Finger gezeigt.
Auch die anderen Jungen sagen, ich sei hässlich und pervers. Manchmal muss ich mich regelrecht zwingen nicht einfach loszuheulen. In letzter Zeit glaube ich fast schon selbst, dass ich hässlich bin. Schließlich trage ich eine Brille und bin dick. Die Jungen schreien manchmal hinter mir her: Fettarsch, Brillenschlange, Pickelgesicht und andere Gemeinheiten. Vor einiger Zeit hatte ich schon mal zehn Kilo abgenommen. Und keiner hat es bemerkt, nicht einmal meine beste Freundin. Da war ich so traurig, dass ich mir das Doppelte wieder angefuttert habe. Ich bin so verzweifelt, habe Angst, dass der Thomas mich auch doof findet. Dann weiß ich auch nicht mehr, wie ich weiterleben soll, denn ich liebe ihn sooo!«
Ulla *12*

Vielleicht geht es dir auch so wie Margit oder Ulla. Du möchtest Kontakte mit anderen – auch mit Jungen – haben, weißt aber nicht genau, wie du es anstellen sollst. Du hast Angst vor Zurückweisung, deine Schüchternheit steht dir im Wege. Du beneidest andere, die scheinbar leicht Beziehungen knüpfen können.
Aber ob du es glaubst oder nicht, auch die anderen haben ihre Zweifel und Unsicherheiten. Sie können aber vielleicht besser damit umgehen, weil sie sich nicht gleich furchtbar mies fühlen, wenn es mal nicht klappt. Mit der Angst vor Zurückweisung muss jede/jeder umgehen ler-

nen. Und oft zweifelst du an dir selbst, findest dich hässlich und dumm. Sich selbst zu mögen und zu akzeptieren, zu sich selber stehen, ohne selbstgefällig zu sein, ist aber eine wichtige Voraussetzung dafür, andere zu lieben und miteinander etwas entwickeln zu können.

Vielleicht kannst du dir mit deiner Freundin lustige Spiele ausdenken, wie ihr mit Jungen ins Gespräch kommt.

Es ist schwierig, die richtigen Worte zu finden und Gefühle, die noch nicht eindeutig sind, auszudrücken. Jemandem zu sagen, dass man ihn liebt, ohne dass man ihn überhaupt schon gut kennen gelernt hat, ist problematisch. Das überfordert den anderen. Er bekommt Angst, fühlt sich bedrängt und zieht sich zurück.

Leider haben sich auch noch die Rollenklischees gehalten, dass ein Mädchen, das sich intensiv für einen Jungen interessiert, nichts wert sein kann. Und dass nur der Junge toll ist, der mit coolen Sprüchen und Machoallüren ein Mädchen erobert.

Und überhaupt: Die Lust auf Zweiergemeinschaft kommt mal früher, mal später. Fühl dich also nicht gedrängt, wenn du noch keinen Wunsch nach intimer Freundschaft verspürst, sondern dich vielmehr für Sport, Musik, Fotografieren oder andere Hobbys begeisterst. Das ist völlig in Ordnung.

S(i)msen ist super

Elisa (17), Louisa (16), Benni (14) und Janek (15) sprechen über ihre Erfahrungen mit dem S(i)msen:

Elisa: »Statt zu telefonieren und dabei vielleicht lange zu diskutieren, s(i)mse ich viel lieber. Da komme ich gleich auf den Punkt, zum Beispiel schreibe ich meiner Freundin Ariane: Bist du heut im atomic? Vielleicht bin ich auch dort, vielleicht bin ich zu müde ☺, cu! & lg. Meinem Freund Tom s(i)mse ich am Tag mindestens einmal kurz hdgdl, dann weiß er, dass ich ihn ganz doll lieb habe.«

Louisa: »Ich finde S(i)msen auch super, weil ich schnell mit jemandem einen Treff ausmachen kann. Andererseits legt sich niemand mehr fest. Jeder sagt: ›Lass uns wegen heute Nachmittag noch s(i)msen.‹ Und dann kann es schon passieren, dass alle schon was anderes vorhaben und ich allein zu Hause rumsitze.«

Janek: »Ja, das stimmt. Trotzdem bin ich froh, dass mir meine Eltern endlich zum Geburtstag mein Wunschhandy geschenkt haben. Habe damit gleich ein Lied von Rasmus aufgenommen und später zusammen mit meiner Freundin Caroline gehört. So ein Song ist so fett wie vier Fotos. Manchmal nehme ich auch heimlich unsere Lehrer auf. Das macht richtig Spaß, wenn die vor der Klasse so rumbrüllen. Ist natürlich strengstens verboten! Toll finde ich auch die individuellen Klingeltöne. Dann weiß ich sofort, ob mein Freund Max oder meine Mama dran ist.«

Benni: »Wenn mir langweilig ist, s(i)mse ich meine Freunde durch und frage: ›Was machst du gerade?‹ Übers Telefon geht das viel zu lang. Da hab ich 'ne Mutter oder 'ne Schwester dran, die auf mich einquatschen. So aber weiß ich ganz schnell, mit wem ich noch was machen könnte.«

Elisa: »Ja, gegen Langeweile ist das S(i)msen echt klasse. Manchmal sitzen wir zu mehreren zu Hause bei mir und machen Quatsch. Einmal saßen mein Bruder Sebastian, sein Freund Flo, Ariane und ich zusammen in der Küche und haben Arianes älteren Bruder Maximilian anges(i)mst. Der steht total auf mich und ist schon ziemlich alt, nämlich 30. Der wusste aber nicht, dass wir uns alle zusammen etwas unter meinem Namen ausdenken und ich seine Antworten laut vorlese. Später am Abend habe ich noch ein Foto von mir gemacht mit extra tief ausgeschnittenem Dekolleté. Und der Max schrieb dann zurück, dass er so gerne meinen Busen noch heute Nacht anfassen würde. Wir haben uns über seine Antworten total lustig gemacht. Hoffentlich hat Ari ihm nicht erzählt, wie sehr wir uns amüsiert haben.«

Louisa: »Ich finde das ganz schön fies. Auf Kosten anderer seinen Spaß zu haben. Auch mit einer knappen SMS kann man jemanden sehr verletzen. Ich finde, man sollte da vorsichtig sein. Stell dir vor, jemand hebt sich die Sprüche, die du geschickt hast, auf und glaubt daran.«

Elisa: »Mit Max habe ich kein Mitleid. Der baggert mich immer an, wenn er zufällig bei seiner Mum ist und ich Ariane besuchen komme. Geschieht ihm doch irgendwie recht. Und außerdem – er hätte auf unsere Anmache nicht reagieren brauchen.«

Janek: »Richtig asslig finde ich, wenn eine per SMS sagt ›…und tschüs‹. Oder was genauso schlimm ist: ›Tut mir Leid, funktioniert nicht.‹ Eine kurze SMS – und alles ist aus. Ich kenne Jungs und Mädchen, die das so machen. Ätzend.«

Louisa: »Das ist mir auch schon einmal passiert. Danach hab ich geheult und mir alle seine lieben Sprüche von früher noch mal durchgelesen, bevor ich sie gelöscht habe.«

Elisa: »Die Löschfunktion ist überhaupt das Beste. Bekommt ihr auch oft den Spruch: ›Na? Lust und Zeit?‹, der ist echt langweilig. Vielen Jungs fällt aber nichts Besseres ein als so eine SMS zu schicken, wenn sie mich wiedersehen wollen. Das lösch ich dann aber immer.«

Benni: »Du bist ja echt hart drauf. Ist doch nun wirklich nicht so einfach, unverbindlich zu sein und gleichzeitig auf jemanden total zu stehen, oder?«

Elisa: »Ja, ja, hast ja Recht.«

Welchen Sinn hat das Leben noch für mich?

»Das Leben kotzt mich an! Immer wieder Kriege, Arbeitslosigkeit, Umweltzerstörung, Tierversuche. Die Welt ist eine Zeitbombe. Die Zeitschriften und Nachrichten sind voll davon. Was macht das Leben für einen Sinn auf dieser schrecklichen Welt?
Ich habe viel darüber nachgedacht und bin zu keiner Lösung gekommen. Wenn ich heute sterben würde, dann wäre vielleicht an meinem Grab kurz Gejammer – und ein paar Tage später ist es schon vergessen, ist wieder alles beim Alten. Es ist alles so hoffnungslos. Ich habe schon oft mit dem Gedanken gespielt, mich umzubringen, weil ich keinen Sinn mehr sehe. Ich hab das mal in der Schule erzählt. Seitdem sind meine Klassenkameraden irgendwie komisch zu mir. Sie tun so, als ob sie sauer auf mich wären. Einer hat nur gesagt, ich soll nicht so spinnen. Ich ertrage das alles nicht mehr. Allmählich glaube ich, es gibt sowieso niemanden, der mich versteht. Und ernst nimmt mich auch keiner.«
Alex *17*

Wie können Freunde, Klassenkameraden und Eltern erkennen, ob jemand selbstmordgefährdet ist?
Viele der betroffenen Jugendlichen ziehen sich zurück. Ihre Mimik wirkt erstarrt. Oft fühlen sie sich innerlich stumpf und leer. Ihre Gefühle – auch für ihre eigene Verzweiflung – sind wie in Watte gepackt, einen direkten Zugang zu diesen Empfindungen scheint es nicht zu geben. Diese Mädchen und Jungen empfinden das Leben als sinnlos und sie haben keine Hoffnung auf Veränderung.
Körperlich kann sich dieser Zustand durch Appetitlosigkeit, ein großes Schlafbedürfnis und fehlendes sexuelles Interesse bemerkbar machen. Manche weinen häufig scheinbar grundlos. Andere können sich in der Schule nicht mehr konzentrieren, die Leistungen sinken rapide.
Es gibt aber auch solche Jugendliche – häufig sind es Mäd-

chen –, die nach außen hin immer »sehr gut drauf« sind. Ständig springen sie ein, helfen aus und sind dabei noch super gelaunt.

In Wirklichkeit nehmen diese Mädchen ihre eigenen Bedürfnisse und Gefühle nicht mehr wahr und trauen sich nicht, sich selbst auch wichtig zu nehmen. Immer noch wird vielen Mädchen beigebracht, vor allem ein nettes, liebenswertes Mädchen zu sein mit »weiblichen« Tugenden wie: Rücksichtnahme um jeden Preis, Fürsorglichkeit ohne den Gedanken an eigene Wünsche, unbedingter Verzicht auf Gefühlsäußerungen, die andere kränken könnten, und Opferbereitschaft.

Das führt unweigerlich dazu, dass die eigenen Gefühle ihnen fremd werden. Aus diesem Grund fühlen sich diese Mädchen in sich selbst und in der Welt fremd. Mithilfe von außen können sie jedoch den Kontakt zu sich selbst wieder aufnehmen und ihre innere Stimme finden.

Gerade Jungen sind mit ihren schlimmen Gefühlen oft allein. Sie drängen diese Angst machenden Emotionen bereits als Kinder weg, weil sie die in unserer Gesellschaft nicht haben dürfen, geschweige denn zeigen. Empfindsamkeit aber auch Enttäuschung, Trauer und Hilflosigkeit bleiben hinter gespielter Gleichgültigkeit und Coolness verborgen. Das dies auf Dauer nicht gesund sein kann, ist hinlänglich bekannt. Immerhin steht Selbstmord im Jugendalter statistisch gesehen an zweiter Stelle der Todesursachen in Deutschland. Und es nehmen sich doppelt so viele Jungen wie Mädchen jährlich das Leben.

Wie können Freunde, Klassenkameraden und Eltern damit umgehen, wenn Jugendliche Selbstmordabsichten äußern? »Reiß dich zusammen!« oder »Das wird schon wieder« sind weder gute Ratschläge noch wirksame Sprüche.
Wenn ihr helfen wollt, dann traut euch nach den Gefühlen des anderen zu fragen. Vielleicht spürt ihr eure Hilflosigkeit und fühlt euch überfordert, wenn der Freund oder die Freundin so apathisch wirkt. Vielleicht kommt Ärger hoch.
Versteckt eure Gefühle nicht. Lasst den Ärger raus und zeigt, dass euch dieser Mensch wichtig ist. Bleibt nicht gleichgültig. Sucht eine Vertrauensperson, vielleicht die Mutter oder eine Lieblingslehrerin, mit der ihr über eure Sorgen um eure Freundin sprechen könnt. Überlegt, was ihr euch insgeheim von anderen wünschen würdet, wenn ihr in einer ähnlichen Situation wärt. Vielleicht könnt ihr ja euren Freund oder eure Freundin zum Beispiel zu einer Beratungsstelle begleiten und auch sonst einfach für sie da sein!

EIN LEBEN ZWISCHEN ZWEI WELTEN: ICH BIN EINE TÜRKIN IN DEUTSCHLAND

Liebe Johanna,

Wieder einmal muss ich mir Luft machen, damit ich nicht an meinen Gefühlen ersticke. Mir fällt es schwer, zu lügen. Trotzdem besteht mein Leben zurzeit aus lauter Halbwahrheiten und elenden Ausreden. Wie das kommt? Meine Eltern verlangen über jeden meiner Schritte Rechenschaft. Damit ich mich nicht selbst verliere, bewege ich mich als Grenzgängerin zwischen zwei Welten. Zwischen der, in die ich hineingeboren wurde, und der, in der ich jetzt aufwachse. Diesen schwierigen Balanceakt vollführe ich jeden Tag aufs Neue. Dabei fällt es mir immer schwerer, mich nicht auf die Seite zu schlagen, die mir im Moment näher steht. Und das ist die deutsche Seite. Meine Wurzeln aber liegen in der türkischen Lebensweise, die mir von klein auf vertraut und lieb ist.

Mein Hauptproblem ist, dass ich nicht als türkischer Junge geboren worden bin, denn dann müsste ich mich nicht den Anordnungen meines jüngeren Bruders Erzin fügen. Ich finde es unmöglich, dass mein 15-jähriger Bruder – immerhin zwei Jahre jünger als ich und unter uns gesagt ein ziemlicher Kindskopf – bestimmt, was ich in meiner Freizeit mache und was nicht. Nur wenn er auch Lust hat, schwimmen zu gehen, darf ich ihn begleiten. Allein oder mit einer Freundin erlauben es meine Eltern nicht. Ich könnte ja von einem Jungen angesprochen werden oder mich gar mit ihm anfreunden. Damit bringe ich den Eltern »Schande«. Ihre Freunde finden das anstößig und könnten wegbleiben. Die Ehre so leichtsinnig aufs Spiel setzen darf kein gutes türkisches Mädchen. Da würden meine Eltern glatt durchdrehen. Dabei sind sie, wie du weißt, geradezu fortschrittlich. Andere erlauben überhaupt nicht, dass ihre Töchter sich im Badeanzug Männern zeigen. Als ob wir nur darauf aus wären, Jungs anzumachen. Außerdem durfte ich weiter auf die Schule gehen. Und wenn ich ein super Abi hinlege, darf ich sicher auch studieren.

Mir macht es aber überhaupt keinen Spaß, mit Erzin und meinem Cousin Cumhur im Wasser rumzualbern. Deshalb habe ich in diesem Sommer manchmal meine Mutter gefragt, ob ich noch zu Konstanze rüberdarf, damit wir zusammen Englisch lernen. Ha, ha, lernen darf ich!! Also habe ich meine Bücher gepackt und ab. Konstanze ist ungefähr so groß wie ich und an heißen Tagen leiht sie mir ihren ausgewaschenen Badeanzug. Sie selbst sieht super aus in ihrem knallfarbenen Bikini. Und dann gehen wir schwimmen. Natürlich nicht in das Schwimmbad in unserem Viertel, sondern in das etwas entferntere Michaelibad. Stell dir vor, was vorgestern beinahe passiert wäre. Ich springe gerade kopfüber ins Wasser und komme prustend wieder hoch. Da sehe ich, wie mein Bruder zum Sprung vom Dreimeterbrett ansetzt. Mir blieb fast das Herz stehen. Hatte er mich gesehen? Voller Panik tauchte ich unter und schwamm zum Beckenrand.

Dort schnappte ich mir das Handtuch von Konstanze und rannte in die Damentoilette. In einer Kabine schloss ich mich ein. Da war ich fürs Erste sicher. Außer Atem ließ ich mich auf dem Klodeckel nieder. Meine Beine haben gezittert, meine Zähne schlugen aufeinander. Dabei war es gar nicht kalt. Und dann kamen die Tränen. Ich dachte, ich höre nie wieder auf zu weinen. Konstanze ist hinter mir hergerannt. Sie rüttelte an der Tür, schließlich war ich nicht zu überhören. Sie hat mich sofort in den Arm genommen. Das hat gut getan. Wir warteten, bis ich mich etwas beruhigt hatte. Dann haben wir uns wie zwei Diebinnen aus dem Bad geschlichen und geschaut, dass wir unerkannt nach Hause kamen. Seitdem ist mir die Lust aufs Freibad vergangen. Warum darf ich eigentlich nicht wie mein Bruder tun und lassen, was ich will? Ich möchte frei sein, so wie meine deutschen Freundinnen auch. Ich möchte nicht lügen müssen, denn ich liebe meine Mutter und meinen Vater. Es ist oft sehr schön bei uns gewesen, wenn sonntags die Tanten und Onkel kamen. Dann gab es kleine Leckereien und es wurde viel geplaudert und gelacht: über früher, über das Zuhause in der Türkei, über Freunde und Verwandte. Da saß ich geborgen in einer Ecke und lauschte.

Aber seitdem ich meine Tage bekommen habe – das ist jetzt auch schon fünf Jahre her –, hat sich das alles geändert. Jetzt ist die Familie um meine Ehre besorgt. Ich darf nicht mal mit ins Landschulheim. Jedes Jahr das Gleiche: Der Klassenlehrer kommt zu meinen Eltern und versucht sie zu überreden, mich mitfahren zu lassen, er und seine Kollegin würden schon aufpassen, dass nichts passiert. Jedes Jahr hören meine Eltern aufmerksam und höflich zu. Zum Schluss sagen sie freundlich, dass sie es sich noch überlegen und Bescheid geben werden. Zwei Tage später ruft mein Vater in der Schule an, um abzusagen. Beim ersten Mal war ich richtig wütend. Jetzt versuche ich nicht einmal mehr traurig zu sein, denn ich weiß ja, wie's läuft. Wenn meine Klasse zurückkommt und davon schwärmt, wie toll es im Landschulheim war

und was sie alles angestellt haben, bin ich die Einzige, die nicht dabei war.
Am meisten kränkt es mich aber, dass meine Eltern mir nicht vertrauen. Die glauben wohl, ich hätte nichts anderes im Sinn als mit irgendeinem Jungen zu schlafen. Für meine Eltern ist es furchtbar bedrohlich, wie frei die Mädchen hier sein dürfen. Und manchmal bin ich stinksauer, dass ich so gar nichts darf, was Konstanze erlaubt ist. Wenn ich dann die Duldermiene meiner Mutter sehe, weiß ich genau, was sie denkt: ›Was will Meryem nur? Sie darf aufs Gymnasium, wird eines Tages sogar studieren und später einen reichen Mann heiraten. So viele Freiheiten hätte ich mir niemals zu erträumen gewagt. Und sie ist nicht einmal dankbar dafür!‹ Meine Eltern verstehen nicht, dass ich mich gedemütigt fühle durch ihr Getue um meine Ehre. Ich will ja Jungfrau bleiben. Mir liegt nichts daran, sofort mit einem Jungen ins Bett zu gehen. Ich will aber entscheiden dürfen, wen ich treffe. Und das ganz offen. Ohne Angst vor den Wutausbrüchen meines Vaters. Ohne die vorwurfsvolle Miene meiner Mutter und ohne die frechen Bemerkungen meines jüngeren Bruders. Mach mir Mut, liebe Johanna, damit ich das alles durchstehe. Ich fühle mich so hin- und hergerissen zwischen den Wünschen meiner Eltern und meinen eigenen. Was soll ich tun?

Deine Meryem

So wie Meryem geht es vielen türkischen Mädchen in Deutschland. Sie sind hier geboren oder als Kleinkinder aus ihrer Heimat in ein fremdes Land gezogen. Mit der Pubertät prallen dann plötzlich zwei Kulturen mit völlig unterschiedlichen Vorstellungen aufeinander. Gerade Türken versuchen das, was sie unter türkischem Kulturgut verstehen, in der Fremde besonders intensiv zu pflegen. Verwandtschaftliche Bande zu Onkeln und Tanten werden so noch wichtiger und enger.
Außerdem wird genauer darauf geachtet, dass die Tochter zum Beispiel nicht mehr allein auf die Straße geht, nicht

mit fremden Jungen spricht (fremd sind in diesem Fall auch die Klassenkameraden), sobald sie ihre Tage bekommen hat und damit zur Frau geworden ist. Unsere, in ihren Augen, freie Lebensweise wird plötzlich zur Gefahr. Die Versuchung lauert überall. Und den Mädchen traut man in der Regel in dieser fremden Umgebung nicht sehr viel Widerstandskraft zu. Besonders großen Wert wird auf die »Ehre« der Tochter gelegt. Denn sollte sie »verloren gehen«, büßt die Familie womöglich alle Kontakte zu Freunden und Verwandten ein. Das fürchten die Eltern im Ausland ganz besonders. Es genügt für eine Türkin ja schon, sich mehr an deutschen Mädchen zu orientieren, um von den eigenen Leuten verachtet zu werden.

»Ich wollte auch zu den Jugendtreffs und ab und zu ins Kino. Da war ich schon 17 und in der Ausbildung zur Arzthelferin. Meine Eltern beschimpften mich als schlechtes Mädchen. Die anderen türkischen Mädchen durften keinen Kontakt mit mir haben. Und die Männer sagten zu mir schlimme Sachen. Trotzdem habe ich nichts Schlimmes gemacht. Ich habe zwar jetzt einen Freund, aber ich will nicht vor der Heirat mit ihm schlafen. Ich bin traurig darüber, dass sich meine Eltern für mich schämen.«
Ayscha *20*

Die zierliche Feride hat keine Angst mehr, ihre Ehre zu verlieren. Sie ist gerade mal fünfzehn Jahre alt und vor kurzem mit einem achtundzwanzigjährigen Mann verheiratet worden. Es war der Wille ihres Vaters. Ihre kindischen Mitschülerinnen belächelt sie nur. Sie findet ihr Leben gut und ist stolz, dass sie jetzt in ihrer türkischen Gemeinschaft als erwachsene Frau gilt. Morgens fährt ihr Mann sie zur Schule, mittags wird sie von der Schwiegermutter abgeholt. Dann hilft sie ihr im Haushalt. Abends, wenn ihr Mann heimkommt, sitzen sie alle gemeinsam vorm Fernseher. Meist wird Sport geschaut, denn Sinan, ihr Mann, bestimmt das Programm. Schließlich sorgt er auch für sie. Nach der Hauptschule will Feride keine Ausbildung machen. »Sinan will das nicht. Ich soll daheim bei seiner Mutter bleiben, denn er verdient genug für uns drei.«

So wie Feride bekommen zahlreiche türkische Mädchen mit fünfzehn Jahren die ersten Heiratsangebote. Viele schlagen sie aus. Sie haben ein gutes Argument: die Ausbildung. Trotzdem sind sie viel abhängiger vom Willen ihrer Eltern, die entscheiden, ob noch gelernt werden darf oder nicht.
Doch auch wenn sie noch weiter die Schulbank drücken, ist es nicht einfach für türkische Mädchen. Von ihren deutschen Mitschülerinnen werden sie als die »Türkinnen« bezeichnet, die bei vielen Unternehmungen in der Schule oder im Jugendtreff nicht mitmachen dürfen. Sie werden als Gruppe ausgegrenzt, obwohl jede Einzelne sich mehr oder weniger auch an Deutschen orientiert. Andererseits werden junge Türkinnen von ihren eigenen Landsleuten kritisch beäugt. Und unter Türken gilt es als Schimpfwort, wenn sie einem Mädchen sagen, dass es sich wie eine Deutsche benimmt, etwa wenn es sich beim Nachhausekommen verspätet. Gerade in dieser Zeit des Umbruchs, wenn die Gefühle aus dem Ruder laufen und der Körper sich radikal verändert, muss das türkische Mädchen sich zusätzlich in einer neuen Ordnung zweier Kulturen zurechtfinden. Dann ist es gut, eine vorurteilsfreie Freundin zu haben, die ihr die türkischen Möglichkeiten lässt ohne sie gleich als angepasst und altmodisch zu verachten. Und sie ermutigt, die Chancen, die sie in Deutschland im Privat- und Berufsleben haben könnte, zu verwirklichen. Dazu brauchen die Mädchen Vertrauen in echte Freundschaften.

WER WILL WEN? Clemens' Tagebuch

_22. 5. 2004_

Heute ist Klassenelternabend. Ich bin so aufgeregt, als müsste ich selber hingehen. Meinem Vater habe ich gesagt, er soll sein neues Sakko anziehen und einen guten Eindruck machen, denn wahrscheinlich kommt auch die Mutter von meiner großen Liebe Anna. Ich habe meinem Vater, der gerade das Haus verlassen will, eben noch ein paar Hinweise gegeben, wie er sich aufführen soll. Jetzt heißt es abwarten, bis er zurückkommt. Ich muss unbedingt so lange wach bleiben!

_23. 5. 2004_

Der ganze Tag ein einziger FLOP!
Anscheinend war ich nicht der Einzige, der gestern auf seine Eltern gewartet hatte. Heute früh wussten alle anderen in der Klasse bereits auch, was gestern Abend besprochen wurde. Mein einziger Trost war, dass Annas Mutter gestern gar nicht da war und ich Anna alles erzählen konnte. Komisch, dass sie immer weiter von mir wegrückte. Dabei hatte ich extra die halbe Flasche von dem Rasierwasser meines Vaters, Marke Super Bull Flavour, über mich gegossen. Als der Unterricht begann, kam es noch schlimmer: Rückgabe der Lateinarbeit! Während wir die Klassenarbeit gemeinsam verbesserten, schien es mir, als würde Frau Dr. Husch bei jeder Frage und jedem Fehler immer nur mich anschauen. Ich vermutete Schlimmstes. So war es dann auch: eine glatte Sechs.
Nach diesem Schock musste ich unbedingt aufs Klo. Mein Banknachbar Gottlieb, der immerhin eine Fünf erhalten hatte, schloss sich mir an. Als wir nebeneinander am Pinkelbecken standen, fragte mich Gottlieb: »Sag mal, hat dich heute ein Hund angepisst? Oder warum stinkst du so?« Nun war der Tag für mich endgültig ge-

laufen. Scheiße, nicht einmal er hatte das teure Rasierwasser an mir bemerkt.

24. 5. 2004

Nach diesem verpfuschten Tag konnte ich gestern lange nicht einschlafen, doch dann fiel mir das SMV-Seminar in zwei Wochen ein. Anna und ich werden zusammen als Klassensprecher der Klasse 9b dort hinfahren und dann …

14. 6. 2004

WAHNSINN, GEIL, IRRE!!!!!!

Was in so einer kurzen Zeit alles passieren kann. Seit dem SMV-Seminar ist alles anders. Mit Anna ist es aus (eigentlich war ja nie was). Sie hat mir dort nur die kalte Schulter gezeigt und mit Thomas aus der Parallelklasse geturtelt. Ich habe dort Miriam kennen gelernt, die sowieso viel netter und hübscher ist als Anna.

»Wen ich will, den krieg ich nicht. Und wer mir gefällt, den bekomm ich nicht!« So stöhnst nicht nur du. Aber mal ehrlich: Wenn du dich verliebt hast, dann beginnst du plötzlich an dir zu zweifeln. Du fragst dich: Bin ich witzig, interessant genug? Findet er/sie mich hübsch? Stundenlang gehst du vor dem Spiegel auf und ab, übst, wie du ihn/sie auf beeindruckende Weise ansprechen könntest. Und wenn du dann tatsächlich in die Reichweite des/der Auserwählten kommst, wächst diese Hürde ins Unermessliche. Da beginnen deine Knie zu zittern, du wirst verlegen, weißt nicht, wohin mit deinen (warum gerade jetzt?) so unnütz baumelnden Armen, findest dich völlig uncool und setzt bestenfalls ein schüchternes Grinsen auf ... Das geht vielen so, nicht nur dir. Wenn du also jemanden ganz toll findest, dann denke daran, nur Ausprobieren zeigt dir, ob es mit euch was werden könnte. Das ist unbekanntes Terrain, Niederlagen (Lernpotenzial) sind also inbegriffen. Wir haben gefragt, wie es andere machen:

»Es gibt keine Patentrezepte, um Mädchen kennen zu lernen. Wenn mir ein Mädchen gefällt, frage ich sie, ob sie mit mir was machen will. Ich lade sie im Winter bei uns auf die Schlittschuhbahn ein oder in den Rollschuhpalast. Im Sommer frage ich sie, ob sie Lust hat, mit mir Eis essen zu gehen oder an die Isar. Wir machen was miteinander und unterhalten uns. Große Sprüche lasse ich lieber. Das mögen Mädchen nicht. Ich versuche lieber witzig zu sein als wild draufloszubaggern. Natürlich fallen mir auch nicht dauernd superwitzige Sachen ein. Aber ich finde, ein Mädchen kann ruhig auch was Interessantes von sich geben. Trantüten mag ich sowieso nicht.« ***Sven*** *17*

»Ich beobachte das Mädchen, das mir gefällt. Dann weiß ich zum Beispiel, mit welcher S-Bahn sie fährt, und steige immer in den gleichen Waggon wie sie ein. Irgendwann lächle ich sie an. Lächelt sie zurück, ist die Lage fast schon geklärt. Dann spreche ich sie an. Klar ist es ätzend, wenn ich von einem Mädchen eine Abfuhr bekomme. Dann lecke ich erst mal meine Wunden. Aber je mehr Abfuhren man bekommt, desto größer ist die Wahrscheinlichkeit, dass es beim nächsten Mal klappt.«

Jörg *16*

»Gegenüber von unserer Schule ist das Eiscafé Sacletti. Wenn ich einen Jungen ganz toll finde, dann frage ich schon mal, ob er mit mir noch auf ein Eis rübergeht. Bisher habe ich das erst zweimal gemacht, weil ich eben doch sehr schüchtern bin.« ***Maria*** *15*

»Ich habe Tanzkurse besucht. Zuerst einen Tanzkurs nur für Mädchen. Da habe ich mich richtig wohl gefühlt. Im Jahr drauf machte ich einen gemischten Kurs mit. Da habe ich auch verschiedene Jungen ganz locker kennen gelernt. Mehr wollte ich auch noch nicht.« ***Hanne*** *16*

»Ich hätte es gern gehabt, dass Pit, der zwei Straßen weiter wohnt, auf meine Geburtstagsparty kommt. Zuerst war ich zu schüchtern, ihn einzuladen. Erst einen Tag vor der Party nahm ich all meinen Mut zusammen und rief ihn an. Ich hatte vorsichtshalber seinen Freund auch schon eingeladen, der zwar für mich schwärmt – den ich aber ziemlich langweilig finde. Ich glaube, Pit hatte Angst zu kommen, denn er sagte nur sehr vage zu. Trotzdem wurde es ein tolles Fest, auch wenn sich die Jungen zum Schluss geprügelt haben. Wieso? Weiß ich auch nicht. Jungen haben es in diesem Alter oft nötig, kräftig anzugeben.« ***Rita*** *13*

»Meine Freundin Lisa und ich spielen manchmal das ›lustige Anmachspiel‹. Wir gehen zum Beispiel ins Café Zentral, eine Schülerkneipe. Dort bleiben wir in der Nähe der Tür. Jeder vierte Junge, der hereinkommt, wird angesprochen. Irgendwas fällt uns schon ein. Manchmal ist das richtig witzig. Manche sind aber auch bloß doof, dann kichern wir darüber. Es ist nur ein Spaß. So haben wir aber auch schon viele nette Jungs kennen gelernt.

Sonja
+
Roland
Ich hoffe du
verzeihst mir
noch einmal,
weil ich dich Lie
Roland

Wenn wir gelangweilt zu Hause rumhängen, suchen wir manchmal Telefonnummern von Jungen heraus, die wir kennen. Dann rufen wir an und erzählen irgendeinen lustigen Witz oder machen die Jungs halt an. Erst letzte Woche haben sich meine Freundin Teresa und ich ganz grell geschminkt und mit Klamotten aus den 70er-Jahren verkleidet. Damit sind wir zu einem Klassenkameraden gegangen. Seine Mutter machte uns auf. Ich glaube, die traf fast der Schlag. Am liebsten hätte die wohl ihren Sohn verleugnet. Doch der schlitterte schon den Gang entlang. Ich glaube, dass die Mutter Angst hatte, ihr armes Söhnchen würde von den bösen Mädchen verführt! Wir haben uns vor Lachen gebogen, denn für uns war's einfach nur lustig. Jeremy hat gleich mitgelacht. Das fanden wir beide ganz toll.« ***Katharina*** *14*

Wer will mich?

Mein Name: Bruno Hofmann
Mein Spitzname: **Bruno Brasil**
Da habe ich Geburtstag: **27.9.1990**
Das ist mein Sternzeichen: **Waage**
Meine Hobbys: **Theater spielen, Fun, Rad fahren**
Ich bin in der: **8b**
Augenfarbe: **noch im Bereich des Möglichen**
Haarfarbe: **blond (etwas dunkler, aber wuschelig)**
Größe: **164 cm**
Schuhgröße: **Länge eines halben Iltisses**
Geschwister (Name, Alter): **Bea (10)**
Lieblingsbuch: **Lateinische Grammatik (mindestens schon siebenmal gelesen)**
Mein Lieblingsautor: **Grzimek, der Tierfreund**
Meine Lieblingsserie: **Mr. Bean, die Simpsons**
Mein Lieblingspopstar: **Rasmus**
Mein Lieblingsessen: **Scherzkeks**
Mein Hassessen: **Gemüse**
Mein Lieblingsgetränk: **Zitronenlimo**
Mein Hassgetränk: **Red Bull**

Mein Lieblingstier: **Mausi**
Mein Lieblingsfach: **am liebsten, wenn's entfällt**
Meine Lieblingsbeschäftigung: **Heimkommen, wenn's hell wird**
Das möchte ich später mal werden: **Bundeskanzler oder König**

Mein Name: Leonore Hunter
Mein Spitzname: **Hörnchen**
Da habe ich Geburtstag: **25.3.1991**
Das ist mein Sternzeichen: **Widder**
Meine Hobbys: **Lesen, Tanzen, Faulenzen**
Ich bin in der: **8a**
Augenfarbe: **blau-grau-grün – oder so ähnlich**
Haarfarbe: **blond, ziemlich krass**
Größe: **165 cm**
Schuhgröße: **Quadratlatschen zwischen 39 und 40**
Geschwister: **Philipp (8)**
Lieblingsbuch: **alle spannenden Romane**
Lieblingsautor: **Merk mir doch nicht alle Namen**
Lieblingsserie: **Die Sendung mit der Maus**
Lieblingspopstar: **Avril Lavigne**
Lieblingsessen: **Pfannkuchen**
Hassessen: **Zucchini in allen Variationen**
Lieblingsgetränk: **Pfirsichsaft**
Hassgetränk: **Bier**
Lieblingstier: **Delfin**
Lieblingsfach: **Kunst**
Lieblingsbeschäftigung: **Musik hören, mit der Freundin unterwegs sein**
Das möchte ich später mal werden: **Schauspielerin**

Wie ich ihn mir wünsche:

»Also ich wünsche mir als Freund einen sehr netten Jungen. Einer, der eingebildet ist oder ein Angeber, kommt nicht gut. Witzige Typen finde ich immer unterhaltsam. Und eine Portion Romantik sollte er schon besitzen. Wie einer aussieht, ist mir egal. Na ja, schmale Lippen gefallen mir nicht besonders. Und Dicke finde ich auch nicht so attraktiv. Ansonsten kann er blond oder braun sein, lang- oder kurzhaarig.« ***Edina*** *13*

»Manchmal denke ich – der ist es, der gefällt mir. Aber immer gibt es dann mehrere aus meiner Klasse, die den Typen genauso süß finden. Dann ziehe ich mich zurück, weil ich glaube: Da habe ich sowieso keine Chance. Auch wenn ich tatsächlich an ihn rankäme, würden die anderen über mich lästern. Das denke ich mir jedenfalls so. Na, und dann vergeht mir die Lust, ihn anzumachen.« ***Silvia*** *14*

»Er muss ernst sein, aber gleichzeitig albern sein können. Ich brauche jemanden, mit dem ich auch mal Blödsinn machen kann, die halbe Nacht auf einer Wiese tanzen zum Beispiel. Aber er muss mich auch ernst nehmen. Ich finde es ziemlich doof, wenn ein Junge mir Tierkosenamen gibt wie Mäuschen, Bärchen oder Häschen. Da fühle ich mich überhaupt nicht ernst genommen. Aber auch coole Typen kann ich nicht ab. Sie vermitteln ständig den Eindruck, über allem zu stehen. Nichts geht sie wirklich an. Das finden sie toll. Ich hasse es.« ***Silke*** *16*

»Ätzend sind Jungen, die nur flapsig sind, ständig Witze auf Lager haben und alles ins Lächerliche ziehen. Genauso nervig finde ich Jungen, die bleischwer sind, sich dauernd über den Sinn des Lebens unterhalten wollen und immer fragen, was nach dem Tod passiert. Aber den Richtigen zu finden, der zu mir passt, ist schrecklich schwer.« ***Maralde*** *16*

Für Jungen ist es heute immer noch äußerst wichtig für ihr Selbstwertgefühl, von den anderen als stark, unabhängig und erwachsen angesehen zu werden. Wissenschaftler fragten vierzehn- bis sechzehnjährige Schüler, wie sie gern sein wollten. Ergebnis: Die 1760 befragten Jungen möchten vor allem als gut gelaunt, cool und witzig gelten. Ihre Vorbilder sind meist Sportler. Mit ihren Gefühlen jedoch bleiben die Jungen oft allein (36 Prozent). Nur zehn Prozent lassen sich von der Mutter trösten, sieben Prozent von ihrem Freund und nur zwei Prozent von ihren Vätern. Mädchen glauben immer noch, besonders attraktiv sein zu müssen, damit sie einem Jungen auffallen. Allerdings ist der Begriff Attraktivität äußerst dehnbar.

Wie ich sie mir wünsche:

»Ich schätze Intelligenz, weil es einfach interessanter ist, mit einem Mädchen zu reden, das nicht nur Grütze im Kopf hat. Und Humor ist wichtig. Ohne Humor geht gar nichts. Ich mag es auch nicht, wenn sie zu still ist und nicht ihre Meinung sagt.«

Michael *16*

»Ich steh nicht so auf dumme Blondinen, die nur Sex im Kopf haben. Ich will mit 'ner Frau auch vernünftig reden können. Ich muss ihr vertrauen können. Gleichzeitig muss sie auch für jeden Unsinn zu haben sein. Spontaneität ist auch wichtig, damit nicht schon nach kurzer Zeit alles in festen Bahnen verläuft.«

Christoph *16*

Weißt du, warum Blondinenwitze immer so kurz sind? Damit die Männer sie verstehen!

»Ich mag starke Frauen. An die starke Frau, die weiß, was sie will, ist schwer ranzukommen. Das weckt meinen Ehrgeiz. Ich muss mir was einfallen lassen, um den harten Kern zu knacken.« ***Gregor*** *17*

»Ich mag besonders Mädchen, die sich an mich anlehnen. Vielleicht habe ich einen besonders starken Beschützerinstinkt. Ich bin der Typ, der ein Mädchen gern nach Hause begleitet. Wahrscheinlich würde ihr nichts passieren, wenn sie allein nach Hause ginge. Aber ich bin eben nun mal so: möchte auf Nummer sicher gehen, dass ihr nichts passiert.« ***Fabian*** *16*

»Nervig finde ich, dass Mädchen immer zu zweit aufs Klo gehen.« ***Sven*** *18*

Reich soll er sein, gut aussehend und ein höflicher Liebhaber. Das wünscht sich nicht etwa irgendein Mädchen in Deutschland von ihrem Zukünftigen, sondern es ist der innigste Wunsch einer Herero-Frau aus der Kalahari-Wüste. Welche Traummänner sich Frauen wünschen und welche Vorstellungen Männer von der idealen Partnerin haben, trugen fünfzig Wissenschaftler in über fünf Jahren auf der ganzen Welt zusammen. Herausgekommen ist – egal ob in Neuguinea oder in Kalifornien –, dass die Wünsche der Frauen und Männer überall sehr ähnlich sind. Weltweit wollen Frauen Männer, die zärtlich sind, Herzensgüte und Aufrichtigkeit besitzen. Da wird das Aussehen nebensächlich. Geld spielt ebenfalls eine Rolle. (Aber erst später, wenn die Frau daran denkt, mit dem Mann fest zusammenzubleiben und mit ihm Kinder zu

haben.) Frauen möchten dann durch ihren Partner finanziell abgesichert sein. Nur so können zukünftige Kinder relativ sorglos aufwachsen.
Vier Merkmale, bei denen Männer vor Frauen nach Meinung der Wissenschaftler Reißaus nehmen, sind: Hässlichkeit, Körperbehaarung, unterentwickelter Sexualtrieb und übertriebene Bindungsabsichten.
Betrachten wir jedoch einmal die Hässlichkeit oder besser gesagt die Attraktivität einer Frau etwas näher: Attraktiv finden die Ureinwohner Australiens vor allem dicke Frauen, während die Ureinwohner Ostsudans Frauen mit langen, hängenden Brüsten bevorzugen. Doch ganz gleich was man in der jeweiligen Kultur unter attraktiv versteht, die Tatsache bleibt, dass für Männer das Äußere wichtiger ist als für Frauen. In allen Teilen der Erde wünschen sich Männer treue Frauen. Das ist auch umgekehrt der Fall.
Das Fazit der Partnerstudie: Die Wünsche der Männer und Frauen sind weltweit ähnlich und dennoch mit der Realität oft nicht vereinbar. So gehören Trennungen und erneute Partnersuche in allen Kulturen zum normalen Alltag.

Wo ist denn mein Märchenprinz?

»Als kleines Mädchen habe ich mir den Mann meines Lebens immer als Königssohn vorgestellt. Hoch gewachsen, mit langen blonden Locken, würde er mich eines Tages sehen und so beeindruckt sein, dass er mich sofort galant und zärtlich auf seinen schwarzen Rappen hebt. Dann eilen wir im Galopp seinem wunderschönen Schloss in der Ferne zu. Dort leben wir für immer glücklich und – machen was?
Mich hat er auserwählt, weil ich von strahlender Schönheit, bestechender Intelligenz und außerordentlicher Tugendhaftigkeit bin. Werde ich also den täglichen Ratsgeschäften nachgehen, weil ich so klug bin? Oder werde ich die Tage sorgfältig gekleidet, von meinen Hofdamen

umringt und bewundert, verbringen, unterbrochen von großen Essgelagen? An diesem Punkt hörte stets die Kraft meiner Fantasie auf. Denn dieser Teil meines Lebens schien mir nie reizvoll genug, ihn gedanklich so auszubauen wie das wundersame Erlöstwerden von meinem Aschenputtel-Singledasein.
Inzwischen weiß ich längst, dass wir nicht im Märchen leben. Trotzdem spuken mir noch immer die Traumbilder meiner Kindheit im Kopf herum. Vor allem dann, wenn ich mal wieder meinem Traummann begegne. Wie das geht? Immer der Reihe nach. Der erste hieß Tommy, baumlanger Typ mit Wuschelkopf. Basketballspieler. Beim Küssen – konnte er tierisch gut – musste ich mich immer auf die zweite Stufe einer Treppe stellen. Trotzdem bekam ich oft Nackenschmerzen. Am Wochenende gehörte ich zu seiner begeisterten Anhängerschaft, die kein Basketballspiel versäumte. Mit der Zeit kannte ich sämtliche Sprünge und die dazugehörigen Fachausdrücke wie Dunk, Slamdunk, Rebound, Layer ...

Irgendwann jedoch erlahmte mein Interesse: Die Küsse verloren an Leidenschaft, der Beobachtungsposten ödete mich an. Ich fühlte mich unglücklich und vernachlässigt. In dieser Zeit lernte ich das Tragen einer Sonnenbrille zu schätzen. Hinter dunklen Gläsern ließen sich rot geränderte, verheulte Augen vorzüglich verstecken.
Nach einer Phase der Desillusionierung, was Männer im Allgemeinen und Prinzen im Besonderen betraf, nährte ich wieder meine Vorstellungen vom Traummann.
Der kam dann auch in Form eines Malers – kein Anstreicher, sondern ein richtiger Künstler. Jeder schwärmte von seiner Begabung und sagte ihm eine große Zukunft voraus. Ich sah mich schon an seiner Seite als inspirierende Muse. Es beeindruckte mich, wie er mir, der Auserwählten, stundenlang, nächtelang referierte, welche Farbpigmentmischungen das besondere Leuchten seiner Bilder hervorriefen. Es kam der Augenblick, da kannte ich jede Wortwendung, jede Handbewegung. Es genügte mir nicht mehr, bewundernd daneben zu sitzen. Ich wollte, dass auch er irgendetwas Bewundernswertes an mir fände. Tat er leider nicht. Wieder kramte ich die Sonnenbrille heraus, denn verquollene Augen sind kein schöner Hingucker. Meine Mutter versuchte mich mit dem Spruch zu trösten: ›Jeder Topf findet seinen Deckel.‹ Meine Oma meinte, ich müsse eben anpassungsfähiger werden, sonst müsste ich mir meinen Mann schon selber backen. Das tat ich dann auch: Aus lauter einzelnen Hefeteigteilen buk ich mir in mühevoller Kleinarbeit eine Figur, die ein gewisses männliches Aussehen nicht verleugnen konnte. Diese mit Puderzucker zusammengeklebten Teile stellte ich mir in die Zimmerecke. Meine Freundin meinte, dass ich nun total spinne. Sie stellte umgehend die These auf, dass der Mann, der genau für sie geschaffen ist, tatsächlich irgendwo auf der Welt existiert. Es ist aber nur ein einziger und es gibt etwa drei Milliarden Männer. Schöne Aussichten sind das, oder?« ***Sibylle*** *20*

STREICHELEINHEITEN FÜR MEINEN KÖRPER

Onanie ist Sex mit jemandem, den man sehr gerne mag.« ***Woody Allen***

Rückenmarksschwund, Unfruchtbarkeit, Schwachsinn. Über die Folgen von Selbstbefriedigung kursierten früher die wildesten Vorurteile. Um »unkeusche Gedanken« gar nicht erst aufkommen zu lassen, wurden Jungen (Mädchen hatten nach damaliger Vorstellung sowieso keine Sexualität) bis weit ins 20. Jahrhundert hinein angehalten schnell schwere Rechenaufgaben im Kopf zu lösen, kalt zu duschen und viel Sport zu treiben. Wenn möglich, alles gleichzeitig.
Das ist barer Unsinn. Weder ist Selbstbefriedigung gesundheitsschädlich noch »verbraucht man sich« und kann später keine Kinder mehr zeugen beziehungsweise empfangen.
Selbstbefriedigung ist nicht nur total normal, sondern sie hilft dir auch, deinen Körper zu erkunden, zu fühlen, was dir gut tut. Und vor allem: Sie macht Spaß.

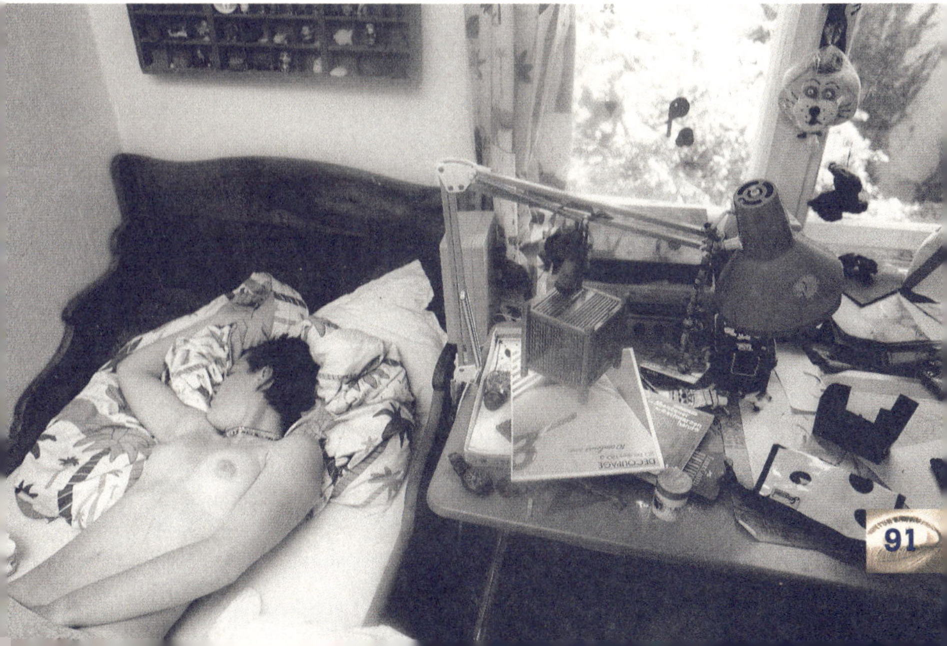

Gleichzeitig ist es wichtig, sich nicht selbst unter Druck zu setzen: Nicht jeder Junge onaniert ab dem dreizehnten Lebensjahr fünfmal die Woche; nicht jedes Mädchen hat unablässig Lust, sich selbst an der Klitoris zu streicheln. Tu nur, was du wirklich willst und worauf du Lust hast. Aber wenn du es willst, ist es wichtig, zu wissen, dass es nichts Schlechtes, nichts Schmutziges ist, sondern ein Ausdruck von Körpergefühl und Lebensfreude. Die meisten Jungen haben verhältnismäßig wenig Hemmungen, sich selbst zu befriedigen. Sie kennen ihren Penis sehr gut und hatten bereits als Kind eine Erektion, fassen sich häufig an, spielen an sich rum. Da ist der Schritt, dies auch aus Lustgewinn zu tun, nicht mehr so groß.

»Ich onaniere, seit ich denken kann. Ich glaube, ich war ungefähr zwölf, als ich damit anfing. Ich teilte mir mit meiner Schwester das Zimmer und wartete immer ab, bis sie eingeschlafen war. Dann drehte ich mich auf den Bauch, rieb meinen Schwanz auf dem Laken, bis es mir kam. Ich hab mir dabei immer ein Mädchen aus der Nachbarschaft vorgestellt. Sie war fünfzehn, also viel älter als ich, und ich kannte sie gar nicht näher. Aber wenn ich sie tagsüber in Jeans und im engen Pulli gesehen hatte, hat mich das abends immer sehr angeregt.«

Daniel *16*

Wichtig ist, dass du ungestört bist, wenn du dich selbst befriedigst. Deiner Fantasie wie auch deinen Handlungen sind dabei keine Grenzen gesetzt. Entspannt euch und wichtig, wichtig: Ganz ruhig, Jungs! Im Wort »Selbstbefriedigung« steckt »Frieden«. Also nicht hetzen und die Selbstbefriedigung angestrengt verrichten wie einen Hochleistungssport. Du brauchst nichts zu sehen, nichts zu denken, nichts zu reden, du musst nicht einmal ein freundliches Gesicht machen. Du kannst stöhnen, zittern, bibbern, schmatzen, grunzen, kurz: alles machen, was du willst (vorausgesetzt du störst die Nachbarn nicht).

Viele Mädchen – aber auch erwachsene Frauen – wissen gar nicht, wie sie »untenrum« aussehen. Für Jungen ist es in dieser Hinsicht viel leichter. Da sind die Geschlechtsorgane einfach zu greifen und zu begreifen. Als kleine Jungs haben sie oft mit dem Penis und den Hoden gespielt, manchmal einfach so, um sich zu beruhigen, manchmal, um zu sehen, wie der Penis sich verändert und steif wird. Bei Mädchen sind die Geschlechtsorgane versteckter. Manche Mädchen wissen noch genau aus der Kleinkinderzeit, wie sie sich manchmal berührt haben, um sich wohl zu fühlen. Die meisten haben es aber vergessen. Hast du dich öfter nackt vorm Spiegel betrachtet? Dann hast du sicher auch bemerkt, wie die Schamlippen gewachsen und wulstiger geworden sind. Vielleicht bist du auch etwas erschrocken, weil du nicht wusstest, dass sich auch deine Scheide verändert. Diese Entwicklung ist völlig normal. So wie der Busen einer jeden Frau anders aussieht, ist das auch mit den Schamlippen. Wenn du mal ungestört bist, dann mach es dir gemütlich und zieh deinen Slip aus. Mit einem Handspiegel und deinen Fingern kannst du dich eingehend untersuchen und ertasten. Eine Taschenlampe kann ebenfalls sehr hilfreich sein. Jetzt betrachte einmal deine äußeren Schamlippen. Häufig wachsen die inneren Schamlippen über die äußeren hinaus. Ziehe die großen Schamlippen vorsichtig auseinander. Dann siehst du die kleinen ganz; die Farbe ist von Frau zu Frau verschieden: rosa, hellrot, dunkelrot, violett, fast schwarz, graurot, bläulich rosa. An deren oberen Ende siehst du eine winzige Erhebung. Das ist die Klitoris. Manchmal findest du sie nicht gleich. Doch wenn du vorsichtig mit dem Finger innen entlangstreichst, spürst du eine empfindliche Stelle, einen kleinen »Knubbel«. Wenn du die Klitoris streichelst, wird dir ganz heiß und du bist erregt.

Wenn du die Schamlippen noch etwas weiter auseinander dehnst, kannst du den Scheideneingang und das Jungfernhäutchen (Hymen) sehen. Bei manchen von euch fehlt das Hymen oder ist schon eingerissen. Das macht jedoch nichts. Fahre mit deinem Finger vorsichtig entlang der Schamlippen. Du kannst auch mit einem Finger in die Scheidenöffnung. Wie fühlt sich das an? Wann spürst du

Die weiblichen Geschlechtsorgane

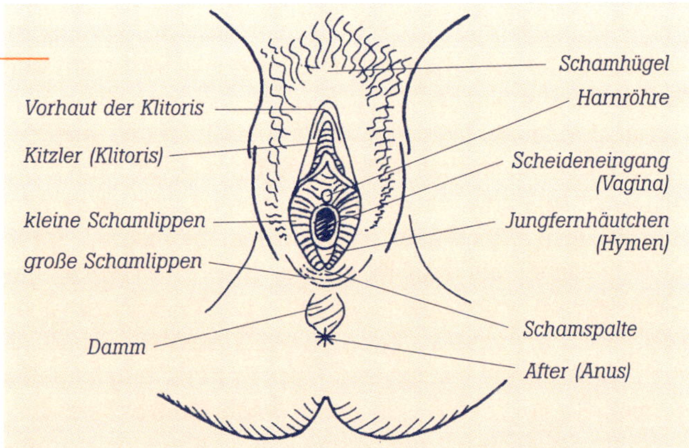

viel, wann wenig? Keine Angst, du kannst dich nicht verletzen.
Mit dem Finger kannst du ganz tief innen deine Scheide fühlen. Sie führt schräg nach hinten und oben. Wenn dein Finger lang genug ist, spürst du vielleicht ganz oben eine glatte, gerundete Fläche, den Muttermund. Der Muttermund ist am Ende des Gebärmutterhalses. Dort ist der Eingang zur Gebärmutter.
Damit du mit deinem Körper wirklich vertraut wirst, schau ihn dir von Zeit zu Zeit immer wieder genau an.

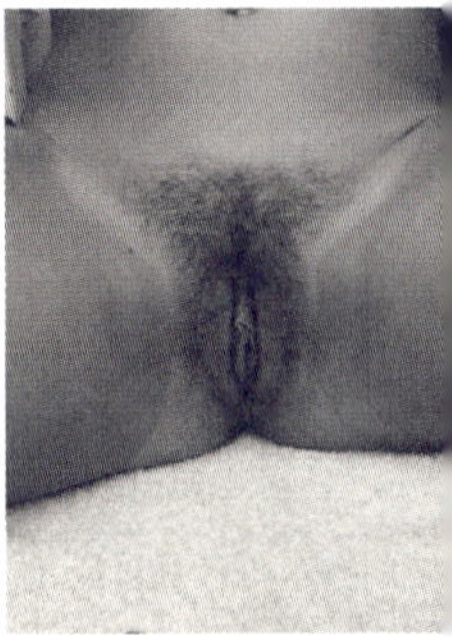

Pulsierende Wellen: Der Orgasmus

»Der ganze Zirkus, der heutzutage um den Orgasmus gemacht wird, ist mehr als lächerlich. Ich orgas-muss, du orgas-musst, er, sie, es orgas-muss, wir orgas-müssen, ihr orgas-müsst, sie orgas-müssen. Also wirklich! Da schreiben Frauen Briefe an die Seufzerecken-Tanten in den Magazinen, wenden sich an Psychiater und jammern: ›Hilfe, Hilfe, wo bleibt mein Orgasmus? Warum bin ich nicht orgasmusfähig?‹ Aber Schätzchen! Willste es genau wissen? Die Wahrheit ist so einfach.
Durch die Jahrhunderte haben Frauen die Ekstase, den Höhepunkt nicht kennen gelernt, weil sie mit ihrer Sexualität Schindluder getrieben haben – oder weil mit ihr Schindluder getrieben wurde. Jede Frau ist orgasmusfähig, das ist von der Natur so gewollt.« ***Lotti Huber, Schauspielerin***

Biologisch haben die pulsierenden Wellen, die mal mehr, mal weniger großen Explosionen durchaus ihren Sinn: Der Lustgewinn, der mit dem Geschlechtsverkehr verbunden ist, hilft, die Art zu erhalten. Ohne dieses beglückende Gefühl würde sich der Mensch womöglich vor der Fortpflanzung drücken, hat sich

Mutter Natur gedacht. Und: Je erregter der Mann, desto höher die Geschwindigkeit, mit der Samenfäden ausgestoßen werden. Und je höher die Geschwindigkeit, desto größer ist die Wahrscheinlichkeit, dass die sich vorwärts bewegenden Samenfäden an die zur Fortpflanzung richtige Stelle gelangen, an den Muttermund der Frau. Während der Mann beim Sex meistens nur einen Orgasmus hat, kann die Frau mehrere hintereinander erleben. Sogar noch, wenn sie bereits in der »Abkühlphase« ist – und sich der Mann von Lustgefühlen schon meilenweit entfernt hat.

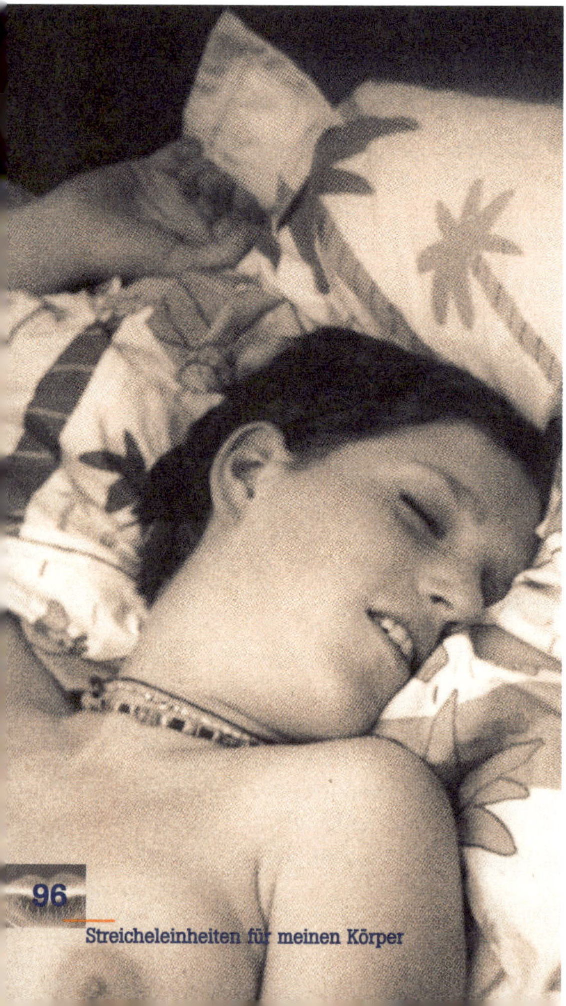

Der Orgasmus der Frau ist ebenfalls hilfreich zur Zeugung des Nachwuchses. Wie Wissenschaftler herausgefunden haben, ist der Orgasmus der Frau von der Natur eingerichtet worden, damit sie nach dem Sex nicht gleich von der Bettkante springt und ihrem Alltag nachgeht. Bleibt sie nämlich, von Lustgefühlen durchzuckt, liegen, haben die Samenfäden des Mannes größere Chancen, ihr Werk zu vollenden.

Der Orgasmus also nur als Zuckerbrot der Natur, damit der Mensch seine Art erhält? Nein. Denn Sex und der damit verbundene Orgasmus lösen nicht nur ein großes Glücksgefühl aus, sondern sind obendrein gesund.

JE T'AIME, TI AMO, I LOVE YOU, ICH LIEBE DICH, I LOVE YOU, JE T'AIME, TI AMO, YO TE AMO, IK LIEV JE, KOCHAM CIE, JA LUBLÜ TELBA, VOLIM TE, EU TE AMO

Simone berührt eine Hand, einen Arm, eine Schulter, ganz zart. Simone lächelt in meerwasserblaue Augen und denkt ans Küssen. Ihr Finger streichelt sein Ohr, ihre Hände fahren durch seinen Wuschelkopf. Rasch geht ihr Atem. Ihr Mund küsst seinen Mund. Die uralte Geschichte: ein Mann und eine Frau. Und doch: Simone hat vorher noch nie. Was? So heftig gestreichelt, so atemlos geküsst. So ein flirrendes Gefühl in Kopf und Bauch gehabt. Noch vor wenigen Tagen kannte sie Eric überhaupt nicht – jetzt will sie sich jeden Zentimeter seiner Haut über ihre Fingerspitzen in ihr Gedächtnis einprägen. Für immer.
Später verhaken sich ihre Finger ineinander. Ein unentwirrbares Gespinst. Lauthals singt Simone bei den Songs mit. Sie strahlt. Strahlt ihn an und lacht. Er strahlt zurück.

Noch 15 Minuten
dann bist du bei mir
ich warte
und es dauert
15 Ewigkeiten
bis du endlich kommst!
Anna, 16

Hi,
Here I am.
Denkst wohl, ich hab's vergessen?
Aber ganz so Unrecht hast du damit nicht.
Gerade im Weggehen ist mir's wieder
eingefallen:
Birgit – Theaterkarten kaufen – Sex and
Crime – Heideröschen – Unterhöschen –
morgen kommt – übermorgen backt – am
Sonntag ...
H A L T
Wo bin ich hingeraten?
So geht's
Da siehst du, was du in meinem Gehirn
angerichtet hast.

Timo, 17

Könntest auch du gerade, wie Simone, die ganze Welt umarmen, lachst den ganzen Tag, freust dich ohne Grund? Zugegeben, so ganz ohne Grund ist es nicht. Du bist verliebt. Zum ersten Mal schrecklich verliebt! Simone hat den Jungen getroffen, der in ihr alles zum Leuchten bringt. Sorgen, der alltägliche Trott werden unwichtig. Sie fühlt sich unbändig stark, könnte Bäume ausreißen. Ständig denkt sie an den anderen, sucht seine Nähe. Im Unterricht malt sie seinen Namen aufs Federmäppchen, ritzt ihn in die Schulbank ein, kritzelt ihn mit zahlreichen Schnörkeln in ihr Heft. In Gedanken ist sie ihm nah und vielleicht spürt er das ja auch. Jede Berührung von der geliebten Person ist wie ein Stromstoß. Mit einem Mal ist die Welt völlig anders und Simone ist es auch.

Ihre Fantasie ist beflügelt, sie sprudelt über vor lauter neuen Ideen. Sie entdeckt Seiten an sich, von denen sie gar nicht wusste, dass sie sie hat. Weil sie will, dass er immer an sie denkt, würde sie ihm am liebsten auf Endlospapier einen Satz zufaxen, der ihr immerzu im Kopf rumgeht: Ich liebe dich, ich liebe dich, ich liebe dich ...

Mit großer Sorgfalt hat ihr Eric Musik gebrannt und Simone eine CD mit Songs geschenkt, die ihr und ihm viel bedeuten. Er hofft, dass die Musik immer bei ihr ist: im Mathe-Unterricht, in der U-Bahn, beim Joggen – oder ganz einfach nachmittags, wenn sie von ihm träumen will, weil sie sich nicht sehen können.

Verliebt sein ist etwas ganz Besonderes. Da kribbelt es im Bauch, als wären tausend Ameisen unterwegs. Der Hunger setzt einfach aus, oft bringst du nicht einmal das Nötigste hinunter. Du bist aufgekratzt, möchtest die ganze Welt umarmen; weil es dir gut geht, willst du, dass es allen anderen genauso geht. Plötzlich hast du mehr Verständnis für den nervigen kleinen Bruder. Die meckernden Eltern sind hinter Watte gepackt. Und es ist völlig egal, ob es draußen graupelt oder neblig trüb ist. Du schwebst über allen Dingen, nichts kann dich mehr so richtig runterziehen. Verliebt sein ist einfach nur toll. Doch warum gerade wählen wir ihn oder sie? Genaues weiß man nicht. Wissenschaftler sagen, dass sich in Sekundenschnelle entscheidet, ob sich zwei verlieben oder nicht. Der Geruchssinn spielt dabei eine Rolle. Doch so viel die Experten auch forschen: Warum gerade diese zwei zusammenkommen, bleibt häufig ein Rätsel.
Die einen behaupten: Gegensätze ziehen sich an. Da ist der stille Junge, der quirlige Mädchen bewundert. Und umgekehrt: Da findet die Lustige den in sich Gekehrten besonders interessant. Solche Beziehungen können später aber auch im Desaster enden, nämlich dann, wenn man die einstmals geliebten und bewunderten Seiten des anderen zu bekämpfen beginnt.

Da soll der Stille doch endlich mal aus sich herausgehen und auch was Witziges sagen. Oder die stets Lustige soll sich nicht immer in den Mittelpunkt des Geschehens drängen.
Der Volksmund sagt dagegen: Gleich und Gleich gesellt sich gern. Und die Mehrheit der Forscher gibt ihnen Recht. Dahinter steckt die Theorie, dass wir im anderen das Bekannte, Vertraute suchen. Oft ist am Anfang einer Liebe neben dem faszinierenden Unbekannten das wunderbar Vertraute und die gedankliche Verwandtschaft so schön.
Die eigene Familie spielt offensichtlich auch eine Rolle bei der Partnerwahl. So haben Psychologen festgestellt, dass sich oft Einzelkinder in Einzelkinder verlieben und Geschwisterkinder Partner wählen, die ebenfalls Geschwister haben.
Wie man sieht, gibt es ganz verschiedene Thesen, warum sich zwei finden. Weißt du eigentlich, warum du dich verliebt hast?

»Ich lernte Sandra auf einer großen Party in einem Club kennen. Sie saß ganz allein an einem Tisch und fiel mir sofort auf: Sie trug einen langen dunklen Rock, dazu eine Bluse, die sie in Bauchnabelhöhe zusammengeknotet hatte. Ihre blonden, schulterlangen Haare hatte sie aus dem Gesicht gekämmt. Dadurch kamen ihre schöne Stirn und ihre großen Augen noch mehr zur Geltung. Irgendwann trafen sich unsere Blicke. Wie elektrisiert durchzuckte es mich. Ich schaute mich wie beiläufig um, ob sie nicht vielleicht doch einen anderen gemeint haben könnte. Aber nein. Sie lächelte mich sogar an. Ich war so verwirrt und eingeschüchtert, dass ich erst einmal wegguckte. Als ich sie wieder anschaute, lächelte sie erneut. Ich dachte voller Panik, was mach ich jetzt nur? Da fielen mir in einer Ecke der Diskothek ein paar Luftballons auf, die dort als Dekoration aufgehängt waren. Ich nahm mir einen weg, lieh mir vom Barmann einen Stift und schrieb meine Telefonnummer da-

rauf. Mit dem Ballon in der Hand ging ich zu ihrem Tisch und drückte ihr die Schnur in die Hand. Dann verschwand ich. Das war ja auch so ziemlich die einzige Möglichkeit, in dem Club Kontakt aufzunehmen, denn die Techno-Musik dröhnte so laut, dass eine Unterhaltung unmöglich war. Drei Tage später rief Sandra tatsächlich an. Wir trafen uns und waren für die nächste Zeit unzertrennlich.« ***Rigo*** *16*

»Auf Michaels Fest sah ich Rainald; blondes, strubbeliges Haar und blaue, etwas vorstehende Augen. Aber was für ein Blick: Forsch und ein wenig amüsiert beobachtete er die Gäste. Ich verliebte mich auf der Stelle in ihn. Mit einer Cola in der Hand drängelte ich mich zu ihm und bot ihm einen Schluck an. Grinsend nahm er die Flasche. Ich hatte das Gefühl, dass er mich ganz nett fand. Wir stellten uns kurz vor. Dann war Sendepause. Zum ersten Mal in meinem Leben gingen mir die Worte aus. Alles, was ich sagen wollte, fand ich plötzlich sturzlangweilig und deshalb schwieg ich lieber. Um diese Peinlichkeit nicht länger aushalten zu müssen, sagte ich ziemlich abrupt tschüs und ging nach Hause. Am nächsten Tag rief ich bei Michael an, um mich nach Rainald zu erkundigen. Ich war ziemlich überrascht, als er selbst den Hörer abnahm. Aber diesmal redete ich viel, unterbrochen von gemeinsamem Lachen über die banalsten Dinge. Erst nach einer Stunde drängte uns Michael und meinte, dass wir langsam zum Ende kommen sollten. Da sagte mir Rainald, dass er noch nie in seinem Leben so lange mit jemandem am Telefon gequatscht hätte. Wir machten ein Treffen für den nächsten Tag aus. Nach diesem Telefongespräch war ich in absoluter Hochstimmung und grinste alle Leute an.

Bernadette *16*

Die Sonne scheint durchs Fenster
Die Bäume werden vom Wind arg gezaust
Ich werfe die Decke von mir
Reiße die Tür auf
Und hüpfe in den frühlingshaften Garten
Die Hände über dem Kopf verschränkt
Jubel ich die Sonne an
Laufe zurück ins Zimmer
Drehe mich um meine eigene Achse
Und bin sicher
Dass heute ein wundervoller Tag ist

Leonie, 14

WIE WEIT WOLLEN WIR GEHEN?

Ich war mehrere Monate mit einem 22-jährigen Mann zusammen und habe auch mit ihm geschlafen. Er wollte es so, sagte, das gehöre einfach dazu. Für mich war es das erste Mal, und da ich wirklich in ihn verliebt war, willigte ich ein. Getrennt habe ich mich von ihm, weil ich herausfand, dass er mich nicht liebte, sondern immer nur eines wollte: Sex. Oh, ich war so blind vor Liebe, dass ich es lange Zeit nicht bemerkte, aber als ich irgendwann mitkriegte, dass ihn gar nichts an mir interessierte außer Sex, habe ich Schluss gemacht.
Seit knapp einem Monat habe ich einen sehr lieben und zärtlichen zwanzigjährigen Italiener als Freund. Aber als er mich neulich fragte, ob ich mit ihm schlafen will, konnte ich erst mal nichts darauf sagen. Ich war regelrecht sprachlos. Wir kennen uns doch erst ein paar Wochen und schon will er mit mir ins Bett. Manchmal denke ich, er bleibt nur bei mir, wenn ich es tue. Aber andererseits könnte es natürlich auch sein, dass er mich danach einfach sitzen lässt, zum Beispiel, wenn es nicht so klappt, wie er sich das vorstellt. Er hat ja schon einige Freundinnen vor mir gehabt. Ich weiß einfach nicht, woran

man merkt, ob ein Junge es ernst meint und wann er nur das eine möchte. Ich will zwar auch irgendwann mit ihm schlafen, aber da ist diese große Unsicherheit und die Angst, etwas falsch zu machen.« ***Claudia*** *15*

»Meine erste Freundin hatte ich in der achten Klasse, mit vierzehn. Meine erste Beziehung, die auch sexuell war. Das erste Mal war ich verliebt, überall kribbelte es, wenn ich sie sah. Wir kamen zusammen und waren sechs Wochen ein Paar. Es war ein klarer Einschnitt in meinen Beziehungen zu Mädchen, weil es so völlig anders war als bisher. Körperlich ging es noch nicht so weit, wir haben uns geküsst, ein bisschen unter dem Hemd gestreichelt und es war ganz toll. Wir haben nie rumdiskutiert, wie weit wir gehen wollen. Alles hat sich ergeben, ich hatte aber auch keine Lust darauf, Druck auszuüben. Das ist für das Mädchen doch immer ziemlich scheiße und mir würde es auch keinen Spaß machen, wenn ich wüsste, sie tut es jetzt zwar mit mir, aber nur, weil ich sie dazu überredet habe.« ***Jo*** *17*

Lust funktioniert nicht auf Kommando. Bei der Frage, was man miteinander tun, wie weit man gehen will, gibt es keine Königswege, keine goldenen Regeln. Jeder erlebt Sexualität anders, hat andere Wünsche und Abneigungen als der andere. Und es ist eine Frage der Entwicklung. Wenn du jetzt etwas nicht willst, heißt das nicht, dass das immer so bleiben wird. Möglicherweise findest du es im Moment besonders schön, mit deinem Freund Händchen haltend durch den Park zu flanieren. Mit ihm schlafen magst du vielleicht noch nicht, dazu fühlst du dich einfach noch nicht bereit. Oder du hast einfach keine Lust, es zwischen Tür und Angel zu machen. Schließlich ist es nicht sehr entspannend, wenn man Angst hat, dass die Eltern jeden Moment ins Zimmer platzen können, während du gerade dabei bist, mit deinem Freund/deiner Freundin zu schlafen. Oder du willst einfach noch ein bisschen Zeit vergehen lassen, willst erst mal Vertrauen entwickeln und

herausfinden, ob du wirklich tiefe Gefühle für den anderen hast, die es dir möglich machen, mit ihm oder ihr zu schlafen. Lasst euch von nichts und niemandem drängen – jede(r) kann selbst das Tempo bestimmen, bei dem er/sie sich wohl fühlt.
Bis es so weit ist, wollt ihr sicher eure Körper mit Küssen, Streicheln oder Petting näher kennen lernen. Petting kommt aus dem Englischen und heißt nichts anderes als sich gegenseitig am ganzen Körper zu streicheln. Dabei wirst du feststellen, dass du an manchen Körperstellen besonders gern berührt wirst – man spricht hier von so genannten »erogenen Zonen«. Besonders leicht erregen dich Berührungen an Brust und Brustwarzen, Achselhöhlen, Schenkelinnenseiten, Hals, Nacken, Ohren und Füßen. Damit könnt ihr euch gegenseitig Lust machen, und zwar bis zum Orgasmus.

»Ich hatte einmal eine Freundin, die noch nicht mit Jungen schlafen wollte. Das hatte nichts mit mir zu tun, sie wollte nur einfach keinen Geschlechtsverkehr vor der Ehe. Klar war ich etwas enttäuscht, aber Küssen und Streicheln ist auch sehr schön.« ***Julian*** *18*

»Mit meiner Freundin versteh ich mich bestens, wir denken oft dasselbe, lachen über dasselbe und sind überhaupt ziemlich auf einer Wellenlänge. Nur im Bett geht's nicht so, wie ich mir das denke. Ich würde es toll finden, wenn sie mir einen bläst. Sie findet das aber widerlich und will nicht.« ***Ben*** *17*

»Ich finde es nicht besonders toll, wenn mein Freund es mir mit dem Mund machen will. Er ist ganz ver-

sessen drauf und ein bisschen beleidigt, wenn ich nicht will. Einmal hat er sogar gesagt, ich sei zickig, und alle anderen Mädchen würden total darauf stehen. Manchmal komm ich mir schon etwas blöd vor, aber wenn ich doch keine Lust habe.« ***Stefanie*** *17*

Es stimmt, es gibt eine Menge Frauen und Mädchen, die sich nichts Schöneres denken können als an der Scheide geküsst und geleckt zu werden. Nur: Das heißt noch lange nicht, dass das auch dein sehnlichster Wunsch sein muss. Die Menschen haben für dasselbe mitunter sehr unterschiedliche Empfindungen. Was der/die eine mag, toll und geil findet, dem kann der/die andere gar nichts abgewinnen, hält es für das Letzte. Richtig oder falsch – das gilt für die Lösung einer Matheaufgabe. Aber Sexualität ist nicht Algebra und kennt daher auch kein Entweder-Oder. Es gibt nur eine Regel: Ihr dürft alles miteinander tun, aber nichts gegen den Willen des anderen. So ist auch die Frage nicht allgemein gültig zu beantworten, wie lange man zusammen sein sollte, bevor man miteinander schläft. Macht, was euch Spaß macht, und zwar dann, wenn ihr es wirklich wollt.

Dein Gefühl zählt, sonst nichts. Sprüche wie: »Carmen schläft doch auch schon mit Helge, obwohl sie sich zwei Wochen später kennen gelernt haben als wir« sind billig und blöd. Lass dich nicht unter Druck setzen. Wenn er (meistens ist es »er«) meint dir drohen zu müssen (»Wenn nicht … dann mache ich Schluss«), weil du nicht so willst wie er, dann lass ihn stehen. Er ist es nicht wert. Küssen Streicheln, Petting ist nicht nur schön, es hält euch zunächst auch lästige Fragen zum Thema Verhütung (siehe Seite 141 ff.) oder zum Schutz vor Aids (siehe Seite 227 ff.) vom Hals.

Andererseits: Wenn du jemanden kennen lernst und der Blitz schlägt ein, das heißt, ihr wollt unbedingt alles zusammen machen, auch im Bett, dann spricht nichts dagegen, es auch zu tun.

HOMO-HETERO-BI – ODER WIE?

Als Junge verliebt in einen Jungen

Dein bester Freund ist wirklich der Tollste. In der Schule, beim Sport und überhaupt. Und alle mögen ihn. Du magst ihn auch, sehr sogar, und manchmal denkst du, vielleicht könnte er mehr sein als dein bester Freund. Denn du findest ihn auch körperlich attraktiv, seine haarlose Brust zum Beispiel. Und du hast es gern, ihm nahe zu sein.

Oder du findest den Typ in der Parallelklasse super, möchtest ihn gerne kennen lernen, du denkst tagelang über einen coolen Spruch nach, mit dem du seine Aufmerksamkeit erregen könntest, aber jedes Mal wenn er in der Pause an dir vorbeiläuft, hast du das Gefühl, dir sacken die Knie weg. Und wenn du nachts in deinem Bett liegst, denkst du an ihn und hoffst von ihm zu träumen. Diagnose: total verknallt. Aber in einen Jungen? Und da schießt es dir durch den Kopf: ›Bin ich vielleicht schwul?‹

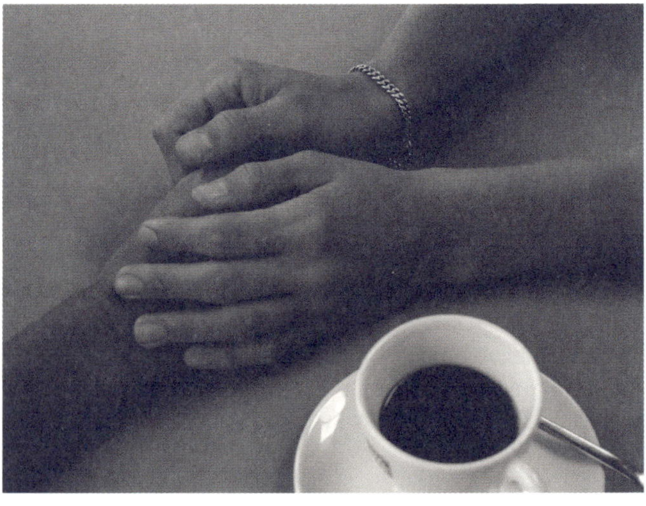

Als Mädchen verliebt in ein Mädchen

Du kennst das Gefühl, dass du am liebsten so sein möchtest wie ein anderes Mädchen. Du findest deine freche Klassenkameradin Julia klasse, weil sie sich nichts gefallen lässt und sogar die Jungen Respekt vor ihr haben. Außerdem hat sie die irrsten Klamotten an und weiß sich zu schminken. Du schwärmst regelrecht für sie, möchtest ständig mit ihr zusammen sein und am Wochenende freust du dich schon auf den Montag, wenn du sie wiedersiehst. Oder du findest deine Lieblingssängerin einfach super. Sie sieht klasse aus und du malst dir, wenn der Schulunterricht mal wieder besonders langweilig ist, in deinen Tagträumen aus, was ihr zusammen unternehmen könntet.

Egal ob du ein Mädchen anhimmelst, das in deiner Nähe ist, oder eins, das du nur durch Videoclips oder aus Jugendzeitschriften kennst: Schwärmen ist erst mal ein tolles Gefühl und es gehört dir ganz allein.

Aber: Die Schwärmerei für Julia nimmt kein Ende. Du machst dich schön für sie, versuchst ihre Aufmerksamkeit

zu erregen und hoffst, dass sie dich stärker beachtet. Du beobachtest sie, saugst ihre Bewegungen, ihre Stimme, ihren Gang in dich auf und hast ein ganz flaues Gefühl im Magen, als sich Julia im neuen Kurs neben dich setzt.
Auch das hört sich an wie Verliebtsein. Ja, du bist verliebt – in ein anderes Mädchen.

Als Junge verliebt in einen anderen Jungen, als Mädchen verliebt in ein anderes Mädchen – das kommt öfter vor, als du denkst.
2001 ermittelte das Meinungsforschungsinstitut Emnid, dass acht Prozent der 14- bis 17-jährigen Mädchen und fünf Prozent der gleichaltrigen Jungen schon einmal engen körperlichen Kontakt mit einem gleichgeschlechtlichen Partner hatten. Immer noch ist es nicht selbstverständlich, diese Erfahrungen zuzugeben, und so gehen Fachleute davon aus, dass die Zahlen eher höher sind.
In der Pubertät probieren Jugendliche aus, welche Form der Sexualität zu ihnen passt. Die meisten von ihnen sind heterosexuell[1], einige bisexuell[2] und nur wenige wird man als ausschließlich homosexuell[3] bezeichnen können.
Viele Jugendliche können und wollen über ihre sexuelle Orientierung noch gar keine abschließenden Angaben machen:

1 heterosexuell: **Wenn Mädchen Jungs und Jungs Mädchen toll finden und sich in sie verlieben können**
2 bisexuell: **Wenn Mädchen und Jungen sich zu Partnern beiderlei Geschlechts hingezogen fühlen**
3 homosexuell: **Wenn Mädchen ausschließlich Mädchen und Jungen ausschließlich Jungen erotisch finden, sich sexuell zu ihnen hingezogen fühlen**

»Ich habe noch zu wenig Erfahrungen gemacht, als dass ich das schon sagen könnte. Allerdings sind meine Beziehungen zu Frauen viel intensiver, tiefgehender. Auf Jungs habe ich nur sehr sporadisch Lust.« ***Elke*** *16*

»Ich finde Männer eigentlich körperlich attraktiver als Frauen. Sie gefallen mir ästhetisch häufig besser, wirken auf mich interessanter, weil sie eckiger sind, mehr Kanten haben. Manchmal denke ich darüber nach, wie es mit Männern wär. Ich könnte mir sogar vorstellen, dass ich mich mal in einen Mann verliebe. Nur was das Sexuelle angeht, weiß ich nicht so recht, denn ich finde sexuell die weiblichen Rundungen interessanter.« ***Frank*** *17*

Schwule und lesbische Jugendliche brauchen meist ein bisschen länger als heterosexuelle, um sich über ihre Gefühle klar zu werden.
Der aus der amerikanischen Lesben- und Schwulenbewegung übernommene Begriff »Coming-out«, der sich inzwischen bei uns durchgesetzt hat, meint Folgendes: Er bezeichnet die Phase, in der sich eine Frau bewusst wird, dass sie lesbisch ist, und ein Mann, dass er schwul ist.
Meist geschieht das Coming-out in zwei Stufen. Zuerst kommt es zu einem inneren Coming-out, das heißt, der Schwule oder die Lesbe werden sich bewusst, dass sie sich sexuell vom eigenen Geschlecht angezogen fühlen. Das passiert meist zu Beginn der Pubertät. Es gibt aber auch Schwule und Lesben, die wissen schon sehr viel früher, dass sie sich nur für das eigene Geschlecht interessieren. Meist dauert es etwas länger, bis sie ihren Eltern beziehungsweise ihren besten Freunden und Freundinnen sagen, dass sie schwul oder lesbisch sind. Dies nennt man äußeres Coming-out.

Inzwischen werden Schwule und Lesben zumindest in den westlichen Industrieländern immer mehr akzeptiert, was auch daran liegt, dass es in vielen dieser Länder, so auch in der Bundesrepublik, seit einigen Jahren ein Gleichstellungsgesetz und die »Homo-Ehe« gibt.

Wenn du gerade erst entdeckst, dass du dich als Junge in einen Jungen, als Mädchen in ein Mädchen verliebt hast, wird dein Coming-out wohl noch eine Weile dauern.
Vielleicht bist du dir auch noch unsicher darüber, ob du wirklich verliebt bist oder ob es nur eine vorübergehende Erscheinung ist. Die Devise in dieser Phase lautet: nichts überstürzen. Frag dich doch mal in aller Ruhe, was du wirklich fühlst, was du wirklich willst.
Vielleicht hast du in der Klasse schon abfällige Bemerkungen über Schwule und Lesben gehört. Und deshalb bist du verunsichert, ob es richtig ist, was du empfindest. Aber deine Gefühle sind völlig in Ordnung. Und du bist auch

nicht der Einzige auf der Welt, der so fühlt. Vor allem lebst du nicht, um so zu sein, wie andere dich gerne hätten!
Was dir im Augenblick am meisten fehlt, ist jemand, dem du von deinen Gefühlen erzählen kannst. Vielleicht fällt dir jemand ein, zu dem du Vertrauen hast. Das kann ein guter Freund sein oder eine Freundin. Oder deine Eltern, deine Tante oder deine Vertrauenslehrerin. Vielleicht gibt es aber niemanden in deinem Umfeld, dem du dich offenbaren

willst. Dann kannst du dich auch an Leute wenden, die du zwar nicht kennst, die dir beim Entwirren deines Gefühlsknäuels aber helfen können, zum Beispiel das Jugendtelefon von Pro Familia (siehe Adressenteil).
Inzwischen gibt es auch eine Menge Bücher und Buchhandlungen speziell für Schwule, die dir weiterhelfen

können. Lebst du in einer Großstadt, umso besser: In fast allen Metropolen gibt es schwule und lesbische Jugendgruppen. Dort geht es vielen so wie dir: Sie sind, anders als die schwulen und lesbischen Jugendlichen in Büchern, aus Fleisch und Blut, und du hast die Möglichkeit, sie kennen zu lernen. Also, nur Mut und nichts wie hin.
Wenn du keine Lust auf Gruppen hast, dann geh ins Internet: Dort findest du eine Menge Chaträume und Homepages für schwul-lesbische Jugendliche und dort kannst du auch viele Jungs und Mädchen kennen lernen, denen es genauso geht wie dir. Wenn du die wichtigsten Vorsichtsmaßregeln für das Internet beachtest (s. S. 191 f.), kann wenig schief gehen.

Jung, cool – und schwul

Wie ist dein Name?
– Nils, aber auch Ljubomir Markovic; Spitzname: Lubosh

Alter?
– Gerade 18 geworden.

Wenn du ein Buntstift wärst, welche Farbe hätte er?
– Rot

Leidenschaftlich!?
– Ja, unbedingt!

Schwul oder hetero?
– Na, schwul; aber vielleicht auch ein bisschen bi. Wer weiß das schon?

Und wie sieht dein Traumboy aus?
– Niedlich, blondschopfig; Schmolllippen, Schnuten, Klimperaugenbrauen mit tiefgründigen Augen und sanften Nasen mag ich auch.

Was bemerkst du an einem Mann zuerst?
– Haare, Augen, Nase.

Was ist dein Lieblingsgetränk?
– Spezi, Ginger Ale.

Wie isst du ein Hanuta?
– Sehr selten, aber wenn, dann links-rechts, links-rechts.

Welche CD hast du dir zuletzt gekauft?
– Das neue Album von Goga Filipovic.

Welchem Sport schaust du am liebsten zu?
– Gar keinem.

Was ist dein Lieblingstag im ganzen Jahr?
– Kein bestimmter, jeder kann der schönste werden.

Bist du zu schüchtern, um jemanden zum Essen einzuladen?
– Nö, nicht mehr.

Stehst du mehr auf Umarmungen oder auf Küsse?
– Jaaaaaa, mehr . . .

Wo lernst du Jungs kennen?
– Auf der Straße, im Supermarkt, auf Boypartys. Aber Letzteres eher selten, ist nämlich verdammt teuer, acht Euro Eintritt, und dann will man ja auch noch was trinken.

Im Chat?
– Selten. Alles ein bisschen eindimensional dort.

Inwiefern?
– Ficken, Bumsen, Reinreiten, Zuckergüsse, Butter für meine Schnitte, Löcher stopfen und all so´n Kram. Diese ruppige ONS-/Dating-Geschichten sind für die, die ihre Romantik erschlagen, begraben und samt Garten versenkt

haben. Da kann man in Berlin günstig zum Zoo fahren und bekommt sicher eher das, was man will, als bei mir. Nur als Tipp.

Ja, danke für den Tipp. Aber für schnelle Sextreffs ist dieser Gaychat doch in erster Linie da, oder?
– Ach so? Also ich dachte, ich kann hier einige Freundschaften pflegen und neue knüpfen – mir nebenbei, wenn ich surfe, die Zeit vertreiben und das ein oder andere Mal die Optik von 'nem schönen Kerl genießen.

Was ist das schlechteste Gefühl für dich?
– Menschen, die einem was bedeuten, zu enttäuschen oder von ihnen enttäuscht zu werden. Einen geliebten Menschen zu verlieren. Morgens aufstehen zu müssen, obwohl man nicht will. Über die Welt und ihre Lage nachzudenken. Unglücklich verliebt zu sein (neulich erst wieder – Jungs, ihr seid so dämlich).

Was ist das beste Gefühl für dich?
– Das Gegenteil von dem eben genannten. Und andere Menschen glücklich zu machen.

Ist eine Berg-und-Tal-Fahrt spannend oder schrecklich für dich?
– Ohne Berg, kein Tal, nicht?

Was ist dein Lebensziel?
– Im Einklang mit mir und den Menschen in meiner Umwelt zu leben, selbst glücklich und zufrieden zu werden, einen guten Beruf zu bekommen und in ihm erfolgreich zu sein, einen lieben Freund zu finden, ihn heiraten und mit ihm unter Umständen eine richtige Familie mit zwei Kindern zu gründen.

»Ich versuche gerade, mich und das Leben kennen zu lernen. Blöderweise habe ich viel Talent, jede Erkenntnis über einen großen Umweg zu erreichen. Klar, bin ich

17, 178, 63, Feierboy; suche Boy zum Poppen und Spaßhaben. Meldet euch einfach! Und wir treffen uns! Älter als 22 zwecklos, ich antworte nicht! Nur mit Pic! Bis später! Knutscha! Bye, Dennis

schwul, aber ich mach keine große Sache draus. Ich denke, ich bin ein ziemlich normaler 18-Jähriger. Von meinem Gegenüber erwarte ich kaum mehr als Ehrlichkeit und Akzeptanz, sowohl für mich als auch gegenüber der Umwelt und im Allgemeinen. Ich geh morgens gern spazieren und sehe, wie die Straßenlaternen ausgehen. Und ich kommuniziere gern: Ob durch Sprache oder Bild. Im Chat, am Telefon oder real. Ich mag es nicht, geweckt zu werden, egal ob durch einen Wecker, Lärm oder Vögel. Die einzigen schönen Methoden sind ein Kuss oder der Duft von frischen Brötchen.
Natürlich hab ich auch Sex, das erste Mal vor 'nem guten Jahr mit einem Typ aus meiner Schule. War eher Neugier von beiden Seiten als Liebe. Aber ich bin weder für jedermann zu haben noch denke ich permanent an das eine. Ich bin ein bisschen schüchtern, aber nicht naiv. Das heißt, auch wenn ich mich gern erobern lasse, weiß ich, was ich will – ich verrat es nur nicht sofort. Das Spiel macht die Sache interessant. Auch ein wildes Date freut mich hin und wieder – aber im Grunde sehne ich mich nach dem »einen Kerl«. Bis jetzt hat es noch nicht geklappt, aber wird schon noch.
Der Mann meines Lebens sollte so zwischen 18 und Anfang 20 sein und es wäre klasse, wenn ich nicht nur seinen Mund interessant finde, sondern auch seine Augen. Mein Traumtyp müsste es schaffen, dass ich, der ich viel und gerne rede, plötzlich viel und gerne zuhöre. Zugleich müsste er sich natürlich auch dafür interessieren, was ich so erzähle. Ich fänd es cool, wenn er mir immer mal wieder zeigen würde, wo es langgeht ohne dabei dominant oder machohaft zu werden. Denn eigentlich mag ich einfühlsame und zärtliche Jungs – wobei das im richtigen Moment durchaus auch über Bord geworfen werden darf. Es wär einfach schön, jemanden zu finden, der sich noch verlieben kann – ich kann es!« ***Philip*** *18*

Ansichten von Heteros über Schwule und Lesben

»Ich kenne ein paar Schwule. Ich habe keine Probleme mit ihnen, solange sie mich in Ruhe lassen.« ***Till*** *17*

»Ich find's eklig. Einmal wurde ich von einem Schwulen angemacht. Dem hätte ich am liebsten eine reingehaun.« ***Jochen*** *16*

»Wenn zwei Männer Hand in Hand bei uns in der Gegend rumliefen, bekämen sie bestimmt innerhalb von 'ner halben Stunde eine in die Fresse.« ***Jürgen*** *15*

»Ich kenne eine Lesbe, sie leitet ein Jugendhaus. Jeder weiß es und sie steht auch dazu. Sie hat nur keinen Bock, ständig Fragen zu beantworten, so nach dem Motto: ›Wie lebt man denn als Lesbe?‹ Kann ich auch voll verstehen.« ***Stephanie*** *16*

»Einmal war ich mit zwei Freunden von mir in einer Kneipe. An einem Tisch saßen zwei Typen und fingen an mit uns rumzuflirten. Sie waren so Mitte dreißig und

wollten uns ständig einen ausgeben. Wir haben ein bisschen mit ihnen gequatscht und irgendwann war ihnen auch klar, dass mit uns nichts zu machen war. Dann verhielten sie sich ganz normal, nicht aufdringlich und auch nicht abstoßend. Sie waren sehr witzig.« ***Robert*** *18*

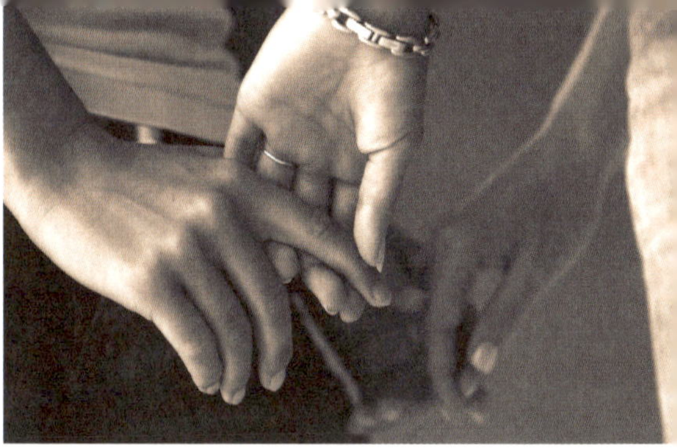

»Ich denke, alles ist normal. Selbst in der Tierwelt gibt es Homosexualität. Schwul- oder Lesbischsein ist also nichts Ungewöhnliches, die können nichts dafür, es ist Teil der Natur.« ***Silke*** *16*

»Man erkennt Schwule an manchen Gesten. Außerdem sind die meisten Ästheten und viel sensibler als normale Männer. Sie bewegen sich auch vornehmer.« ***Corinna*** *15*

Homo im Osten Deutschlands

»Ich bin in einem Dorf nördlich von Berlin aufgewachsen. Mit zwölf oder dreizehn merkte ich, dass mir Männer besser gefielen als Frauen. Sah ich ein Bild von einem nackten Paar, interessierte mich der Mann viel mehr. Ich dachte, ich sei der einzige Schwule auf der Welt. Wobei ich damals dieses Wort natürlich nicht benutzt habe. Denn ich war mir nicht sicher über meine Gefühle, dachte, vielleicht bin ich ja doch nicht so. Mit sechzehn kam ich in ein Internat nach Eisenhüttenstadt. Irgendwie sahen mir die anderen an, dass ich nicht so war wie sie. Ich wurde angepöbelt, sie sagten, ach, da kommt der Schwule. Doch ich ließ mich nicht einschüchtern. Was nicht so einfach war, denn es gab eine Menge Jungfaschos im Internat. Anfangs wollte niemand was mit mir

zu tun haben. Doch ich war ganz gut im Unterricht, und wenn die anderen nicht wussten, wie sie die Aufgaben lösen sollten, kamen sie zu mir. So kriegte ich Kontakt zu meinen Mitschülern.
Bis dahin hatte ich auf die Gerüchte, ich sei schwul, nie reagiert. Erst im Elektronikkurs habe ich mich dann geoutet, hab gesagt, nachdem der Lehrer eine anzügliche Bemerkung gemacht hatte – ich könnte doch an jedem Finger ein Mädel haben –, dass ich mit Mädchen nichts anfangen könne. Die Reaktionen waren wider Erwarten ganz gut. Die anderen fragten mich, wie es denn so sei als Schwuler. Das Gerücht war kein Gerücht mehr und hatte damit an Interessantheit verloren.
Über ein Mädchen aus meinem Kurs kriegte ich mit, dass ein Typ was von mir wollte. Er machte eine Lehre als Koch in der Internatsküche. Frank. Wir waren beide gerade siebzehn geworden. Ich fand ihn vorher schon niedlich, beobachtete ihn, wenn er in der Küche hantierte. Er war blond, hatte kurze Haare und sah richtig schnuffig aus.
Ich verabredete mich mit ihm. Am Anfang war alles sehr krampfig. Wenn wir uns anguckten, war es uns ganz peinlich. Wir sprachen über alles, nur nicht über unsere Gefühle oder über Schwulsein. Einmal begleitete ich ihn nach Hause. Als wir vor seinem Haus standen – er wohnte noch bei seinen Eltern –, schauten wir uns das erste Mal länger an und dann gab er mir einen Kuss. Am nächsten Tag wollten wir uns wiedersehen. Doch er kam nicht zur verabredeten Zeit. Seine Eltern hatten uns vom Fenster aus beobachtet und verboten ihm den Kontakt zu mir. Da war ich ganz schön geknickt, dachte fast an Selbstmord, weil ich doch gehofft hatte, Frank könnte mein erster Freund werden. Es war alles danebengegangen. Es war, als hätte das Schicksal mir eine Nase gedreht und gesagt, du wirst kein Glück haben mit deinem Schwulsein. Drei Monate hatte ich auf nichts mehr Bock und meine Leistungen in der Schule nahmen drastisch ab.
Doch irgendwie raffte ich mich wieder auf. Im Internatscafé lernte ich dann einen Maurerlehrling kennen, den

ich sehr sympathisch fand. Martin. Er hatte schwarze, etwas längere Haare, war kräftig und besaß eine tolle Ausstrahlung. Wir verbrachten viel Zeit miteinander, ich verknallte mich in ihn, traute mich aber nie zu fragen,

Foto: **Jan Roeder** Vorlage: **Peter Süß**

was er so dachte. Das änderte sich erst, als wir zusammen in ein Zimmer im Internat zogen. Im Winter war es dort immer arschkalt und eines Nachts sagte er zu mir, komm doch zu mir ins Bett. Zuerst war ich ganz verwirrt, doch natürlich ließ ich mir das nicht zweimal sagen. Dann fasste mich Martin sogar an, führte meine Hand sachte unter sein Hemd bis zum Bauchnabel. Mir wurde abwechselnd heiß und kalt. Wir streichelten uns ganz lange, küssten uns, legten uns aufeinander, fassten uns gegenseitig an, bis es uns kam.
Am Tage begrüßten wir uns immer mit einem Kuss, wie es die anderen Typen mit ihren Mädels machten. Ich war

überglücklich, obwohl er mir sagte, dass er noch gar nicht wüsste, ob er schwul sei. Aber das war mir egal. Er wollte mit mir zusammen sein, das war das Wichtigste. Für einen Monat waren wir so was wie ein Paar. Doch nach einer Weile sagte er mir, dass er doch mehr auf Frauen steht. Wir waren zwar weiterhin gute Kumpels, aber sexuell lief nichts mehr. Ich hatte mir das fast schon gedacht, so war ich innerlich darauf vorbereitet und nicht allzu traurig.

Als ich das Internat verlassen hatte, lernte ich durch meinen Bruder Anke kennen. Ich fand sie ganz lieb und sie stand auf mich. Da dachte ich mir, na ja, warum nicht. Anke wusste über meinen Bruder, dass ich 'ne schwule Ader hatte. Aber das machte ihr nichts aus. Meist lagen wir im Bett, umarmten uns und hörten Musik. Ich hatte zwar ein großes Bedürfnis nach Zärtlichkeit und mochte es anfangs auch ganz gerne, aber irgendetwas fehlte einfach. Es war ganz anders als mit Martin. Kein Herzklopfen, nichts. Mit Anke war es, als läge ein Plüschtier neben mir. Als sie eines Tages ihre Bluse auszog und mit mir rummachen wollte, sagte ich ihr nur: ›Ich kann nicht.‹ Irgendwie hatte ich zuvor doch noch den Gedanken, dass ich vielleicht auch mit einem Mädchen was haben könnte. Aber als ich sie mit ihren nackten Brüsten vor mir sah, war mir klar: ›Tom, du bist schwul und nichts anderes.‹ Heute ist Anke übrigens meine beste Freundin. Oft gehen wir zusammen in die schwule Disko, sie erzählt mir ihre Geschichten mit Männern und ich ihr meine.« ***Tom*** *20*

Eine Lesbe erzählt

»Ich war ein ganz normales Kind. Ich hatte zwar zwei sehr intensive Mädchenfreundschaften und war sehr traurig, als die eine zu Ende ging. Aber im Grunde genommen war das nichts Besonderes, nichts, worüber ich heute sagen würde, kein Wunder, dass ich lesbisch geworden bin. Gleichzeitig hatte ich schon von frühester

Kindheit an Einblick in lesbische Lebensweisen, denn meine Patentante ist lesbisch. Ich mag sie sehr und sie führt auch die beste Beziehung im Bekanntenkreis meiner Mutter.
Lesbische Liebe war für mich immer als Möglichkeit da, wurde in meiner Familie nie ausgegrenzt.
Bei mir war es ein langer Prozess, bis ich merkte, dass ich lesbisch sein könnte. Dass ich mich mehr für Frauen interessiere, habe ich paradoxerweise bemerkt, als ich meinen ersten Freund hatte.
Da war ich vierzehn. Ich mochte ihn wirklich, wir hatten dieselben Interessen und er war ein richtiger Freund. Aber zugleich merkte ich, dass sich keine tieferen Verliebtheitsgefühle einstellten. Alles, was meine Freundinnen und Schulkameradinnen erlebten, fehlte. Wir waren mehrere Monate zusammen, ohne dass körperlich was passiert wäre. Dann wechselte ich die Schule, wir verloren uns ein bisschen aus den Augen.
Auch weil ich ihn nicht weiter hinhalten wollte, sagte ich ihm irgendwann, dass ich wohl eher etwas für Mädchen empfinde. Da war es raus. Er hat es ganz toll aufgenommen, hatte sich so was Ähnliches wohl auch schon gedacht. Er war wirklich interessiert an meinen Gefühlen und das hat mir sehr gut getan.
Konkret ausgewirkt hat sich dieses Gefühl, eher Frauen anziehend zu finden, damals nicht. Einmal schwärmte ich für ein Mädchen, vielleicht war ich sogar etwas verliebt, aber gesagt habe ich es ihr nicht.
Das Schlüsselerlebnis für mich war, als eines Tages, es war kurz bevor ich mit meinem ersten Freund Schluss machte, bei uns in der Schule alle Mädchen um einen Tisch versammelt waren und sich in der Bravo die Fotos von ganz vielen Jungs anguckten. Ich glaub, es stand gerade so eine Art Bravo-Boy-Wahl an. Auf mehreren Seiten wurden die Jungs, die sich zur Wahl stellten, abgebildet. ›Ach, guck mal, der ist ja süß‹, sagte die eine. Während eine andere einen ganz anderen am tollsten fand. Es gab richtige Diskussionen darüber, welcher

Junge am besten aussieht, die schönsten Augen, das netteste Lächeln hat. Und ich stand dabei und dachte nur: ›Komisch, für mich sehen die alle gleich aus.‹ Natürlich sahen sie nicht alle gleich aus, aber in dieser Situation wurde mir klar, dass ich mich gar nicht so sehr für die Typen interessierte. Mir war völlig egal, wer wie aussieht. Das war bei den Mädchen, die in der Bravo abgebildet waren, schon ganz anders. Da habe ich dann die eine mit der anderen verglichen und meine persönliche Hitliste aufgestellt.
In der Schule wurde über Homosexualität nur einmal gesprochen. Das war in der sechsten Klasse bei unserer Biovertretungslehrerin. Der tanzten wir sowieso alle auf der Nase rum. Ich glaube, es ging um Aids-Prävention und in diesem Zusammenhang wurde auch über Homosexualität gesprochen. Sowieso schon mal blöd. Es gab ziemlich fiese Sprüche in der Klasse. Pervers und abartig seien die Schwulen und Lesben. Und das waren noch die harmlosesten Ausdrücke. Da habe ich mich furchtbar aufgeregt. Ich glaube noch nicht mal, weil ich mich persönlich angesprochen fühlte, sondern einfach meiner Patentante wegen. Aber tief in meinem Innern muss

ich wohl gewusst haben, dass es hier auch um mich ging.
Bis jetzt habe ich noch keine sexuellen Erfahrungen mit Frauen. Ich hätte schon gern eine Freundin, aber im Augenblick hat es sich noch nicht ergeben. Ich bin auch sehr schüchtern und gehe nicht sofort auf ein Mädchen zu, das ich nett finde.
Das erste Mal schlafen möchte ich mit einer Frau, für die ich wirklich was empfinde. Es mag sein, dass das ein bisschen spießig klingt, aber ich steh dazu. Ich möchte eine feste Beziehung haben, möchte leben wie Mann und Frau, nur mit dem Unterschied, dass es sich dann eben um Frau und Frau handelt. Und ich möchte auch mal Kinder haben. Wobei ich mir im Augenblick nicht vorstellen kann, wie das gehen soll. Vielleicht, wenn es möglich ist, adoptiere ich eins. Trotzdem möchte ich auch berufstätig sein. Dann müsste sich meine Freundin um das Kind kümmern. Und ob ich ihr das die ganze Zeit zumuten kann, weiß ich nicht.
Ich habe nie blöde Reaktionen auf mein Lesbischsein bekommen. Was natürlich auch daran liegt, dass ich es nicht jedem erzähle. Warum auch? Meine Mutter hat ebenfalls sehr gut reagiert und wir reden auch ab und zu darüber, dass ich auf Mädchen stehe.
Seit einem halben Jahr gehe ich in eine Gruppe. Dort treffen sich junge Lesben zwischen sechzehn und zweiundzwanzig Jahren. Wir reden über alles Mögliche, gehen zusammen weg. Das ist für mich sehr wichtig. Denn als ich noch in der Schule war, fühlte ich mich immer etwas ausgeschlossen. Pärchen bildeten sich und gingen gemeinsam in die Disko oder ins Kino. Da war ein Mädchen wie ich, das keinen Freund aufzuweisen hatte, einfach nicht gefragt.
Die lesbische Szene ist ganz okay. Klar werde ich manchmal blöd angemacht oder es fordert mich eine Frau zum Tanzen auf, die ich gar nicht so toll finde und die sich erst mal nicht abschütteln lässt. Aber irgendwann kriegt sie schon mit, dass ich nichts von ihr will. Bisher war

noch keine übermäßig sauer, wenn sie einen Korb von mir bekam. Es gehört eben dazu, ist wie ein Spiel. Ich glaube, darin unterscheiden sich Lesben nicht so sehr von Heterosexuellen.« ***Heike*** *19*

Was ist der Grund, dass Männer und Frauen von Partnern des eigenen Geschlechts angezogen werden?
Diese Frage wird immer wieder gestellt – vor allem von Menschen, die selbst nicht schwul oder lesbisch sind. Schwule und Lesben interessieren sich meist überhaupt nicht dafür – genauso wenig wie sich »normale« Jugendliche für die Frage interessieren, warum sie »normal« sind.
Bis vor einiger Zeit verwiesen Wissenschaftler auf psychologische und soziale Ursachen der Homosexualität. Kürzlich sorgten Forschungen von amerikanischen Wissenschaftlern für Aufsehen: Die einen behaupteten, dass sich die Hirnstruktur hetero- und homosexueller Menschen voneinander unterscheide. Die anderen glaubten das »schwule Gen« gefunden zu haben. Mit den vielen anderen Erklärungsversuchen über die Ursachen der Homosexualität haben diese Ansätze eines gemein: Sie sind nicht bewiesen.
Homosexualität ist so alt wie die Menschheit. Schon aus der Antike sind Zeugnisse über die homosexuelle Liebe überliefert. Und egal welche Gesellschaftsform quer durch die Jahrhunderte und Kontinente herrschte, Homosexualität hat es immer gegeben.
Falls du spürst, dass du schwul oder lesbisch sein könntest, dann lass dir nichts einreden. Homosexualität ist weder eine Krankheit noch ein Verbrechen noch etwas Außergewöhnliches. Es ist eine Liebe wie andere auch. Sie ist nicht besser oder schlechter als die heterosexuelle Liebe.

DAS ERSTE MAL

Ich lernte Girlando beim Surfen im Urlaub auf der Insel Krk kennen. Ich war sechzehn, er drei Jahre älter. Wir verliebten uns gleich heftig ineinander. Ich lernte Italienisch und er Deutsch. Aber unterhalten haben wir uns immer in Englisch. Schon bald war ich mir sicher: Er sollte der Erste bei mir sein.
Bestimmt wäre es bald passiert, wenn wir Verhütungsmittel zur Hand gehabt hätten. Doch auf der ganzen Insel Krk gab es kein einziges Kondom. Also ließen wir es für diesen Sommer bleiben und freuten uns auf den nächsten. Wieder haben wir uns auf der Insel getroffen. Und immer noch waren wir schrecklich ineinander verliebt. An dem gewissen Abend haben wir Fackeln rund um das Zelt in die Erde gerammt. Duftöl machte aus unserer Nomadenbehausung ein Märchenzelt. Die Stimmung knisterte. Angst hatte ich nicht, denn ich vertraute Girlando völlig und überließ mich ganz seiner Führung. Eher bin ich vor Aufregung und Neugierde fast geplatzt. Zusammen haben wir das Kondom ausgerollt. Ich hatte so ein Gummi noch nie zuvor in der Hand. Als ich versuchte das Kondom zum ersten Mal über seinen steifen Schwanz zu streifen, rollte das Gummi einfach wieder hoch und floppte weg. Das war gar nicht peinlich, sondern ein glatter Lacher. Ich weiß nicht mehr, ob es mir wehgetan hat, als Girlando in mich eindrang. Wahrscheinlich schon ein bisschen. Aber es war wundervoll, wie wir uns die ganze Nacht gestreichelt haben und es immer wieder probierten. Es war das Sahnehäubchen auf den Dingen, die wir uns gegenseitig schenkten. Ich hätte gern noch einmal so eine Nacht, denn es war die romantischste meines Lebens.« ***Maike*** *19*

»Ich war sechzehn Jahre alt, hübsch, lustig und maßlos naiv. Jörg, ein Geschäftsmann von siebenundzwanzig, machte mir den Hof. Es beeindruckte mich, dass ein so viel älterer Mann sich für mich interessierte.

Eines Tages nahm er mich mit auf eine Geschäftsreise. Am Abend gingen wir zum Essen und schließlich strandeten wir in der Hotelbar. Ich kann mich gar nicht mehr erinnern, wie ich ins Zimmer und ins Bett gelangte. Vom Alkohol benebelt nahm ich wie durch einen Schleier wahr, dass Jörg sich schwer atmend auf mich legte und entschieden meine Schenkel auseinander schob. Ich war viel zu betrunken, um mich dagegen zu wehren. Plötzlich spürte ich unten einen heftigen Stoß, einen stechenden Schmerz. Ich schrie kurz auf. Jörg bäumte sich mit einem Stöhnen über mir auf. Dann rollte er zur Seite. Am nächsten Morgen fühlte ich mich erschöpft, erschlagen und schmutzig. Erst viel später wurde mir klar, dass Jörg mich mehr oder weniger vergewaltigt hatte. Damals jedoch blieb nur die Angst, dass ich so etwas nun öfter mit Männern tun müsste.« ***Rita*** *25*

»Meine Freunde erzählten immer davon, wie toll das ist, mit einer Frau zu schlafen. Da waren wir gerade mal vierzehn Jahre alt. Ich wurde fünfzehn und sechzehn und noch immer passierte nichts bei mir. Allmählich begann ich mich unter Druck zu setzen. Ich war überzeugt: Alle tun es, nur ich nicht. Mit siebzehn Jahren hatte ich endlich ein Mädchen. Wir fuhren zusammen in Urlaub. Nachts lagen wir im Zelt nebeneinander, lauschten auf die Atemzüge des anderen und taten so, als ob wir tief schlafen würden. In der dritten Nacht haben wir uns wie auf ein Zeichen hin zueinander gedreht und fingen an uns zu streicheln. Immer heftiger wurden die Umarmungen und plötzlich fragte mich Ulla, ob ich mit ihr schlafen wolle. Auch für sie war es das erste Mal. Kondome hatte ich vorsichtshalber eingesteckt, aber ich hätte nie gewagt als Erster zu fragen. Aufgeregt fingerte ich in meinen Hosentaschen nach einem Gummi. Überhaupt war ich so mit mir beschäftigt, dass ich mich gar nicht mehr erinnern kann, wie es ablief. Ich weiß nur, dass ich gleich kam. Das war mir peinlich. Danach war die Stimmung zwischen uns komisch. Aber stolz war ich trotzdem, dass ich es gemacht hatte.« ***Michael*** *19*

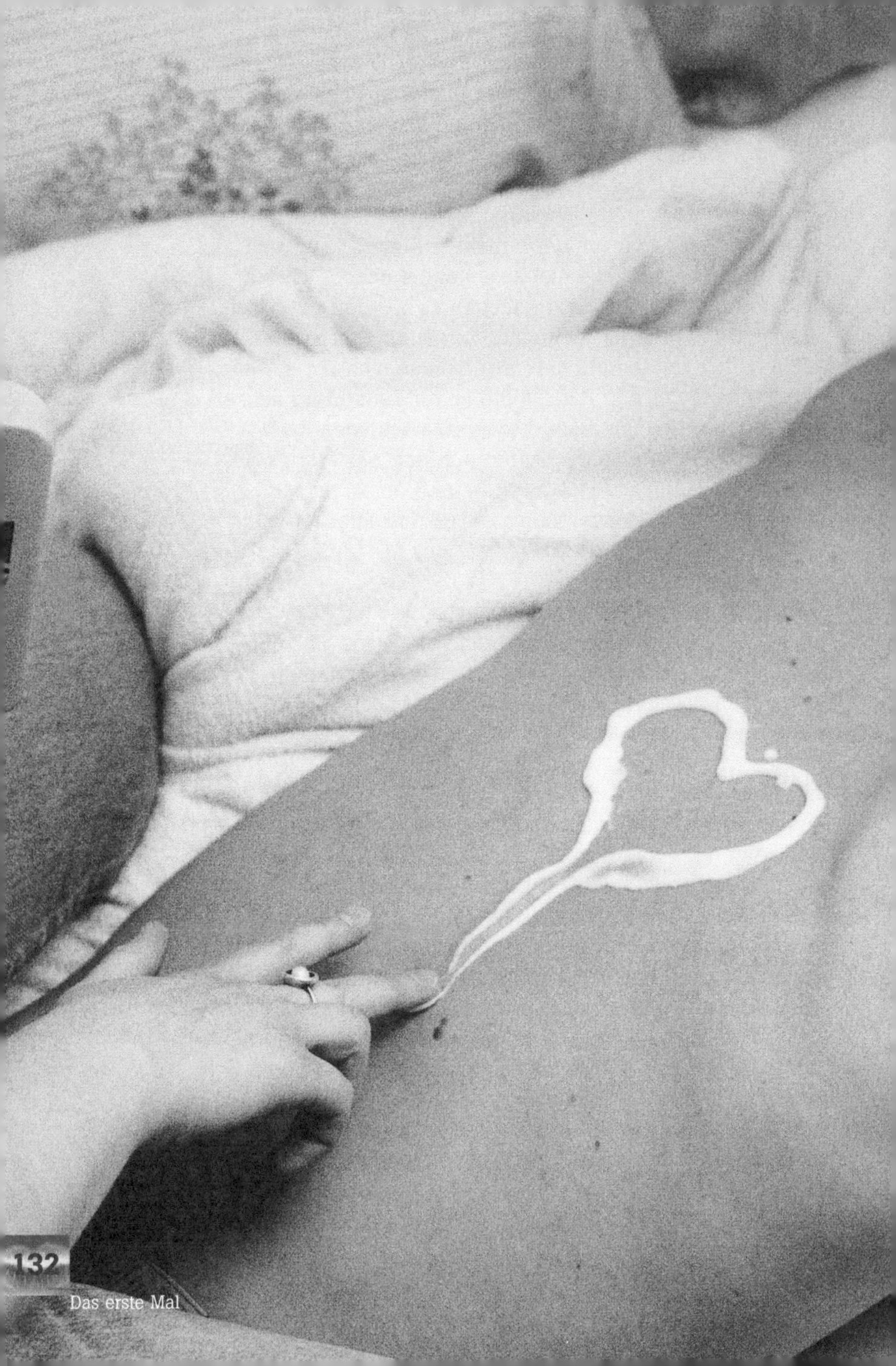

- *»Es war wundervoll.«*
- *»Das war so unspektakulär, so enttäuschend.«*
- *»Was, das sollte alles gewesen sein? Und da machen die anderen so einen Tanz darum?«*
- *»Eigentlich war es ganz anders, als ich es mir vorgestellt hatte.«*
- *»Ich war so aufgeregt und es kam mir gleich. Das war nicht das Wahre.«*

So oder ähnlich sprechen viele der Jungen und Mädchen über das erste Mal. Mit Spannung und einer Spur Angst sehen sie dem Erlebnis entgegen. Oft ist das erste Mal in wenigen Sekunden vorbei. Der Junge fühlt sich als Versager. Das Mädchen ist enttäuscht.
Wissenschaftler wollten es genau wissen: 2001 befragten sie 2500 Jugendliche aus dem gesamten Bundesgebiet nach ihren Gefühlen. Und das kam heraus auf die Frage nach dem ersten Mal:

Für siebzehn Prozent der Mädchen und sieben Prozent der Jungen war das erste Mal *nichts Besonderes*. Fünfzehn Prozent der Mädchen, aber nur vier Prozent der Jungen empfanden es als *etwas Unangenehmes*. Und zehn Prozent der Mädchen und neun Prozent der Jungen plagte danach das *schlechte Gewissen*. Trotzdem: Über achtundfünfzig Prozent der Mädchen und achtzig Prozent der Jungen erlebten ihr erstes Mal als *etwas Schönes*.

Wie du es erlebst, hängt auch von dir selber ab, denn du kannst entscheiden, wann du es machen willst, mit wem du es machen willst und auch, wo du es machen willst. Lass dich nicht unter Druck setzen, weil die anderen über ihre Erfahrungen reden und du nichts dazu beisteuern kannst. Die meisten, die mit ihren so genannten Erfahrungen prahlen, sind sowieso Maulhengste.
Aus dem Zwang heraus, es endlich hinter sich zu bringen, kann auch keine lockere Situation entstehen. Das Gleiche gilt, wenn du aus lauter Angst, deinen Freund zu verlieren,

seinem Drängen nachgibst. Gefühle können unter Zwang nicht wachsen und groß werden. Und was ist ein Junge wert, dem es egal ist, wie du dich fühlst? Für Mädchen kommt oft noch die Angst hinzu: Tut es weh? Blute ich sehr? Bin ich auch nicht zu eng?

Wenn du schon genügend Petting-Erfahrung hast, weißt du, dass deine Scheide ganz feucht wird, wenn es dir gefällt, was ihr beide miteinander macht, und du sehr erregt bist. Beim Miteinanderschlafen ist es nicht viel anders. In eine feuchte Scheide rutscht ein Penis viel leichter als in eine trockene. Vielleicht spürst du gar keinen Schmerz oder nur einen leichten. Bei manchen Mädchen ist das Jungfernhäutchen schon eingerissen. Das kann ganz leicht beim Sport passieren oder durch Tampons. Viele Mädchen verlieren einige Blutstropfen, manche bluten heftiger. Doch spätestens nach zwei bis drei Tagen hört es auf. Wenn du nach dem ersten Mal eine leicht wunde Scheide hast – deine Scheide ist das Reiben vom Penis noch nicht gewöhnt –, kannst du sie mit Weizenkeimöl oder einer Babywundsalbe eincremen. Der kleine Riss des Jungfernhäutchens heilt in wenigen Tagen.

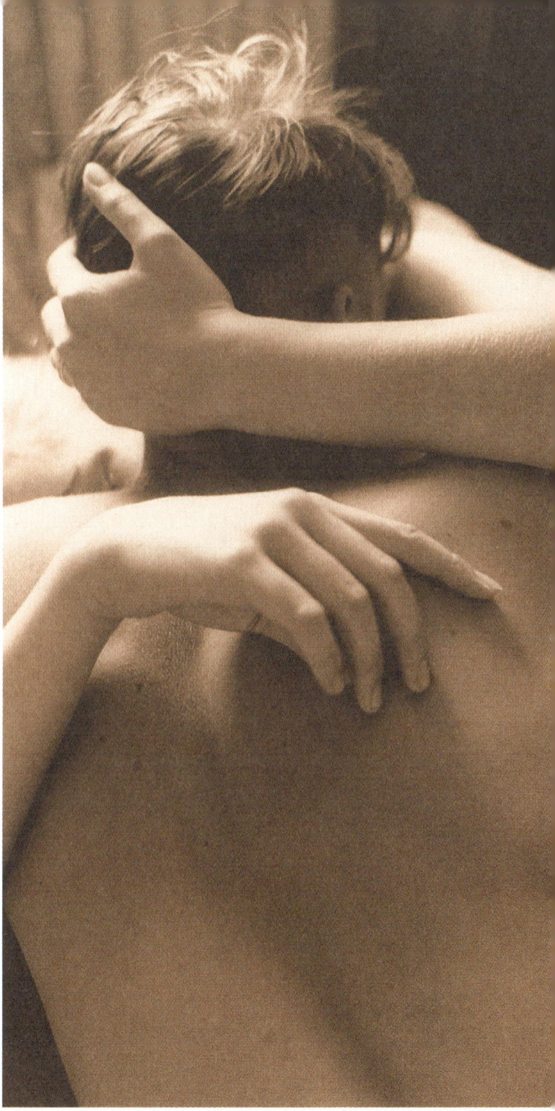

Auch die Befürchtung, dass deine Scheide zu eng sein könnte, ist unbegründet. Wenn du verspannt bist, kann es schon passieren, dass dein Freund nicht in dich eindringen kann. Dann hebt euch das erste Mal für das nächste oder übernächste Mal auf.
Viele (wahrscheinlich die meisten) Mädchen kommen beim »ersten Mal« nicht zum Orgasmus. Du kennst deinen Körper noch nicht so gut, und dein Partner erst recht nicht. Niemand kann dich zum Orgasmus bringen, wenn du es nicht wirklich willst, selbst du nicht. Trotzdem versuchen viele Mädchen es mit Gewalt, denken immer nur daran: ›Ich will, ich will, ich will – einen Orgasmus haben.‹ Dein Körper wird sich um solch autoritäres Gehabe nicht weiter kümmern. Er tut einfach, was er will, vor allem tut er nicht das, was er nicht will. Also: Lass deinen Körper in Ruhe, bedränge ihn nicht, vertraue ihm.

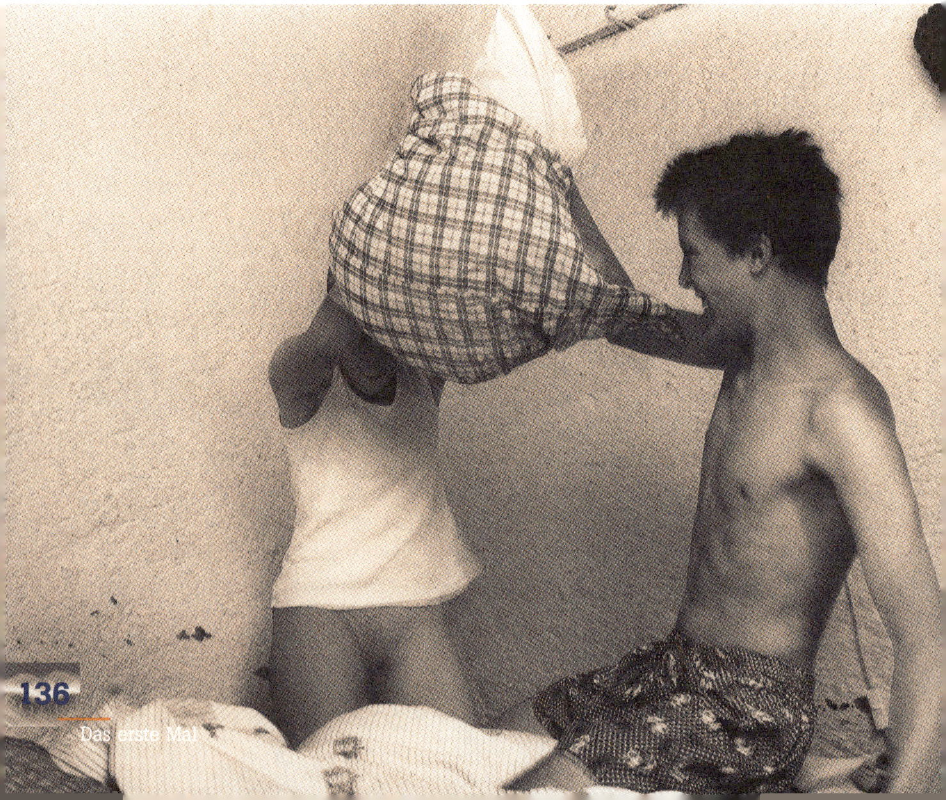

Auch Jungen geraten beim ersten Mal unter Druck. Sie haben Angst: Passt mein Penis in die Scheide? Ist er nicht zu groß oder zu klein? Hoffentlich wird er steif. Und bei vielen Jungen geht es beim ersten Mal ruck, zuck – in wenigen Sekunden ist alles schon wieder vorbei und ihr fühlt euch womöglich als Versager. Vielleicht könnt ihr euch nach dem ersten Mal Zeit lassen mit gegenseitigem Streicheln und Schmusen und es dann noch mal probieren. Wegen deines Penis brauchst du keine Angst zu haben. Wie du schon gelesen hast (siehe Seite 40), ist es egal, ob dein Penis lang oder kurz, dick oder dünn im Normalzustand ist. Sobald er steif wird, wächst er: ein langer weniger, ein kurzer mehr! Und er passt auch in jede Scheide.
Aber es kann schon vorkommen, dass dein Penis vor lauter Nervosität schlapp macht. Ärgere dich nicht darüber, deine Freundin hat sicher Verständnis. Und ihr versucht es später noch einmal.

»Meine Eltern waren in Urlaub. Da habe ich meinen Freund Jens abends zum Essen eingeladen. In den Wochen vorher habe ich öfter daran gedacht, dass es bald passiert. Mit Jens habe ich auch darüber geredet, denn er hatte schon etwas Erfahrung. Er wollte mich nicht drängen, sondern sagte immer wieder, dass ich mir hundertprozentig sicher sein müsste, wenn ich mit ihm schlafen will. Mit der Zeit wurde ich immer neugieriger darauf. Was würde da genau passieren? An diesem besagten Abend nun legten wir uns in mein Bett, schmusten und machten Petting. Mittendrin flüsterte ich, dass ich es jetzt will. Jens freute sich ziemlich. Für alle Fälle hatte er Kondome eingesteckt. Als er sie herauszog, war mir das sehr peinlich. Ich drehte den Kopf weg und vergrub ihn im Kissen. Plötzlich sagte Jens: ›Scheiße.‹ Ich schaute hoch und sah, dass er ganz entgeistert an sich hinunterblickte. Da war es nun endlich so weit und sein Penis machte einfach schlapp. Ich versuchte ihn zu trösten. Das half nicht viel, denn er ärgerte sich über das verpatzte erste Mal bei mir. Erst am Sonntag darauf klappte es mit uns beiden. Da war mir der Anblick des Kondoms auch nicht mehr so peinlich wie beim ersten Mal. Wenn ich heute zurückdenke, dann war das erste Mal nicht so supertoll. Aber es ist halt was Neues und total Aufregendes gewesen.« ***Julia*** *17*

Ein Psychologe sagte treffend: Miteinander schlafen ist wie Laufen lernen. Man entdeckt, was der Körper alles kann. Aber üben muss man schon auch.

Wann ist es endlich so weit?

Bei der einen ist es mit vierzehn Jahren, bei der anderen mit siebzehn oder neunzehn. Wann es so weit ist, bestimmst du allein. Trotzdem interessiert es dich sicher, wann es bei den anderen das erste Mal passierte. Und das sind die Zahlen:

Mindestens schon einmal mit einem Jungen/Mädchen geschlafen haben

	Mädchen	**Jungen**
14 Jahre	11 %	8 %
15 Jahre	25 %	18 %
16 Jahre	40 %	37 %

Quelle:
Emnid 2001

Laut dieser Befragung antworteten 66 Prozent der siebzehnjährigen Mädchen und 61 Prozent der siebzehnjährigen Jungen, dass sie schon einmal Geschlechtsverkehr gehabt haben. Und noch etwas hat man herausgefunden: Heute sind die Jungen und Mädchen im Durchschnitt fast gleich alt beim ersten Mal. Das war 1980/81 noch anders. Da waren die Mädchen durchschnittlich 17,3 und die Jungen 18,0 Jahre alt. Jungen und Mädchen, die sich zu ihrem eigenen Geschlecht hingezogen fühlen, sind ebenfalls über ihr erstes Mal befragt worden. So ist es bei Männern im Schnitt zwischen fünfzehn und siebzehn Jahren, bei Frauen zwischen siebzehn und neunzehn Jahren, also etwas später. Das hängt wahrscheinlich damit zusammen, dass Schwule und Lesben erst herausfinden müssen, dass sie ihresgleichen lieben.

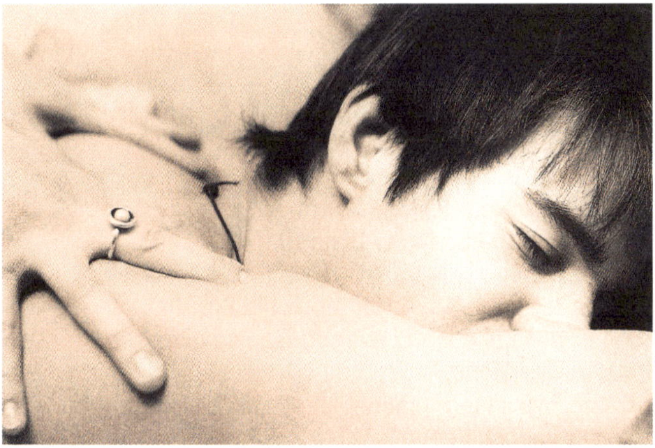

»So mit dreizehn Jahren merkte ich, dass bei mir irgendwas anders ist als bei meinen Mitschülerinnen. Die stylten sich auf und tuschelten über Jungs, wer gerade auf wen steht. Mich interessierte das alles nicht besonders. Mit vierzehn verliebte ich mich in ein Mädchen. Da dämmerte mir, dass ich vielleicht lesbisch bin. Ich wagte mich nicht aus meinem Schneckenhaus heraus, aus Angst, wegen meiner Neigung von der Schule zu fliegen. Was wusste ich schon über Homosexualität? Alles, was ich darüber in die Finger bekommen konnte, verschlang ich jetzt. Langsam lichtete sich der Vorhang. Glücklicherweise wohne ich in einer Großstadt und kann zu Treffs gehen, wo nur Frauen hinkommen. Dort traf ich – inzwischen war ich siebzehn – eines Tages Susi: rotblond gefärbte Haare und ganz schön schräg gekleidet. Es war Liebe auf den ersten Blick. Wir waren selig, als wir das erste Mal eng umschlungen bei Susi im Zimmer saßen. Und dann passierte es. Unsere Hände ertasteten den Körper der anderen, unsere Finger suchten die Stellen und Körperöffnungen, wo uns unsere Berührungen erregten und gut taten. Und dann hatte ich das Gefühl, als platzten tausend Knallkörper in meiner Muschi. Es war toll. Und ich wusste, wohin ich gehöre.« ***Frederike*** *19*

»Mein Coming-out hatte ich erst vor einem Dreiviertel-Jahr. Da habe ich es meiner Mutter gesagt. Und einer guten Freundin. Etwa zur selben Zeit bin ich in eine schwule Jugendgruppe gegangen. Dort lernte ich Markus kennen. Ich wohne außerhalb der Stadt bei meinen Eltern, die Gruppe fing erst um 21 Uhr an und ich fragte ihn anschließend, ob ich nicht bei ihm übernachten könne, weil meine letzte Bahn schon gefahren sei. Das war natürlich nur vorgeschoben, denn ich hatte mich schon am ersten Abend in ihn verknallt. Und ich wollte, dass er der Erste ist. Er war dreiundzwanzig, war groß, hatte sehr schöne Augen und eine dunkle, sehr erotische Stimme. Wir lagen nebeneinander und die Initiative ging von mir aus, obwohl ich doch der Jüngere und Unerfahrene war. Aber ich wollte es wissen, hatte mir, als ich siebzehn wurde, gesagt, in diesem Jahr schläfst du mit einem Jungen. Wir fingen an uns sanft zu streicheln. Dann leckte er mit seiner Zunge meinen Hals, glitt dann tiefer, an meine Brustwarzen, und schließlich nahm er meinen Schwanz in den Mund. Es war irre. Ich schloss die Augen und habe es nur genossen. Kurz bevor ich kam, habe ich ihn rausgezogen. Dann zeigte er mir, wie er es am liebsten mag. Nachher waren wir total erschöpft und sind sofort eingeschlafen.
Ich habe noch mehrmals bei ihm übernachtet. Er kümmerte sich richtig um mich, nahm mich mit in die Szene und zeigte mir alles. Dennoch ging es nur zwei Wochen. Ich sagte ihm: ›Ich bin in dich verliebt‹, und er antwortete mit leicht gequältem Lächeln: ›Ich hab dich auch ganz gern.‹ Ich dachte, er könnte mein erster Freund werden, doch er war offenbar nicht in mich verliebt. Das war ziemlich fürchterlich, ein beträchtlicher Dämpfer für mich, weil er ja der Erste war und Nein sagte. Inzwischen bin ich drüber weg, es gibt ja noch andere tolle Jungs, aber diese erste Nacht vergess ich nie.« ***Rainer*** *18*

Durchblick bei Verhütung

ICH LIEBE MIT, ICH LIEBE OHNE

Schon immer haben Frauen versucht sich gegen unerwünschte Schwangerschaften zu schützen. Bei den alten Ägyptern verwendeten sie unter anderem eine Paste aus Kameldung und Honig. Der zähflüssige Honig sollte verhindern, dass das Sperma das Ei befruchtet. Von dem säurehaltigen Mist glaubten sie, dass er die Spermien abtöte. Eine Mischung aus Akazienblüten und Honig war ebenfalls sehr beliebt. Wissenschaftler stellen heute fest, dass die Frauen früher sehr wohl die besonderen Eigenschaften bestimmter Pflanzen kannten und sicher auch mit Erfolg verhüteten. In Akazienknospen ist beispielsweise Gummi arabicum enthalten, das sich in der Scheide zu Milchsäure wandelt. Gummi arabicum und Milchsäure werden heute noch in manchen Verhütungsgels verwendet. Bei den Germanen formten die Frauen kleine Bienenwachsscheibchen, die sich leicht vor den Muttermund schieben ließen und dort wie ein heutiges Diaphragma wirkten. Mit Pflanzensaft getränkte Leinenläppchen, die tief in die Scheide geschoben wurden, und Tierblasen als Penishülle waren weit verbreitet.

Heute wird nicht mehr so kompliziert verhütet, ist die Verhütung auch kein Geheimnis mehr. Die Pille verschreibt die Frauenärztin, Kondome sind beinahe überall zu haben:

in der Apotheke, in den Vorräumen der Kneipentoiletten, in Clubs... Obwohl Verhütung viel einfacher geworden ist als noch zur Zeit deiner Mutter oder Großmutter, ist sie trotzdem nicht ohne Stolpersteine: Noch immer fällt Verhütung größtenteils in die Verantwortung der Mädchen. Das ist schade, denn beim Geschlechtsakt sind schließlich beide gleich beteiligt, oder? Offensichtlich lassen es doch noch einige Jugendliche auf eine Art russisches Roulett in Sachen Schwangerschaft ankommen: Nach einer Studie von 2001 (2500 befragte Jugendliche) haben 15 Prozent der Jungen beim ersten Mal nicht verhütet, bei den Mädchen waren es 12 Prozent. Addiert man dazu noch die Anzahl der Jungen und Mädchen, die einen »rechtzeitigen Abbruch« unternahmen oder sich auf Knaus/Ogino beriefen – beides mit einer enorm hohen Versagerquote –, kommen nochmals je bis zu 10 Prozent hinzu.

Wir haben viele Jugendliche vor dem ersten Mal befragt. Da waren sich neunundneunzig Prozent sicher, auf jeden Fall zu verhüten. Nach dem ersten Mal gaben über ein Drittel zu, es dann doch nicht gemacht zu haben. Einige Gründe: »Es kam so überraschend.« »Ich wollte die Stimmung nicht kaputtmachen.« »Es wird schon nichts passieren.« Das Technische der Verhütung ist offenbar schwer mit den stürmischen Gefühlen von Liebe und Leidenschaft zu vereinbaren.

Es ist unfair, wenn viele Jungen stillschweigend davon ausgehen, das Mädchen werde die Verhütung schon managen, weil es mehr Ahnung davon habe. Jungen wissen oft nicht mal, wann ein Mädchen schwanger werden kann: So wissen heute noch viele der Jugendlichen nicht, wann die Möglichkeit für ein Mädchen am größten ist, schwanger zu werden.

Schließlich kostet es Überwindung, vor dem ersten Mal über so etwas wie Verhütung zu reden. Es ist etwas sehr Intimes, wie der Geschlechtsakt selbst. Denn dabei sprecht ihr das offen an, was ihr vorhabt. Deshalb kann das Reden darüber auch etwas Prickelndes haben, wenn ihr euch miteinander auf das erste Mal einstimmt und vor-

bereitet. Schweigt ihr darüber und hat jeder von euch zur Sicherheit ein Kondom dabei, könnten folgende Gedanken, die ihr euch dabei macht, die tolle Stimmung genauso leicht verkrampfen:

- Wie stelle ich es an, dass das Thema nicht die romantisch-erotische Stimmung stört?
- Wie stelle ich es an, dass er nicht denkt, dass ich denke, ich müsse mich vor ihm schützen?
- Wie stelle ich es an, dass sie nicht denkt, dass ich denke, ich müsse mich vor ihr schützen?
- Wie stelle ich es an, dass er nicht denkt, dass ich zu den lockeren Mädchen gehöre?
- Wie stelle ich es an, dass sie nicht denkt, dass ich für alle Fälle stets ausgerüstet bin und nichts anbrennen lasse?

Ihr habt sicher schon bemerkt, dass es eine heikle und verwirrende Geschichte sein kann, offen über Verhütung zu sprechen, aber noch heikler ist es, gar nicht darüber zu reden.
Damit ihr leichter entscheiden könnt, welches Mittel für euch das richtige ist, stellen wir hier vor, was es derzeit gibt, wie es funktioniert, welche Vorteile und welche Nachteile es hat. Um es gleich vorweg zu sagen, die meisten Jugendlichen benutzen Pille und Kondome, denn die scheinen für sie die sichersten und unaufwändigsten Methoden zu sein.

Die Pille

Mit dem medizinischen Fachausdruck heißen Pillen Ovulationshemmer. Ovulation ist der Eisprung und der wird durch die von außen gegebenen Hormone (Östrogene und Gestagene) verhindert. Da wird der Hirnanhangdrüse gesagt: Wir haben alles, wir brauchen nichts. Und der Eierstock stellt daraufhin seine Produktion ein. Wo kein Ei ist, kann auch keine Befruchtung stattfinden. Die dazwischen liegende Blutung wird durch die plötzlich abgesetzten

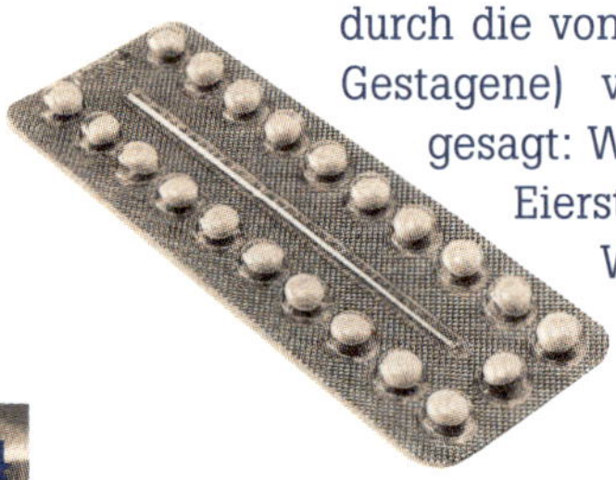

Hormone hervorgerufen – ist also etwas Künstliches. Man muss die Pille mindestens drei Monate nehmen, um ihre Verträglichkeit beurteilen zu können. In den ersten Monaten ist es normal, dass eine gewisse Übelkeit auftritt als Reaktion auf das zugeführte Östrogen. Der Körper produziert ja selbst noch Hormone. Erst mit der Zeit merkt er, dass er nicht so viel herbeischaffen muss. Um diese Anfangsphase gut zu überstehen – meist hat man ein flaues Gefühl im Bauch –, ist es am besten, man nimmt die Pille abends nach dem Essen ein. Dann verschläft man die erste Phase.

Es gibt verschiedene Präparate:

Mikropille

Die heute üblicherweise verordnete Mikropille mit Östrogen- und Gestagenbestandteilen wird 21 Tage lang eingenommen. In der siebentägigen Pause setzt die Blutung ein. Besonders für junge Mädchen geeignet.

Die Minipille

Sie besteht aus reinem Gestagen. Das Hormon verändert den Schleim und die Schleimhaut des Gebärmutterhalses und der Gebärmutter. Spermien können nicht eindringen und so kann sich auch keine Eizelle in der Gebärmutter einnisten. Die Minipille greift nicht in den Zyklus ein, der Eisprung findet statt. Ist nur etwas für Gewissenhafte, weil die Pille immer zur gleichen Uhrzeit eingenommen werden muss. Verzögert sich die Einnahme um mehr als drei Stunden, ist die Verhütung nicht mehr sicher.

Vorteile der Pille

Gerade bei jungen Mädchen wird der Zyklus durch die Einnahme regelmäßig, die Blutungen werden geringer, die Bauchkrämpfe während der Periode weniger. Bei manchen Mädchen wird die Haut klarer, die Haare werden schöner. Das Thema Verhütung ist erledigt, wenn du regelmäßig deine Pille nimmst. Immer noch kommt es jedoch vor, dass Mädchen sich eine Packung teilen oder nicht ganz regelmäßig die Pille einnehmen. Lass dir von deiner Ärztin genau erklären, wie du die Pille nehmen musst. Wenn du es nach einigen Tagen vergessen hast oder dir nicht sicher bist, ob du es richtig machst, ruf noch mal in der Praxis an. Dort erläutert man es dir gern.

Nachteile

Blutungsstörungen, Kopfschmerzen, Gewichtszunahme. Seltener treten Unwohlsein, Magen-Darm-Probleme, Depressionen, Brustspannen und geringere Liebeslust auf.

Weil die Pille die Blutgerinnung verändert und ein Thromboserisiko birgt, sollten Raucherinnen auf ein anderes Verhütungsmittel umsteigen. Bei manchen Frauen erhöhen sich Blutdruck und Blutfettwerte. Andere Wirkungen sind Müdigkeit, erhöhte Anfälligkeit für Scheidenentzündungen. Die Pille schützt nicht vor Aids.

Sicherheit der Pille

Die Sicherheit eines Verhütungsmittels wird nach dem Pearl Index berechnet. Der sagt aus, wie viele Frauen von hundert in einem Jahr mit einer bestimmten Verhütungsmethode schwanger geworden sind. Die Pille gehört mit zu den sichersten Verhütungsmitteln, solange sie exakt eingenommen wird. Bei der Mikropille ist der Pearl Index 0,03–0,9. Das heißt, statistisch gesehen wird knapp eine Frau von hundert pro Jahr schwanger, obwohl sie die Pille genommen hat. Trotzdem gibt es Situationen, in denen die Wirksamkeit deutlich herabgesetzt ist. Nimmst du etwa andere Medikamente ein, weil du krank bist, zum Beispiel Antibiotika, Schlaf- oder Beruhigungsmittel, kann das die Wirkung der Pille außer Kraft setzen. Das Gleiche passiert, wenn du an Erbrechen oder Durchfall leidest.

Dann solltest du zusätzlich mit anderen Mitteln verhüten. Auch bei Transatlantikflügen oder Reisen nach Fernost wirken nicht alle Pillen sicher. Das liegt an der Zeitverschiebung. Sicherheit ist nur dann gewährleistet, wenn du einen Pillentyp mit 36 Stunden Wirkungsdauer wählst.

Kosten

Für Mädchen und junge Frauen bis zum einundzwanzigsten Lebensjahr gibt es die Pille kostenlos auf Rezept (sofern sie bei einer gesetzlichen Krankenkasse versichert sind). Ansonsten kostet die Pille acht bis 12 Euro im Monat.

Das Kondom für den Mann

Seit der tödlichen Immunschwächekrankheit Aids, die durch Miteinanderschlafen übertragen werden kann, ist das Kondom, umgangssprachlich »Gummi«, die Nummer zwei bei der Verhütung. Beim »ersten Mal« ist das Präservativ sogar konkurrenzlos führend. »Pariser«, wie die Gummis auch genannt werden, sind fast überall zu haben: in Drogerien, Apotheken, Supermärkten, Sex-Shops, Tankstellen, Kiosken, Automaten und per Versand. Kondome bestehen aus reißfestem Latex oder Kunststoff für Allergiker und sind das einzige sichere Verhütungsmittel, das der Junge anwenden kann. Er stülpt das Kondom über seinen steif gewordenen Penis und rollt es vorsichtig ab. Das Gummi fängt den Samen auf. (s. Zeichnung rechts)

Heute gibt es Gummis in verschiedenen Ausführungen: Sie sind genoppt oder besonders glatt und manche mit Gleitmittel beschichtet, das zusätzlich samenabtötend wirkt. Wieder andere sind aromatisiert, verströmen Erdbeerduft oder schmecken nach Vanille. Denk daran: Kondome und fetthaltige Gleitcremes vertragen sich nicht! Das Gummi bekommt unsichtbare Risse.

So wird's gemacht:

1. Beim vorsichtigen Aufreißen der Packung darauf achten, dass der dünne Gummifilm nicht mit einem scharfkantigen Ring oder rissigen, spitzen Fingernägeln beschädigt wird.

2. Das noch zusammengerollte Kondom mit Zeigefinger und Daumen am Nippel (ist das Reservoir vorne) festhalten und so auf

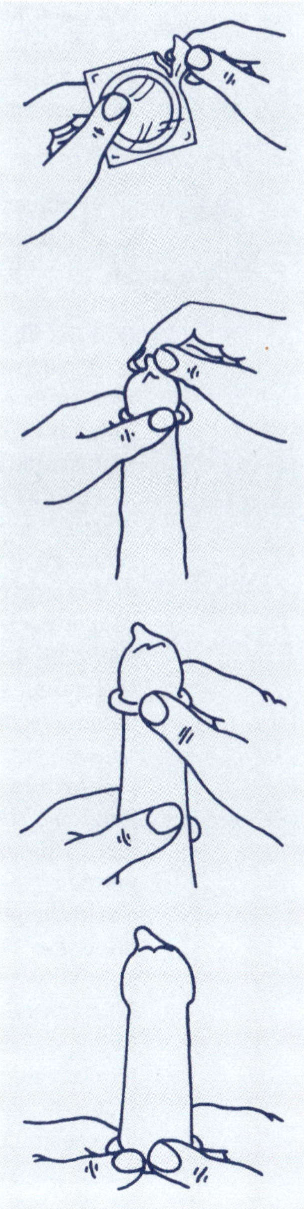

das Glied aufsetzen, dass das Röllchen außen ist. Mit der anderen Hand über den steifen Penis abrollen. Den Nippel noch mal kurz drücken, damit keine Luft drin bleibt. Der Platz ist für die Samenflüssigkeit gedacht, also das Kondom etwas überstehen lassen.

3. Wenn das Kondom versehentlich falsch herum aufgesetzt wurde (Röllchen innen), dann ein neues nehmen. Am alten könnte schon Samen haften.

Wie ihr üben könnt:

- Versuch das Kondom auszurollen.
- Zieh es über den Zeige- oder Mittelfinger. Wie fühlt sich das an?
- Blas das Kondom auf, bis es platzt.
- Füll das Kondom mit Wasser, das gibt 'ne super Wasserbombe.

Wenn du ein Junge bist:

- Besorge dir ein Kondom und ziehe es über den steifen Penis. Übung bringt's!

Wenn du ein Mädchen bist:

- Kauf eine Banane oder Gurke und zieh das Kondom über. Es schadet nicht, wenn du weißt, wie es geht.

↑ Vorteile

Kondome sind jederzeit und ohne ärztliches Rezept erhältlich. Sie können einfach in der Tasche mitgenommen werden (allerdings nicht in der Brieftasche, dort werden sie leicht porös und rissig) und sind leicht anzuwenden. Kondome schützen vor übertragbaren Geschlechtskrankheiten.

↓ Nachteile

Keine, außer für die wenigen Menschen, die auf Latex allergisch reagieren. Manchen Mädchen und Jungen ist der Moment peinlich, wenn das Kondom ausgepackt und übergestreift werden soll. Macht das miteinander, dann merkt ihr bald, dass es dazugehört und nichts Komisches an sich hat.

Sicherheit

Wenn du das Kondom richtig anwendest, ist es sehr sicher (Pearl Index 0,7–4,0). Wenn das Kondom allerdings in der Handtasche bleibt, ist die Sicherheit gegen null Prozent. Benutze das Kondom, wenn der Penis steif ist und bevor er die Scheide berührt. Im so genannten »Glückstropfen«, der sich durch Erregung bildet, kann schon Samen sein. Sei vorsichtig mit spitzen Fingernägeln. Zieh das Glied vor dem Erschlaffen aus der Scheide. Halte dabei unbedingt das Kondom am Gliedrand fest, damit das Kondom nicht aus Versehen abrutscht. Jedes Kondom nur einmal benutzen. Verwende nicht irgendeine fetthaltige Creme oder Öl, um das Kondom besser rutschen zu lassen. Das kann das Gummi porös machen. Besser: wasserlösliche Spezialgleitcreme in der Apotheke kaufen (K-Y oder Lubricate). Sonne und Wärme greifen Kondome ebenfalls an und lassen sie spröde und damit unzuverlässig werden. Billige Importe aus Ostländern sind nicht so sicher wie europäische. Achte auf das DLF-Zeichen (europäisches Normzeichen).

Kosten

Ein Kondom kostet ca. 50 Cent.

Chemische Mittel

Diese Verhütungsmittel werden vor dem Geschlechtsverkehr tief in die Scheide eingeführt. Du kannst sie als Spray, Zäpfchen, Schaum, Gel und Tabletten in der Apotheke kaufen. Innerhalb von zehn bis fünfzehn Minuten lösen sie sich auf und bilden eine Sperre, eine chemische Barriere vor dem Eingang der Gebärmutter. Der Wirkstoff ist meist Nonoxinol-9. Er setzt nicht nur Spermien schachmatt, sondern auch Viren und Bakterien. In der Regel sind chemische Verhütungsmittel etwa zwei Stunden wirksam. Willst du noch einmal mit deinem Freund schlafen, musst du das Präparat erneut anwenden. Das gilt auch dann, wenn du aufstehst und dir dabei das Mittel aus der Scheide herausläuft.

Vorteile

Du benutzt es nur, wenn du es brauchst. Du kannst dir das Verhütungsmittel leicht besorgen, brauchst keine Ärztin und kein Rezept dafür. Weil krank machende Bakterien und Viren ebenfalls abgetötet werden, schützt es teilweise vor Infektionen, jedoch nicht vor Aids. Denn an Stellen, die nicht mit Nonoxinol-9-Gel bedeckt sind, können Aids-Viren in die Schleimhaut eindringen.

Nachteile

Ihr müsst mindestens 10 bis 15 Minuten warten, bis sich das Mittel aufgelöst hat. Manche Mittel schäumen heftig. Häufig brennt es in der Scheide, weil Nonoxinol-9-haltige Verhütungsmittel eine schleimhautreizende Wirkung haben. Wenn du sehr oft chemische Verhütungsmittel verwendest, zerstörst du das gesunde Gleichgewicht des Scheidenmilieus und du kannst leichter Infektionen bekommen. Auch häufigere Blasenentzündungen wurden beobachtet. Selten kommt es zu allergischen Reaktionen. Benutze nie chemische Mittel und Kondom gleichzeitig, außer es steht ausdrücklich auf der Kondompackung, denn die chemischen Substanzen können das Gummi angreifen und porös machen. Doppelt hält eben nicht immer besser.

Sicherheit

Die Sicherheit der chemischen Verhütungsmittel ist nicht besonders hoch (Pearl Index 7,0–36,0). Aus diesem Grund werden die chemischen Mittel immer seltener verwendet.

Kosten

Sprays, Zäpfchen, Schaum, Gel, Tabletten pro Packung zwischen 10 und 15 Euro.

Natürliche Verhütung, auch symptothermale Methode

Durch Messen der Temperatur, Beobachtung des Gebärmutterschleimes und des Gebärmutterhalses kann der Zeitpunkt des Eisprungs genau eingegrenzt werden. Und damit die Zeit der fruchtbaren und »gefährlichen« Tage. Bei dieser Methode wird die Temperatur morgens sofort nach dem Aufwachen am besten mit einem Digitalthermometer in Mund oder After gemessen und in ein Kurvenblatt eingetragen. Du solltest mindestens sechs Stunden geschlafen haben. Die Aufwachtemperatur steigt in den Tagen des Eisprungs um 0,2 bis 0,5 Grad an. Ab dem dritten Tag nach dem Eisprung bis zur Menstruation bist du vor einer Schwangerschaft sicher.

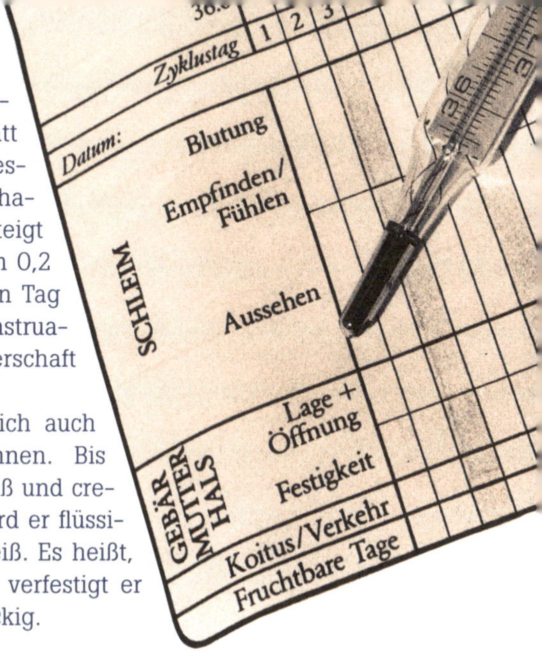

Die fruchtbaren Tage lassen sich auch am Muttermundschleim erkennen. Bis zum Eisprung ist er milchig weiß und cremig. Kurz vor dem Eisprung wird er flüssiger und glasig, wie rohes Eiweiß. Es heißt, er ist spinnfähig. Kurz danach verfestigt er sich, wird milchig-trüb und flockig.

Vorteile

Du lernst deinen Körper sehr gut kennen und verstehst seine Reaktionen. Du brauchst keine Verhütungsmittel, die in deinen Organismus eingreifen. Wenn du dir nicht sicher bist, kannst du dich in jeder Pro-Familia-Beratungsstelle in die Methode einführen lassen.

Nachteile

Du musst sehr genau, wenn möglich immer zur gleichen Zeit, messen. Unter der Woche ist das kaum ein Problem, eher am Wochenende, wenn du ausschlafen willst.

Sicherheit

Bist du gewissenhaft, ist die Methode sehr sicher (Pearl Index 1,0-3,0).

Kosten

Kurvenblätter etwa 1 Euro pro Jahr und ein Digitalthermometer, das sowieso jeder braucht (ca. 10 Euro).

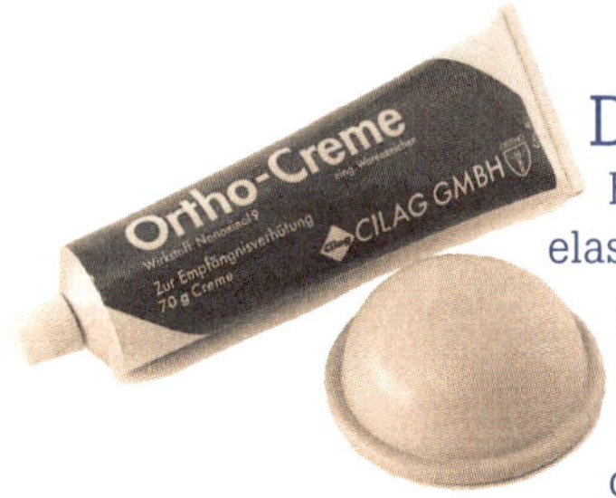

Das Diaphragma

Es ist eine weiche, runde Gummikappe mit einem elastischen, verdickten Rand. Sie wird zusammengedrückt in die Scheide schräg nach hinten geschoben, bis sie vor dem Muttermund liegt. Damit nicht doch Spermien durchkommen, wird die Innenseite des Diaphragmas und der Rand vor dem Einschieben mit einer spermienabtötenden Creme bestrichen. Das Diaphragma wird zunächst von deiner Frauenärztin angepasst, denn jede Vagina und jeder Muttermund ist verschieden. Das richtige Einsetzen musst du üben. Das kannst du zusammen mit deiner Ärztin machen oder bei Pro Familia, denn du solltest genau fühlen, ob das Diaphragma den Muttermund ganz bedeckt. Du kannst das Diaphragma bis zu zwei Stunden vor dem Miteinanderschlafen einsetzen. Entfernt werden darf es frühestens sechs Stunden nach dem Samenerguss. Bei wiederholtem Geschlechtsverkehr muss vorher noch mal eine Extra-Portion Creme oder Gel in die Scheide eingeführt werden, ohne dabei die Lage des Diaphragmas zu verändern.

↑ Vorteile

Du benutzt das Diaphragma nur, wenn du es brauchst. Nach kurzer Einübungszeit ist es leicht zu handhaben. Zudem treten Pilzinfektionen und andere Scheidenentzündungen bei Frauen, die das Diaphragma benutzen, seltener auf als bei Frauen, die andere Verhütungsmethoden anwenden. Ebenso kommen sexuell übertragene Krankheiten seltener vor, weil der Penis keinen direkten Kontakt mit dem Muttermund hat.

↓ Nachteile

Du musst erst ein bisschen üben und keine Scheu davor haben, dich innen abzutasten.

→ Sicherheit

Mit Diaphragma zu verhüten ist relativ sicher (Pearl Index 3,0).

→ Kosten

Ein Diaphragma kostet etwa 20–30 Euro, eine Scheidencreme ca. 8 Euro. Das Diaphragma hält etwa zwei Jahre.

Die Spirale (Intra-Uterin-Pessar)

Das ist ein 2,5–3,5 Zentimeter kleines Gebilde aus Kunststoff, mit Kupferfäden umwickelt, das in die Gebärmutter eingesetzt wird, um eine Schwangerschaft zu verhüten. Die Spirale verhindert die Einnistung des befruchteten Eis in die Gebärmutterschleimhaut und beeinträchtigt die Funktion der Samenzellen. Für junge Mädchen ist die Spirale als Verhütungsmittel ungeeignet, da häufig Unterleibsentzündungen auftreten (Gefahr späterer Unfruchtbarkeit!).

Coitus interruptus, die »Ich-pass-schon-auf-Methode«

Dabei zieht der Mann kurz vor dem Samenerguss sein Glied aus der Scheide. Häufig tröpfelt aber schon vorher Samenflüssigkeit aus dem Penis in die Scheide. Somit ist es keine Verhütungsmethode.

Knaus-Ogino-Methode

Die Ärzte Knaus und Ogino stellten vor fünfzig Jahren fest, dass Frauen nur einen Eisprung während eines Monatszyklus haben. Bei ihren Berechnungen nahmen sie an, dass ein Zyklus 28 Tage dauert. Der Haken, das merkst du selber, ist die daraus resultierende Ungenauigkeit, weil ein Zyklus locker zwischen 26 und 35 Tagen dauern kann. Deshalb möchten wir gar nicht näher auf diese Methode eingehen. Der Pearl Index liegt bei 14–35, die Methode ist also eindeutig zu unsicher.

Für den Notfall: die Pille danach

Etwas ist schief gegangen: Das Diaphragma ist verrutscht, das Kondom geplatzt oder irgendwas anderes hat nicht funktioniert. Jetzt keine Panik, sondern geh so schnell wie möglich zu deiner Frauenärztin. Du solltest die »Pille danach« (eigentlich vier Dragees) 24 bis spätestens 48 Stunden nach dem Miteinanderschlafen (je früher, desto besser) einnehmen. Falls es dir an einem langen Wochenende passiert (zum Beispiel Ostern), kannst du auch in eine Apotheke gehen und dich vom Apotheker beraten lassen. Denn manche hoch dosierten Levonorgestrel-haltige Präparate sind inzwischen verschreibungsfrei erhältlich und funktionieren ähnlich wie die »Pille danach«. Die »Pille danach« ist immer nur eine Notbremse, kein Verhütungsmittel. Aber du brauchst dich nicht zu schämen, wenn du deswegen zu einer Ärztin deines Vertrauens oder zu einer Pro-Familia-Beratungsstelle gehst.

Scheidenring

Diesen Ring, dessen äußerer Durchmesser 5,4 Zentimeter beträgt, kann sich jedes Mädchen selbst in der Scheide platzieren. Dort bleibt er für drei Wochen. Danach wird er entfernt und es folgt eine Abbruchblutung.
Der Verhütungsring enthält Hormone, die täglich über die Scheidenhaut an den Körper abgegeben werden.

Vorteile

Jedes Mädchen muss nur zwei Mal im Monat an Verhütung denken. Ist also etwas für diejenigen, die mit der regelmäßigen Einnahme der Pille Probleme haben. Weil die Einnahme über die Haut geht, ist die Sicherheit erhöht, die z.B. nach Erbrechen bei der Pille verloren geht.

Nachteile

Wer die Pille nicht verträgt, verträgt auch keinen Vaginalring, weil beide Methoden über Hormone verhüten.

Sicherheit

Ähnlich hoch wie bei der Pille, Pearl Index ca. 0,9.

Kosten

Mit rund 43 Euro pro Monat ist der Ring wesentlich teurer als die Pille und wird nicht von der Kasse gezahlt!

Verhütungspflaster

Dabei werden ebenfalls Hormone über ein 4,5 mal 4,5 Zentimeter großes hautfarbenes Pflaster über die Haut an den Körper abgegeben. Das Mädchen klebt es sich auf den

Bauch, den Rücken oder aufs Gesäß. Nach jeweils einer Woche muss das Pflaster gewechselt werden. In der vierten Woche bleibt die Haut frei und es folgt die Abbruchblutung.

Vorteile

Das Mädchen muss nur einmal in der Woche an Verhütung denken. Bei Erbrechen und Durchfall wirkt die Verhütung trotzdem.

Nachteile

Das Pflaster kann sich frühzeitig lösen (passiert in zwei bis fünf Prozent aller Fälle). Frauen mit hohem Körpergewicht wurden vereinzelt schwanger, weil die Hormonmenge, die das Pflaster abgab, nicht für das Körpergewicht ausreichte. Ansonsten die gleichen Nachteile wie bei der Pille.

Sicherheit

Mit einem Pearl Index von 0,9 ist das Pflaster so sicher wie die Pille.

Kosten

Auch das Pflaster ist mit ca. 41 Euro pro Monat ziemlich teuer und wird nicht von der Kasse bezahlt.

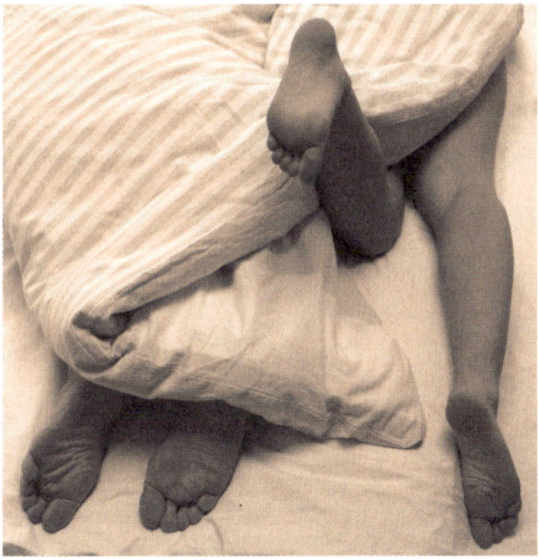

Die bekannten Verhütungsmittel auf einen Bli

Mittel/Methode	Was ist es?	Wie wirkt es?
Pille	Hormontabletten (Östrogen und Gestagen) zum täglichen Einnehmen.	Die Hormone verhindern den Eisprung (nicht bei Minipille) und das Einnisten eines Eies.
Kondom/ Präservativ	Dünner Gummischutz, der über das versteifte Glied gestreift wird.	Gummi fängt den Samen auf.
Spirale/Intra-Uterin-Pessar	2,5-3,5 cm kleines Gebilde aus Kunststoff, das heute meist mit Kupfer umwickelt ist. Wird vom Arzt in die Gebärmutter eingelegt.	Die Spirale hemmt die Bewegung der Samen, verhindert die Befruchtung bzw. das Einnisten des Eies in der Gebärmutter.
Diaphragma	Halbrundes, gewölbtes Gummi	Wird mit samenabtötender Creme in die Scheide eingeführt und vor dem Muttermund platziert. Verhindert, dass Spermien in die Gebärmutter gelangen.
Chemische Verhütungsmittel	Sprays, Zäpfchen, Schaum, Gel	Mittel muss in die Scheide eingeführt werden und tötet dort die Spermien ab.
Vaginalring, Verhütungspflaster	Hormonbeschichteter Ring, hormonbeschichtetes Pflaster	Hormone, die über die Haut in den Körper gelangen, verhindern den Eisprung und das Einnisten eines Eies.
Knaus-Ogino-Methode	In einen Kalender werden die Tage der Periode eingetragen. Ist die Menstruation regelmäßig, kann auf die fruchtbaren Tage geschlossen werden, die normalerweise in der Mitte des Zyklus liegen.	Kein Geschlechtsverkehr an den fruchtbaren Tagen.
Coitus interruptus	Unterbrechung des Geschlechtsverkehrs	Der Junge zieht kurz vor dem Samenerguss sein Glied aus der Scheide.

Was muss ich beachten?	Preis	
Regelmäßige Einnahme nötig, sehr sicher. Nebenwirkungen wie erhöhter Blutdruck, Thrombosegefahr, für Raucherinnen nicht gut geeignet.	Bis zum 21. Lebensjahr gibt es die Pille kostenlos auf Rezept, ansonsten 8 bis 12 Euro.	
Unkompliziert, jederzeit verfügbar, schützt recht gut, auch vor Geschlechtskrankheiten und vor Aids, keine Nebenwirkungen, außer bei einer Latex-Allergie. Latexfreie Kondome gibt es in der Apotheke.	Stück etwa 50 Cent	
Für Mädchen nicht geeignet, da häufig Unterleibsentzündungen auftreten. Spirale muss alle 2–5 Jahre ausgewechselt werden.	Die Spirale kostet je nach Modell zwischen 150 und 300 Euro, inklusive Einsetzen durch die Ärztin.	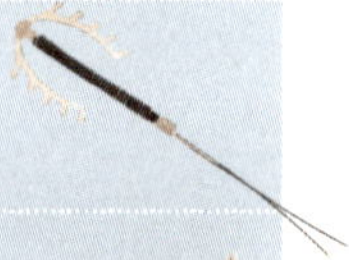
Muss von Arzt/Ärztin genau angepasst werden. Das Einsetzen muss geübt werden. Das Mädchen braucht ein gutes Körperbewusstsein. Frühestens 6–8 Stunden nach Geschlechtsverkehr entfernen; sicher.	Diaphragma etwa 20 bis 30 Euro Scheidencreme ca. 8 Euro, gibt es in der Apotheke.	
Nicht besonders sicher, Nebenwirkungen: Wärmegefühl, Brennen; können Kondome angreifen. Müssen mindestens 10 Minuten vor dem Geschlechtsverkehr angewandt werden, damit sich die Wirkung rechtzeitig entfaltet.	Sprays, Zäpfchen, Schaum, Gel aus der Apotheke, sehr unterschiedliche Preise, ca. 10 bis 15 Euro	
Ist relativ leicht zu handhaben. Wer die Pille nicht verträgt, bekommt auch mit dieser Methode Probleme.	Im Gegensatz zu Pille und Kondomen sehr teuer; etwa 43 bzw. 41 Euro.	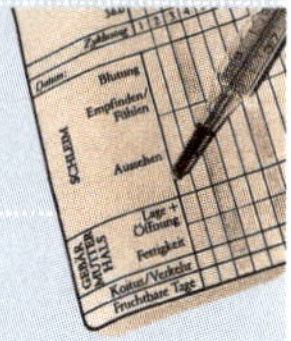
Als Verhütungsmethode zu unsicher und daher nicht zu empfehlen.		
Es ist keine Verhütungsmethode, es können sich eventuell Sexualstörungen entwickeln.		

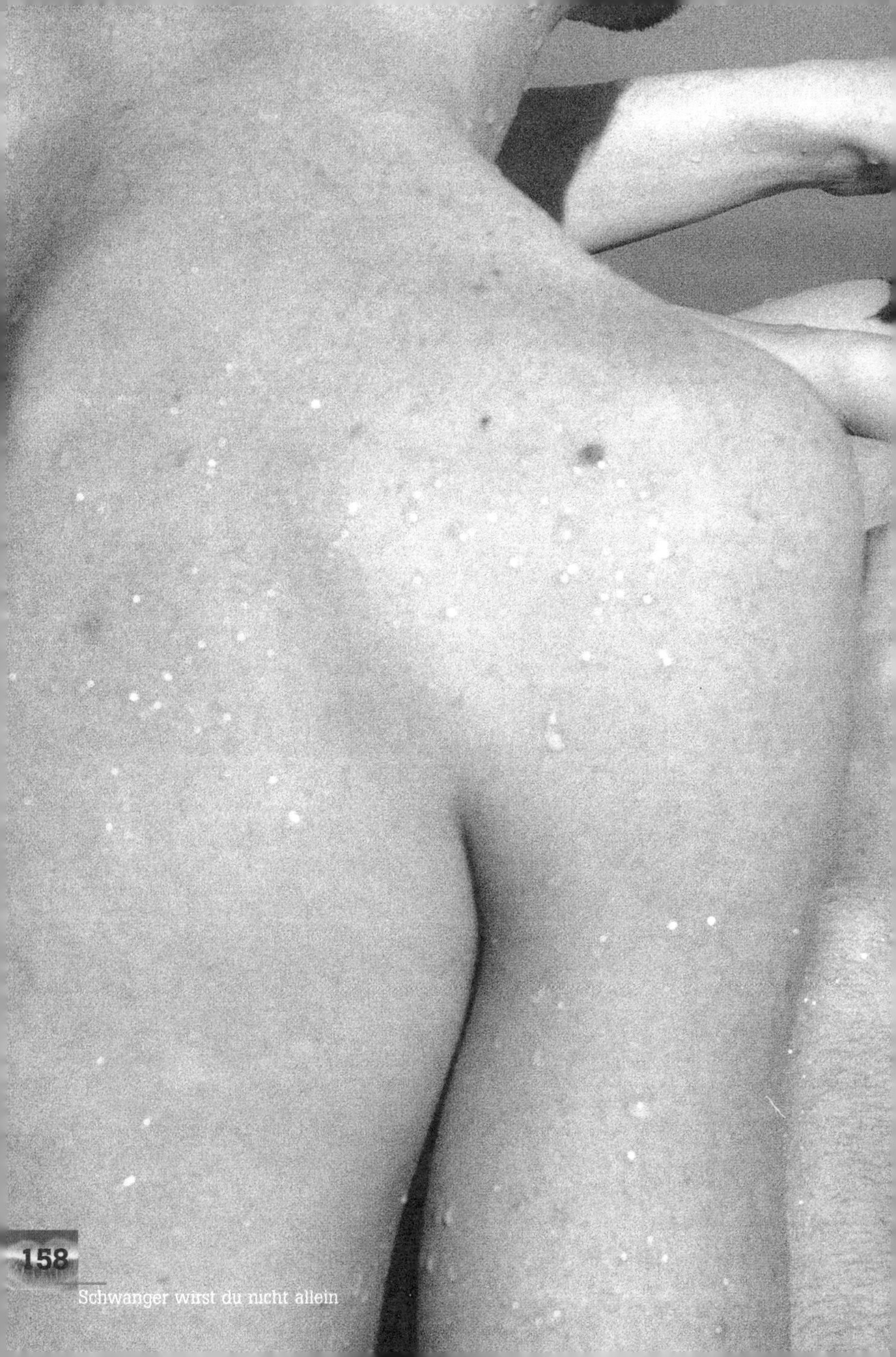

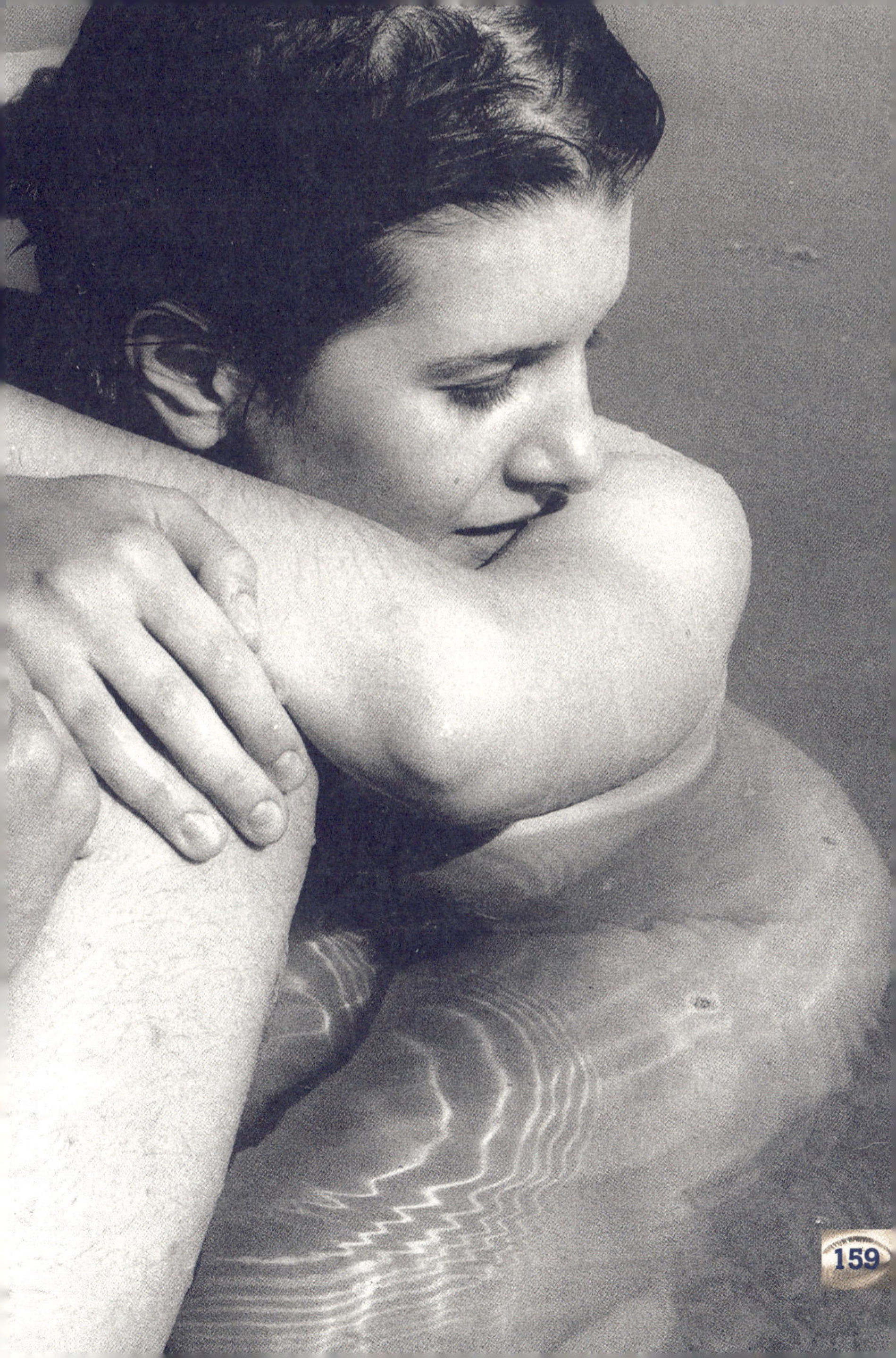

SCHWANGER WIRST DU NICHT ALLEIN

Gwendolyns Tagebuch

10. 1. 2003
Seit Tagen warte ich auf meine Periode. Aber sie kommt nicht. Noch nie habe ich sehnsüchtiger auf diese braunroten Blutspuren im Slip gewartet. Ist da nicht ein Ziehen im Unterleib? Ich renne auf die Toilette. Falscher Alarm. Was soll ich tun? Seit Tagen bin ich aggressiv. Markus fragt die ganze Zeit, was los ist. Ich habe Angst, ihm von meinen Befürchtungen zu erzählen. Lieber warte ich noch ein bisschen. Vielleicht mache ich mich umsonst verrückt. Schließlich sind die Tage noch nie regelmäßig gekommen.

15. 1. 2003
Sie sind wirklich überfällig. Jeden Morgen horche ich in mich hinein. Hat sich was in meinem Körper verändert? Ich fühle mich elend, weiß aber nicht, ob das von der Angst kommt oder daher, dass ich schwanger bin. Was soll ich bloß machen? In der Schule bin ich ganz fahrig und unkonzentriert. Markus findet mich nur ätzend.

21. 1. 2003
Ich bin ganz kribbelig, traue mich aber nicht zu einem Frauenarzt. Schließlich war ich noch nie bei einem. Was soll ich bloß machen?

22. 1. 2003
Ich habe mit Markus gesprochen. Der war erst einmal froh, dass er wusste, warum ich in letzter Zeit so abweisend gewesen bin. Er meinte, um sicherzugehen, solle ich doch einfach einen Schwangerschaftstest machen. Dass ich nicht selbst darauf gekommen bin! Mit der U-Bahn fuhr ich in die Stadt. Dort kennt mich niemand. Es war ganz einfach, den Test zu bekommen. Schon nach kurzer Zeit sah ich den Ring. Positiv! Von

der Telefonzelle aus rief ich Markus an. Er war völlig geschockt. Morgen will er mit mir über das Problem reden. Ich brauche ihn aber heute. Jetzt. Sofort! Ich fühle mich so elend, so allein.

23. 1. 2003

Ist es der Schock? Mir ist kotzübel. Am liebsten würde ich den ganzen Tag über der Kloschüssel hängen bleiben. Nicht einmal den Frühstücksgeruch ertrage ich mehr. Mutter klopfte heute Morgen an die Toilettentür und fragte besorgt, ob ich krank sei. Wenn die wüsste. Wie oft hat sie mich gewarnt: »Fang nichts mit einem Jungen an. Du weißt, die wollen alle nur das eine. Und dann sind sie weg. Auf Nimmerwiedersehen.« Als die Freundschaft mit Markus anfing, war ihr Kommentar: »Komm mir bloß nicht mit einem Kind nach Hause. Ich habe keine Lust, die Oma zu spielen und noch so eine Göre wie dich großzuziehen.« Warum gerade ich? Was habe ich falsch gemacht?

23. 1. 2003, nachts

Ich kann nicht schlafen. Noch immer bin ich ganz durcheinander. Am Abend ging ich zu Markus. Als er mich zärtlich in die Arme nahm, fing ich zu heulen an. Fest drückte er mich an sich, streichelte mir immer wieder über das Haar und flüsterte: »Es wird alles wieder gut.« Da beruhigte ich mich langsam. Dann legte er meine Lieblingsmusik auf, Schwanensee von Tschaikowsky. Als ich ihn fragte, wie es jetzt weitergehen soll, platzte er heraus: Er sei zu jung, um mit 17 Jahren schon Vater zu werden. Auf jeden Fall wolle er das Abi machen, reisen und frei sein. Ein Kind sei in seiner jetzigen Lebensplanung nicht vorgesehen. Natürlich würde er mir helfen, wenn ich es wegmachen ließe, mit Adressen und mit Geld. Ich schaute ihn ungläubig an, sah, wie sein Mund auf- und zuging, hörte ihn reden und reden. Aber er war Lichtjahre von mir entfernt. Nur der eine Satz blieb hängen: »Ein Kind ist in meiner Lebensplanung nicht vorgesehen.« Irgendwann stand ich auf. Mechanisch ging ich zur Tür, schüttelte seine Hand von meiner Schulter. Das war's. Kein Blick zurück. Ich weiß nicht mehr, wie ich nach Hause gekommen bin. Zusammengekauert, die Arme um die Knie geschlungen saß ich stundenlang auf meinem Bett. Jetzt weiß ich, ich bin ganz allein.

27. 1. 2003

Am Morgen ist mir immer speiübel. Mutters besorgten und forschenden Blicken konnte ich nicht mehr ausweichen. Ich hab's ihr gestern gesagt. Zuerst war sie ganz ruhig und fragte, ob ich mir da wirklich ganz sicher sei. Dann zog sie sich einen Stuhl heran und meinte tonlos: »Du bist doch mit deinen fünfzehn Jahren selber noch ein Kind – und willst ein kleines Menschenwesen in die Welt setzen? Weißt du überhaupt, was das heißt? Du musst für das Baby da sein, es füttern und wickeln. Tag und Nacht bist du für dieses neue Menschlein verantwortlich. Wie willst du das überhaupt schaffen? Wie willst du die Schule dann zu Ende machen? Du weißt, dass ich meine Arbeit liebe und dass wir das Geld brauchen. Denk daran, wenn du dich für oder gegen das Kind entscheidest, denn diese Entscheidung musst du ganz alleine fällen. Ich wollte dich davor schützen, habe aber offensichtlich versagt.« Trotzig dachte ich, das schaffe ich schon. Natürlich müsste ich erst mal mit der Schule aufhören. Aber später könnte ich alles noch nachholen.

5. 2. 2003

Wie soll ich mich entscheiden? Markus will ich nicht mehr sehen. Mit dem bin ich fertig. In der Zwischenzeit war ich beim Arzt und bei der Schwangerschaftsberatung. Ich habe mich über staatliche Hilfen und Kinderkrippen informiert. Ich bin in der siebten Woche schwanger und muss mich schnell entscheiden, ob ich das Kind will oder nicht. Es ist furchtbar schwer. Ich gucke in jeden Kinderwagen und denke, so ein süßes

Baby würdest du auch bekommen. Das wäre dann immer da. Und ich würde es ganz schrecklich lieb haben. In solchen Momenten denke ich, irgendwer wird mir schon helfen. Andere haben ihre Kinder ja auch großgezogen. Außerdem habe ich Angst vor einem Schwangerschaftsabbruch. Wer weiß, was da mit meinem Körper passiert? Es ist etwas so Wundervolles, Leben schenken zu können. Habe ich da überhaupt ein Recht, das wachsende Leben in mir zu zerstören? Aber ich bin ja selbst noch ein Kind. Wie soll ich das alles schaffen? Das Kind wäre oft allein, so wie ich es nach der Scheidung meiner Eltern war. Von Anfang an wäre mein Kind unglücklich, weil es nicht wirklich erwünscht ist. Der Vater will es nicht, die Mutter hat Angst.

7. 2. 2003

Die Zeit drängt. Ich fühle mich von allen im Stich gelassen und muss viel weinen. Ich will mein Baby behalten. Aber was wird dann aus mir? Manchmal stelle ich mir vor, es würde ein Junge mit dunklen Locken, so wie Markus. Aber die großen blauen Augen hätte es von mir.

9. 2. 2003
Mutter redet ernsthaft auf mich ein. Sie meint, ich verbaue mir meine ganze Zukunft. Jetzt ist es noch nicht zu spät, denn das Wesen in meinem Bauch spürt es nicht, wenn ich es wegmachen lasse. Es hat weder ein Gehirn noch ein ausgebildetes Nervensystem. Ich weiß, der Eingriff ist nur ein Routineeingriff, dauert ganze zehn Minuten. Dann ist alles vorbei. Ich muss nicht mehr kotzen und brauche mir über meine Zukunft keine Sorgen zu machen. Ich muss aufhören, weil ich wieder einen Weinkrampf bekomme.

14. 2. 2003
Ich liege im Bett, habe leichte Blutungen und ein Ziehen im Unterleib. Wie bei meiner Periode. Ich habe aber keine Periode, sondern ich habe »es« wegmachen, ausschaben lassen. Irgendwie bin ich erleichtert, dass ich mich entschieden habe. Und doch: Ich bin mir nicht sicher, ob es richtig war.

Schwanger – was nun?

Für viele Mädchen und Frauen kommt irgendwann der Tag, wo die monatliche Blutung überfällig ist und sie sich die besorgte Frage stellen: Bin ich schwanger? Für jährlich rund 15000 Kinder und Jugendliche in Deutschland wird es zur Gewissheit. Von Jahr zu Jahr werden mehr Kinder von Teenagern geboren (2002 laut Statistik 5420 Babys). Und von Jahr zu Jahr finden auch mehr Abbrüche statt (2003 offiziell 7645). Die Tendenz ist über die letzten Jahre hin steigend. Viele empfinden es als eine »Katastrophe« und wollen das Schwangersein nicht wahrhaben. Denn die Schwangerschaft wirft die eigene Lebensplanung völlig über den Haufen. Da ist es nicht verwunderlich, dass Panik aufkommt. Doch gerade jetzt gilt es, einen klaren Kopf zu behalten. Wenn es passiert ist, fühl dich vor allem nicht schuldig. Mach dir keine Vorwürfe. Und lass dir auch von anderen keine machen.

Es wird immer so getan, als sei Verhütung das Einfachste der Welt. Dabei ist es überhaupt nicht einfach, die heftigen, intensiven Gefühle, verrückt, spontan und unvorhersehbar, mit einer geplanten, sicheren Verhütung zu verbinden. Vor allem, wenn es die erste große Liebe ist. »Es war so schön und romantisch. Da wollte ich die Atmosphäre nicht mit der blöden Fragerei nach einem Kondom zerstören. Ja, und dann bin ich gleich beim ersten Mal schwanger geworden.«

Dieses Mädchen ist kein Einzelfall. Steck jetzt nicht den Kopf in den Sand. Du musst weit reichende Entscheidungen treffen. Und das relativ schnell. Mach baldmöglichst einen Test, wenn du befürchtest schwanger zu sein. Denn es bleibt dir nur wenig Zeit, um dich nach reiflicher Überlegung zu entscheiden. Willst du das Kind? Kannst du es behalten und es die nächsten achtzehn Jahre versorgen? Vielleicht bist du der Meinung, ein Kind großziehen kann jeder. Oder du willst etwas zum Liebhaben, nur für dich. Vielleicht fühlst du dich aber noch zu jung und unreif für ein Kind, hast Angst, dass es unglücklich aufwachsen würde. Widerstreitende Gefühle beschäftigen dich. Welche Entscheidung ist richtig? Zieh deine Eltern, deinen Freund oder eine enge Freundin ins Vertrauen. Wenn du dich davor scheust, geh zu einer Beratungsstelle, wie zum Beispiel Pro Familia. Die Beratungen sind kostenlos. (Schau auch im Adressenteil Seite 235 nach.) Die Leute dort haben tagtäglich mit solchen Problemen zu tun und können dir weiterhelfen. Sie unterstützen dich auch tatkräftig, wenn du dein Kind bekommen möchtest. Sie erklären dir zum Beispiel, von welchen Stellen du Geld erwarten kannst, und vieles andere.

Überlege gemeinsam mit deinem Freund oder einer Person deines Vertrauens, wie ihr die Situation meistern könnt. Steht dein Freund zu dir? Unterstützen dich deine Eltern und die Eltern des Freundes? Kannst du trotz Kind die Schule/Ausbildung beenden? Und hast du dann trotzdem noch Zeit genug für ein Kind?

Du merkst schon, es ist gar nicht so einfach, das Für und

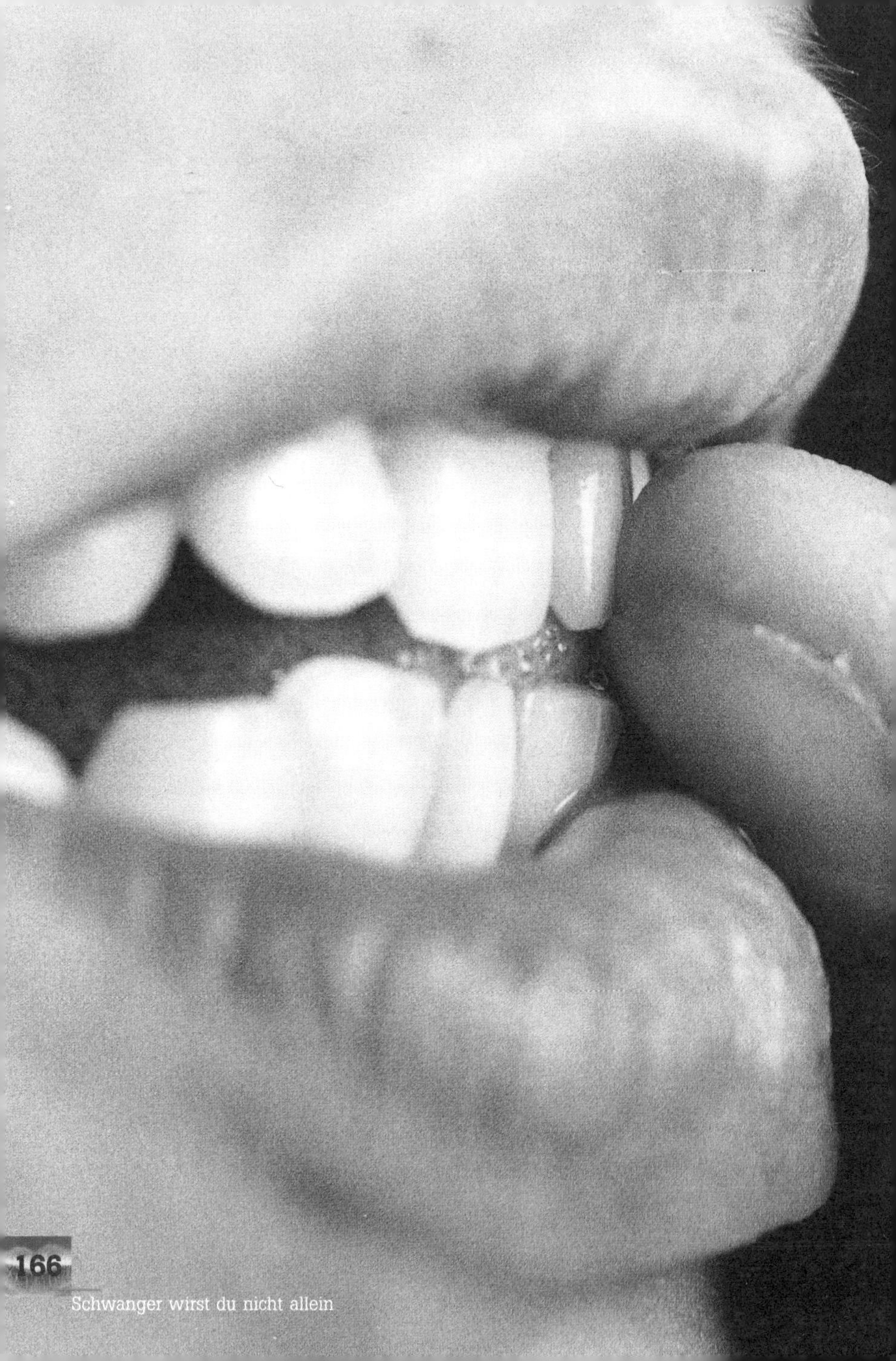

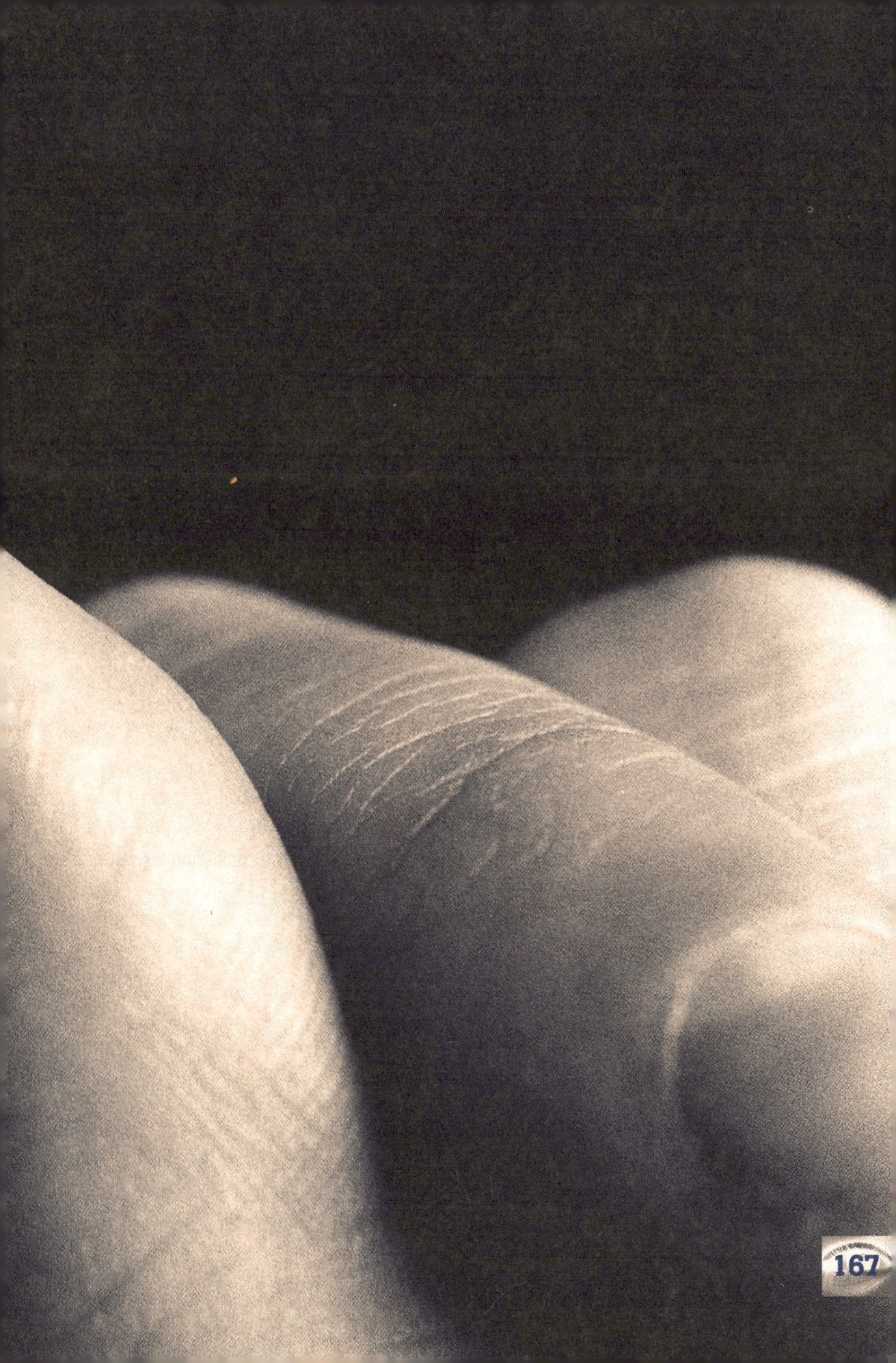

Wider abzuwägen. Aber vor allen Dingen: Lass dir keine Schuldgefühle einreden, wenn du das Kind nicht behalten kannst. Sicher wirst du danach traurig sein. Und es wird einige Zeit dauern, bis du dieses Erlebnis als einen Teil deines Lebens und deiner Vergangenheit akzeptierst. Aber ein Schwangerschaftsabbruch bedeutet nicht, dass du ein schlechter Mensch bist oder dass du Kinder nicht magst oder keine mehr bekommen kannst.

Wenn du einen Abbruch vornehmen lassen willst, brauchst du vorher eine Beratung. Eine gute Anlaufstelle ist zum Beispiel Pro Familia. Per Telefon machst du einen Termin aus. Die Beratung dauert in der Regel eine halbe bis eine Stunde. Wichtig: Eine Beratungsstelle muss immer eine Bescheinigung ausstellen, auch wenn die Mitarbeiterin mit deiner Entscheidung, die Schwangerschaft abzubrechen, nicht einverstanden ist. Die Beratungen sind vertraulich, auch deine Eltern erfahren nichts davon. Ärzte, die eine Schwangerschaft feststellen, versuchen manchmal Druck auszuüben: Sie fragen erst gar nicht, ob du das Baby haben willst oder nicht, sondern geben dir gleich ein Ultraschallbild mit, damit du dein Baby erkennen kannst. Übrigens, der Arzt darf ebenfalls nicht von sich aus und gegen deinen Willen deine Eltern informieren.

Zwischen Beratung und Schwangerschaftsabbruch müssen mindestens drei Tage liegen. Und noch etwas sehr Wichtiges: Der Beratungsschein verpflichtet dich nicht, den Abbruch vornehmen zu lassen. Wenn du es dir also anders überlegt hast und das Kind austragen willst, dann zerreiße einfach den Zettel.

Abbruch: rechtswidrig, aber nicht strafbar

Ab Mitte der 1990er-Jahre schaukelte sich die Diskussion um den Paragrafen 218, der den Schwangerschaftsabbruch regelt, hoch. Soll ein Abbruch unter Strafe gestellt werden oder nicht? Militante Abtreibungsgegner sprachen

von Mord. Die Gegenseite gab die Parole aus: Mein Bauch gehört mir.
Heute ist der Schwangerschaftsabbruch in den ersten zwölf Wochen rechtswidrig, aber nicht strafbar, wenn
1. die Schwangere den Schwangerschaftsabbruch verlangt und dem Arzt durch eine Bescheinigung nachgewiesen hat, dass sie sich mindestens drei Tage vor dem Eingriff hat beraten lassen,
2. der Schwangerschaftsabbruch von einem Arzt vorgenommen wird und
3. seit der Empfängnis nicht mehr als zwölf Wochen vergangen sind.
Wichtig bleibt die Pflichtberatung durch eine »anerkannte Beratungsstelle« oder eine »anerkannte Ärztin« (Adressen gibt es bei Beratungsstellen, siehe Seite 235). Die Teilnahme an der Beratung muss schriftlich bescheinigt werden, wenn ein Schwangerschaftsabbruch vorgenommen werden soll. Mit dieser Bescheinigung gehst du zu einer Frauenärztin oder einem Arzt, der die Erlaubnis für ambulante Schwangerschaftsabbrüche hat. Oder du gehst in ein Krankenhaus, das diese Eingriffe vornimmt. In manchen Bundesländern, wie Bayern oder Baden-Württemberg, ist es schwierig, Ärztinnen zu finden. Aber Mitarbeiterinnen von Pro Familia oder deine Ärztin wissen, wohin du dich wenden kannst.

Die medizinische und kriminologische Indikation (Voraussetzung zum Abbruch) ist nicht rechtswidrig.

Medizinische Indikation: Eine Abtreibung ist nicht rechtswidrig, wenn sie – wie es umständlich im Gesetz steht – »unter Berücksichtigung der gegenwärtigen und zukünftigen Lebensverhältnisse der Schwangeren nach ärztlicher Erkenntnis angezeigt ist, um eine Gefahr für das Leben oder die Gefahr einer schwer wiegenden Beeinträchtigung des körperlichen oder seelischen Gesundheitszustandes der Schwangeren abzuwenden und die Gefahr nicht auf eine andere für sie zumutbare Weise abgewendet werden kann«.

Schwanger wirst du nicht allein

Die kriminologische Voraussetzung für einen Abbruch gilt bei Vergewaltigung und Inzest.

Der Begriff »rechtswidrig« sollte dich nicht ängstigen. Er ist offensichtlich in diesem Fall Haarspalterei. Juristen stehen auf dem Standpunkt, dass lediglich eine »Rechtmäßigkeit« des Abbruchs nicht festgestellt wird.

Durch das neue Gesetz werden die Kosten für einen Abbruch begrenzt. Vorher mussten manchmal bis zu 1000 Euro dafür bezahlt werden, während der Arzt heute 400 bis 500 Euro in Rechnung stellt. Bei Jugendlichen übernehmen meist die Krankenkassen die Kosten. Das Einkommen der Eltern bleibt dabei unberücksichtigt, wenn du nicht willst, dass deine Eltern von deiner Schwangerschaft erfahren. Voraussetzung: Ein Arzt hat festgestellt, dass du in der Lage bist, eigenständig zu entscheiden. In manchen Fällen übernehmen die Bundesländer die Kosten. Du erfährst in der Beratungsstelle, ob diese Regelung bei dir zutrifft oder nicht.
Übrigens: Das Beratungsgespräch, das Ausstellen der Indikation und der Schwangerschaftsabbruch können in jedem Bundesland erfolgen, unabhängig davon, wo du wohnst.

Abtreibungsmethoden, die keine sind

1. Vom Tisch springen, schwer heben, lange, anstrengende Wanderungen unternehmen, heiß baden.
2. Petersilie in großen Mengen essen, Tabletten oder Kräutertropfen. Meist sind diese Medikamente harmlos, führen im schlimmsten Fall ab. Manche können jedoch für deine Gesundheit gefährlich sein. Bis heute gibt es keine bekannte Substanz zum Schlucken, die zuverlässig und ohne größere Gefahren eine Abtreibung auslöst (Ausnahme: »die Pille danach« und Mifegyne, Seite 154, 173).
3. Bindegewebsmassage. Es ist gut möglich, dass sie eine Blutung auslösen kann, aber nur, wenn du gar nicht

schwanger warst oder der Embryo sowieso abgestorben wäre.

4. Whisky. Davon bekommst du nur einen schweren Kopf, einen furchtbaren Kater und gefährdest möglicherweise das Ungeborene, vor allem aber dich selbst.

5. Spitze Gegenstände wie Stricknadeln in die Gebärmutter einführen. Vielleicht verletzt du den Embryo und die Schwangerschaft bleibt weiter bestehen. Aber du selbst kannst dich damit lebensgefährlich verletzen.

Was geschieht beim Schwangerschaftsabbruch?

Du hast die Beratung gemacht und die Ärztin hat dir eine Bescheinigung ausgestellt. Deine Blutgruppe wurde festgestellt und nun hast du einen Termin bei einer anderen Ärztin, die diesen Eingriff vornehmen wird. Auch diese Ärztin wird dich noch einmal genau untersuchen.
Es gibt heute drei Methoden: die Absaugmethode, die Ausschabung (Curettage) und das Einnehmen von Medikamenten. Bei der Absaugmethode wird die Gebärmutterschleimhaut – und damit auch das Schwangerschaftsgewebe – mit einem dünnen Röhrchen, das an eine elektrische Vakuumpumpe angeschlossen ist, die Unterdruck erzeugt, gelöst und abgesaugt. Der Eingriff erfolgt unter lokaler Betäubung oder einer kurzen Vollnarkose. Er dauert nicht länger als fünf bis zehn Minuten. Bei der Ausschabung wird mit einer Art langstieligem Löffel (Kürette) der Gebärmutterinhalt herausgeholt. Diese Methode wird unter Vollnarkose angewandt. Der Löffel kann die durch die Schwangerschaft weicher gewordene Gebärmutterwand leichter verletzen als das Saugröhrchen. Außerdem belastet eine Vollnarkose den Körper stärker als eine örtliche Betäubung.
Nach dem Eingriff bleibst du noch etwa bis zu sechs Stunden in der Praxis oder Klinik. Lass dich von jemandem begleiten, den du magst und der dich liebevoll umsorgt.

Zu Hause solltest du dich gleich hinlegen und ein bis zwei Tage lang körperliche Anstrengungen vermeiden. Du wirst noch einige Tage bluten, ähnlich wie bei deinen Tagen, bis die Gebärmutterschleimhaut verheilt ist. Sie darf sich nicht entzünden. Zeichen für eine Entzündung sind Fieber, anhaltende Schmerzen im Unterleib, blutiger Ausfluss. Dann geh sofort zur Frauenärztin.
Bei der dritten Methode wird ein Medikament (Mifegyne) verabreicht, das den Abbruch einleitet. Dieser Vorgang wird von der Betroffenen bewusst miterlebt und kann deshalb psychisch sehr belastend sein. Zudem kann das Medikament Krämpfe, heftige Übelkeit, Erbrechen und Kopfschmerzen auslösen.

»Ich war fünfzehn. Da verliebte ich mich in Christian, der ein Jahr älter war. In Sachen Liebe waren wir beide unerfahren. Eines Abends ist es dann bei ihm auf dem Zimmer passiert: Wir schliefen miteinander. Als meine Tage ausblieben, wurde ich unruhig. Ich versuchte mich

damit zu beschwichtigen, dass sie schon immer unregelmäßig waren. Mehrere Wochen vergingen. Nur Christian weihte ich in meine Ängste ein. Es tröstete mich, dass er weiterhin zu mir hielt. Aber auch er war völlig hilflos, wusste nicht, was wir tun sollten. In die einzige Apotheke im Ort traute ich mich nicht. Da hätte ich genauso gut allen sagen können, dass ich fürchtete schwanger zu sein. Vor meinen Eltern – besonders vor meinem Vater – hatte ich furchtbare Angst.

Mit der Zeit spannte mein Busen, mein Bauch nahm etwas an Umfang zu. Der Sommer verging, es wurde Herbst. Mit weiten Schlabberpullis konnte ich meinen Zustand verbergen. Zudem nahm ich vor Angst und Kummer nur wenig zu. Nächtelang lag ich wach und überlegte, wie ich mein Kind bekommen könnte, ohne dass irgendjemand davon erfährt. Ich wünschte mir nichts sehnlicher als selbst wie-

der Kind zu sein und unbekümmert in den Tag hineinleben zu können. Doch jetzt brachte jeder Tag eine weitere Lügengeschichte. Den Freundinnen sagte ich, dass ich keine Lust aufs Hallenbad hätte. Aus der Volleyballmannschaft schied ich »ohne Grund« aus. In der Schule konnte ich mich nicht mehr konzentrieren. Neben meinem bald unübersehbaren Problem schien mir alles banal, was die Lehrer vorne sagten. Oft saß ich blass und übernächtigt in der Bank und starrte gedankenverloren vor mich hin.
Eines Tages, inzwischen war ich im achten Monat, kam meine Klassenlehrerin nach dem Unterricht auf mich zu. Sie fragte mich rundheraus, ob ich schwanger sei. Ich nickte. Und dann redete ich das erste Mal über meinen schrecklichen Zustand. Die Lehrerin hat meinen Eltern beigebracht, dass sie bald Großeltern werden. Für meinen Vater war die Schande so groß, dass er drei Jahre lang kein einziges Wort mehr mit mir sprach, obwohl ich weiterhin bei meinen Eltern wohnte. Ich glaube, ich war noch nie so einsam wie in diesen neun Monaten.« ***Laura*** *18*

Willst du das Kind nicht abtreiben, siehst aber andererseits keine Möglichkeit, es großzuziehen, dann kannst du es zur Adoption freigeben (frühestens acht Wochen nach der Geburt). Dann wächst dein Kind bei einer Familie auf, die sich schon lange ein Baby wünschte, aber kein eigenes bekommen konnte. Nach der notariellen Beurkundung ist keinerlei Einspruch mehr möglich – es ist eine Entscheidung für immer. Allerdings hast du ein Mitspracherecht darüber, bei welchen Eltern dein Kind aufwachsen soll.[1] Viele Frauen, die einer Adoption zustimmten, leiden später unter dem Gefühl, versagt zu haben. Sie fragen sich, was aus dem Kind geworden ist, und werden jahrelang von dem Gedanken verfolgt, ob es nicht noch eine andere Möglichkeit außer der Adoption gegeben hätte.

[1] Diese Angaben gelten für die Bundesrepublik Deutschland.

BEZIEHUNGSWEISE SO FUNKTIONIERT'S – ODER AUCH NICHT

»Ganz egal welch eine Art von Beziehung man hat, ob Mann oder Frau, man muss sehr aufmerksam sein und man muss dem anderen ein sehr guter Freund sein . . . Wenn man dem Geliebten kein Freund sein kann, dann kann man's vergessen. Dann wird nie etwas daraus.« ***Truman Capote***
(amerikanischer Schriftsteller)

In Filmen hört es oft damit auf: Die zwei kriegen sich, fallen sich zum Schluss in die Arme, harmonische Musik erklingt – ein langer, intensiver Kuss und dann wird ausgeblendet. Aber was kommt eigentlich danach?

»Die spannendste Zeit war, als wir sexuell rumprobiert haben. Erst küssen, dann ein bisschen rumfummeln, dann unter die Bluse fassen, Hose ausziehen, sich obenrum ganz freimachen. Irgendwann schläft man miteinander – und dann gibt's keine Steigerung mehr. Dann kommt's darauf an, ob es mehr ist als die körperliche Anziehung. Wenn es nur das ist, kannst du's vergessen.« ***Harald*** *16*

Eure Liebe hält nun schon ein paar Wochen, vielleicht sogar schon seit drei Monaten. Noch immer klopft dein Herz, wenn du an Stephan denkst, noch immer freust du dich riesig, Elsa am Samstag zu sehen. Und doch hat sich etwas verändert: Noch vor wenigen Tagen wolltest du am liebsten, dass ihr alles gemeinsam macht. Jetzt aber freust du dich darauf, mal wieder mit Ruth einen ganzen Nachmittag zu verquatschen, mit Herbert Inlineskates zu fahren, mit Christine die lang geplante Fahrradtour in Angriff zu nehmen.

»Es kam der Moment, da wollte ich nicht mehr jeden Samstagnachmittag bei Fred hinten auf seiner Maschine sitzen und mit seinen Freunden durch die Gegend touren. Ich wünschte mir, dass er mit mir in den Skatepalast geht. Dort bin ich früher oft gewesen. Ihm gefiel die Idee. Er lieh sich Inlineskates und dann stolperte er die nächste Stunde mehr neben und unter mir her, als dass er aufrecht stand. Wir mussten ganz viel lachen und hatten riesigen Spaß dabei. Ich fand es klasse, dass er nicht nur seine Vorstellungen von Freizeit durchdrücken wollte. Wir sprechen eben darüber, wer was wie will. Da ist so viel Vertrauen zwischen uns. Das hatte ich noch nie mit jemand anderem und ich glaube, Fred auch nicht.«

Leonie *17*

»Gewohnheit ist der Tod einer Beziehung. Man muss immer kreativ sein, sich was Neues einfallen lassen. Auch sollte man sich nicht zu oft sehen, und vor allen Dingen: nicht immer alles im Voraus planen, sondern auch Raum für Spontaneität lassen. Jeder, Junge wie Mädchen, muss dafür sorgen, dass eine Beziehung nicht einrostet.« ***Gary*** *17*

In einer Beziehung kann es so laufen wie bei Fred und Leonie, aber auch da gibt es Situationen, in denen der eine mit dem, was der andere denkt oder tut, nicht einverstanden ist. Auch Missverständnisse treten immer mal wieder auf. Wenn ihr in eine solche Lage kommt, macht euch doch erst einmal klar, dass jeder von euch ein Mensch mit einer eige-

nen Geschichte ist und sich deshalb eure Bedürfnisse, Ansichten und Wünsche unterscheiden. Habt ihr das erst einmal herausgefunden, solltet ihr mit dem Partner darüber reden. Das kann beim ersten Mal ganz schön schief gehen, wenn ihr nicht die richtigen Worte findet, missverstanden werdet, Dinge zerredet werden oder ihr gleich so angegriffen werdet, dass ihr euch entweder zurückzieht oder blind mit Worten um euch schlagt. In solchen Auseinandersetzungen, die unter die Haut gehen, lernt ihr aber auch eine Menge Neues – sowohl über euch wie über euren Partner. Zudem bringen sie Lebendigkeit in eure Beziehung, auch wenn ihr es zunächst nicht glaubt. Wenn ihr Konflikte scheut, weil ihr die Harmonie nicht stören, der heilen Welt keine Delle verpassen wollt, werdet ihr ganz sicher mit eurer nächsten Liebe genau dasselbe erleben. Das ist dann wie die x-te Wiederholung eines schlechten Films: Entwicklung findet nicht statt. Es gibt keine Beziehung, die nicht irgendwann einmal in Nöte gerät.

»Beziehung ist es erst, wenn man auch die schlechten Seiten des anderen mitkriegt.« ***Tina*** *17*

»Meine Freundin will oft zu Hause allein sein, einfach rumhängen, nichts tun. Okay, das mach ich auch manchmal. Aber wenn ich mich mit meiner Freundin treffe, bringe ich Zeit mit. Und die Zeit, bis ich müde bin oder nach Hause muss, will ich mit ihr verbringen. Bei ihr kommt es durchaus vor, dass sie um neun Uhr abends plötzlich nach Hause will, einfach allein sein will. Das versteh ich nicht. Es gibt keinen Grund außer den, dass sie allein sein will. Irgendwann wusste ich nicht mehr, was ich da machen sollte, und da habe ich die Wut gekriegt. Wir hatten eine tierische Auseinandersetzung, waren kurz davor, uns zu trennen, aber letztlich haben wir uns zusammengerauft, weil wir doch so viele Gefühle füreinander hatten. Inzwischen habe ich akzeptiert, dass sie viel Zeit für sich selbst braucht, und sie versucht sich nicht immer zurückzuziehen, nur aus einer Laune heraus. Wir haben uns aufeinander zubewegt, akzeptieren uns, so wie wir sind. Obwohl ich manches immer noch nicht richtig begreife. Mädchen sind halt furchtbar kompliziert, und mittlerweile glaube ich, kein Junge kann ein Mädchen ganz verstehen.« ***Marcel*** *17*

Über Ehrlichkeit, Erwartungen, Sex und Liebe, dies & das

»Ehrlich sein ist schon wichtig in einer Beziehung. Aber manchmal muss man auch zu kleinen Notlügen greifen oder etwas verschweigen, weil es den anderen zu sehr verletzen könnte.« ***Jola*** *17*

»Ich habe keine bestimmten Erwartungen an eine feste Beziehung. Wenn ich mich verliebe, passiert es einfach. Alles, was dann kommt, kommt eben.« ***Bert*** *16*

»Ich will eine richtig lange Beziehung haben und den Sex dort einbauen. Ich will das Mädchen länger kennen, bevor ich mit ihr schlafe. So 'ne Kurzgeschichte kann ich mir im Augenblick nicht vorstellen.« ***Dirk*** *17*

STA AU 238

YAMAHA

Was stimmt für euch? Kleiner Beziehungstest

Besonders wichtig an meiner Beziehung ist mir, dass

- ... du immer für mich da bist
- ... ich immer für dich da sein kann
- ... du mich so lässt, wie ich bin
- ... wir beide eine verschworene Gemeinschaft bilden
- ... wir nicht immer aufeinander hocken
- ... wir nicht alles von vorne bis hinten planen, sondern auch mal ganz spontan was miteinander machen
- ... ich sagen kann, was ich sexuell will
- ... wir uns unsere Freiheit lassen
- ... wir voreinander keine Geheimnisse haben
- ... du mir Zeit lässt, mit meinen Freunden/Freundinnen öfter etwas zu unternehmen
- ... wir viel miteinander reden, auch was unsere Zukunft angeht.

Gewichtet die Antworten, indem ihr sie in eine Rangfolge bringt, vergleicht sie und unterhaltet euch über eure Bewertung.

Fifty ways to loose your lover

- ... Ruf jeden Tag dreimal an!
- ... Frag bei jedem Treffen: Findest du mich wirklich so toll und bin ich auch tatsächlich der/die Einzige?
- ... Schau so oft wie möglich unangemeldet bei deinem Freund beziehungsweise deiner Freundin vorbei!
- ... Frag ganz oft, nachdem ihr Sex miteinander hattet: Was denkst du jetzt?
- ... Frag immer nach dem Miteinanderschlafen: Bist du gekommen?
- ... Frag sie, ob sie nicht auch findet, dass du gut im Bett bist!

- ... Weise ihn ganz häufig darauf hin, dass dein früherer Freund extrem gut im Bett war!
- ... Renne nach dem Sex sofort erst mal ins Bad, um dich ausgiebig zu waschen!
- ... Steck dir nach dem Sex sofort eine Zigarette an!
- ... Zieh über seine Freunde her!
- ... Nenn ihre beste Freundin eine dämliche Kuh!
- ... Bestimm immer, was ihr zusammen unternehmt!
- ... Wenn der andere mal was allein oder mit seinen Freunden unternimmt: Lass dir über jede Minute berichten!
- ... Leg sofort eine gepfefferte Szene hin, wenn dein Freund 'ne andere auch nur anschaut!
- ... Du lebst frei, dein Lover hat gefälligst treu zu sein!
- ... Sag nie, was du fühlst!
- ... Versuch, den anderen hundertprozentig umzukrempeln!
- ... Tu immer, was dein Freund beziehungsweise deine Freundin sagt!
- ... Meide Konflikte wie die Pest!
- ... Wenn ihr doch mal einen Konflikt habt: Fang sofort hysterisch an zu heulen!
- ...

Wenn du diese Vorschläge befolgst, kannst du sicher sein, dass dein Freund beziehungsweise deine Freundin eher heute als morgen Schluss macht. Und wer könnte es ihr oder ihm verübeln?

WEGE DURCH DEN CYBER-DSCHUNGEL

Neulich im Liebesforum

Geschrieben von ***Sunshine***, 9. 6. 2004 um 13:16 Uhr:
Hmmmm ... es ist mir total unangenehm, das hier zu schreiben, aber ich werde nun bald 18 und habe keine, null, nichts, nihil, niente, rien, Ahnung und Erfahrung in sexueller Hinsicht, hatte auch noch nie nen Freund, gor nischts ...

Ich weiß, es gibt viele solcher »Fälle« wie mich, aber was mich bedrückt, ist, dass ich nicht die URSACHE dafür finde! Ich bin weder superschüchtern noch irgendeine Langweilerin noch ein strohdummes Wesen und ich sehe auch nicht hässlich aus ... ich weiß einfach nicht, woran es liegen könnte, und das macht mich halt total fertig ...

Es ist ja auch nicht so, dass ich mich nie verliebe oder irgendwelche utopischen Ansprüche an die Herren der Schöpfung habe (was jetzt aber nicht heißen soll, dass ich komplett anspruchslos bin ...)

Ich weiß es einfach nicht und das macht mich ziemlich unglücklich ...

Liebe Grüße

Geschrieben von ***Stella*** 9. 6. 2004 um 14:09 Uhr:
Das muss dir absolut nicht peinlich sein!
Wie du schon geschrieben hast, es gibt viele solche »Fälle«. (Fälle hört sich seltsam an ...)
Viele Männer und auch Frauen haben in deinem Alter einfach noch nicht den richtigen Partner gefunden. Und das hat bestimmt nichts damit zu tun, dass sie hässlich, dumm, unterentwickelt, Außenseiter oder sonst was sind.

Ich denke einfach, dass den Leuten noch nicht der Richtige/die Richtige über den Weg gelaufen ist, manchmal dauert es halt seine Zeit.
Da muss man dann wohl oder übel geduldig sein, auch wenn es unheimlich schwer fällt. Grade bei nem Wunsch ist´s ja nicht leicht, den einfach mal beiseite zu schieben.
Verkrampf dich nicht, zerbrich dir nicht den Kopf darüber, was verkehrt an dir ist.
Das macht es nicht einfacher, sondern noch viel, viel schwerer. Denn wenn man etwas unbedingt will und sich drauf versteift, klappt es meistens nicht.
Mach dich locker und sei einfach du selbst, nicht suchen, sondern einfach auf dich zukommen lassen, dann ergibt es sich irgendwann ganz von selbst.

Viel Glück :)

Geschrieben von ***Stoertebecker***, 9. 6. 2004 um 14:51 Uhr:
Ja, ja, so Probleme kenn ich, ne feste Freundin hatte ich auch noch nicht, und ich bin 19, kA, was man da machen kann, wobei ich auch in Bezug auf Mädchen sehr schüchtern bin.

Aber wieder zu dir, was machst du denn so in deiner Freizeit? Gehst du in die Disko? Weil da findet man auf jeden Fall immer was für einen Abend ... :)

Geschrieben von ***Sunshine***, 9. 6. 2004 um 15:09 Uhr:
Danke erst einmal für eure Antworten *freu*!
Stella, ja, vielleicht hast du Recht, aber die Sache mit dem »Richtigen« ist auch nicht so einfach: Ich verliebe mich ja durchaus und dann denke ich natürlich, das sei der Richtige, aber die Jungs, in die ich mich verknalle, wollen meist nichts von mir wissen, was daran liegt (hab ich mal durch Nachfragen erfahren), dass ich ihnen zu ... ausgeflippt bin!
Nun, ausgeflippt find ich etwas übertrieben, nur weil ich »lustige« und farbenfrohe Kleidung anziehe, mich eben auch für Kunst, Theater und Literatur interessiere und mir 'n paar Gedanken mache, werde ich gleich als »Freak« abgestempelt ... :-(
Bei meinem besten Freund ist das anders: Er macht sich nie über meinen Klamottenstil oder so lustig und würde mich auch nie auslachen ...

So und jetzt muss ich kurz ausschweifen, verzeiht, und etwas über diesen Freund erzählen *ggg*:
Kennen gelernt haben wir uns vor nem $^{3}/_{4}$ Jahr bei einem Austausch (gehen aber in dieselbe Stufe) und ich fand ihn total nett, er mich auch, und es entwickelte sich eine intensive Mail-Freundschaft, die später auf ein paar Dates erweitert wurde ;-) ... schließlich gestand ich Benedikt meine Liebe (das war Anfang März ...), aber er sagte mir, dass er mich zwar sehr mag, aber er möchte doch lieber mit mir befreundet bleiben ... :-(. Nun ja, wir mieden uns dann ne Zeit lang, bis wir uns vor kurzem (ca. seit nem Monat) wieder besser verstehen – sogar noch viel besser als vorher! Ich war auch über ihn »hinweg« und neu verliebt (er wusste davon), allerdings in einen kompletten Deppen, wie sich vor ein paar Tagen herausgestellt hat ... :-(

So, und nun hab ich wieder das Gefühl, dass sich bei Bene wieder was »regt«, soll heißen, dass ich ihn wieder süß finde, Mist! Zwar denken ALLE Leute aus unserer Stufe, wir wären ineinander verliebt (und das war bereits zu der Zeit, als ich noch dem anderen Typ hinterherlief ;-)), aber ich weiß nicht, ob da mehr bei Benedikt ist... er ist noch dazu sooo ein unsicherer Kerl, das glaubt ihr gar nicht, und er hat auch Minderwertigkeitskomplexe und hatte auch noch nie ne Freundin... wir sind aber immer sehr lieb zueinander, umarmen uns und sagen uns, wie lieb wir uns haben, aber, nun ja...

So, jetzt bin ich »etwas« abgedriftet, sorry, aber das wollt ich euch noch erzählen...

@Stoertebecker: Ja, ich geh abends auch gerne mal weg in irgendwelche Clubs, weil ich tanzsüchtig bin *ggg*, werde dort auch regelmäßig »angebaggert«, aber ich denke nicht, dass man dort wirklich seinen Freund finden kann...

Liebe Grüße
Ariane

Geschrieben von ***Waschbär***, 9. 6. 2004 um 15:31 Uhr:
Hi, Ariane,
was macht dir eigentlich mehr Probleme?
Dass du mit fast 18 noch keine »Erfahrung« hast oder dass du in deinen Kumpel Benedikt verliebt bist? *kopfkratz*
Also zu dem Ersteren kann ich nur sagen, dass das nichts Ungewöhnliches ist, und es ist um Gottes willen auch nichts Schlimmes!!!
Und zum Zweiteren... hmmmhmmm... das passiert halt (Ich weiß, dass das nicht sehr hilfreich ist). Aber das Leben ist so, wie es halt mal ist... augenroll.
Nur ne Story am Rande: Ne Freundin von mir war bis 22 »ohne Erfahrung«, ist jetzt verheiratet und hat zwei Kinder und ist megaglücklich: Die hat auch gedacht, dass sie nieeeeeee ... den Rest kannst du dir denken! :zwinker.

Geschrieben von ***Sunshine***, 9. 6. 2004 um 16:28 Uhr
Hey, Waschbär!
Also, soo schlimm find ich das nicht, dass ich mit fast 18 noch gänzlich unerfahren bin, es gibt halt nur mal so Situationen, in denen ich mir deswegen total ... spätzünderig vorkomme *ggg*.
Und die Sache mit meinem Kumpel ... naja, da versuch ich halt mal, auf unserem bisherigen »Niveau« zu bleiben ... sprich: Freundschaft und ein bissl flirten ...

Alles Liebe
Ariane

Geschrieben von ***Leila***, 9. 6. 2004 um 16:53 Uhr
Bei mir hat es auch 'ne Ewigkeit gedauert, bis ich mal zum »Zug« gekommen bin. Dachte auch immer, dass das nie was mit mir wird. Immer in die Jungs verknallt, die eh nix von einem wollen: kopfschuss ...
Aber du kriegst irgendwann auch noch einen Freund und wirst Erfahrungen sammeln.
Ich kenne übrigens noch mehr Mädchen, die mit 18 noch nie mit einem Jungen im Bett waren.
Daher ist das auch nicht so schlimm. Du wirst deinen »Prinzen« schon noch kennen lernen!

Viel Glück weiterhin ;-)

Geschrieben von ***Sunshine***, 10. 6. 2004 um 03:38 Uhr:
Ich glaube, es bringt Glück, in das Forum hier zu schreiben: Heute war nämlich Video-Abend mit besagtem Kumpel und nun ja ...
Auf einmal hielten wir Händchen und er fuhr mich nach Hause und wir küssten uns und ... lauter Premieren auf einmal ... *looooool*

Bin jetzt erst mal komplett verwirrt und stecke tiiiiiiiiiief im Gefühlschaos, aber das wird schon …

somehow happy
Ariane

So läuft es im Idealfall, wenn man in einen der unzähligen Chatrooms geht oder die Themenforen verschiedener Internetanbieter nutzt: Man trifft Leute, die einen ernst nehmen, die einen sogar verstehen und vielleicht sogar ein paar nützliche Tipps parat haben. Doch gibt es natürlich auch andere Erfahrungen:

»Ich hab mal länger mit 'nem Typ gechattet – ›Süßer Chaot17‹. Dann haben wir uns auch getroffen. Natürlich hatte er mir vorher ein Foto durch seine Web-Cam geschickt. Da sah man seine schwarz umrandeten Zähne nicht. Beim Treffen schon. Außerdem hatten wir alle oberflächlichen Fragen wie: Auf welche Schule gehst du? schon im Chat gestellt und irgendwie kriegten wir bei dem Livetreffen nie den richtigen Gesprächsfaden. War sehr enttäuschend, das Ganze. Seitdem bin ich ziemlich vom Chatten geheilt, vorher war ich fast süchtig danach. Mein Rekord lag bei fünf Stunden Dauerchat täglich. Und das drei Monate lang. Aber irgendwie ist mir klar geworden, dass diese ganzen Chatrooms doch eine ganz schön irreale Welt sind.« ***Mascha*** *17*

Chat-Einmaleins

Chatten im öffentlichen Chatraum

In einem Chatraum »unterhalten« sich viele Personen gleichzeitig. Man schreibt kurze Sätze in ein Feld und schickt diese per Entertaste in den Raum. Alle im Chatraum können diese Mitteilung lesen und auch darauf antworten. Deshalb geht es häufig chaotisch zu, da eine ge-

gebene Antwort wieder neue Antworten erzeugt, bis die »Diskussion« kaum noch Sinn ergibt.

Chatten im privaten Raum oder per Telegramm

In den meisten öffentlichen Chatrooms oder mit den Messenger-Telegrammen der verschiedenen Internetanbieter kann man auch Gespräche mit nur einem Chatpartner führen, die von niemand anderem eingesehen werden können. Zum Schreiben in der Telegrammfunktion öffnet sich ein spezielles Fenster, in das man, ähnlich wie im Chatraum, hineinschreiben kann. Meist bleibt man im öffent-

lichen Raum und führt gleichzeitig ein »privates Gespräch« mit jemandem, der einen dazu aufgefordert hat oder den man selbst auffordert, weil einem vielleicht das Profil oder der Name gut gefällt. Es gibt auch Chatrooms, in denen man neben seinem Nutzerprofil (»Hey, bin ein cooler Boy, 17, 178, 60«) auch ein Foto platzieren kann.

Allerdings können sowohl die Angaben als auch das Foto falsch – »gefaked« – sein. Außerdem kann alles, was die Chatpartner so von sich geben, auf welche Schule sie gehen, welche Musik sie hören, was für Hobbys sie haben, von A bis Z erlogen sein. Und niemand kann es nachprüfen.

Im Chat geben sich viele eine andere Identität oder schummeln zumindest ein bisschen. Da wird die pummelige 15-Jährige zum Supermodel und der 17-jährige schmächtige Stubenhocker zum »Sportboy mit 'nem klasse Body«. Klar, kleine Lügen sind nicht so schlimm, nur wenn ihr dann wirklich mal einen eurer Chatpartner kennen lernen wollt, müsst ihr sie oder ihn mühsam darauf vorbereiten, dass ihr nicht so ganz die Wahrheit über euch erzählt habt – und das kann ganz schön anstrengend sein.

Sind solche kleinen Lügen nur lästig, können andere gefährlich oder sogar kriminell sein: Fachleute schätzen, dass in den zahlreichen Kinder- und Jugendchats der großen Internetanbieter bis zu 20 Prozent der Chatter ältere Männer sind, die darauf aus sind, Kinder und Jugendliche sexuell zu belästigen. »Kann ich dich für 100 Euro f . . . en?« oder »Steck dir mal den Finger unten rein . . .« oder auch »Haste schon Titten?« – Fragen oder Aufforderungen, die euch bestimmt nicht fremd sind, wenn ihr euch öfters in Chatrooms aufhaltet. Und häufig schicken die Täter auch noch unaufgefordert Nacktfotos von sich.

Solche verbalen und fotografischen Belästigungen sind schlimm genug, oft bleibt es aber nicht dabei:

»Der Typ sagte im Chat, er heiße Danny und wäre 18, und er schickte auch ein Foto – angeblich war er das. Der sah total niedlich aus mit dunklen Locken und schönen verträumten Augen. Zusammen mit meiner Freundin Helena ging ich zum vereinbarten Treffpunkt. Doch da war gar nicht Danny, sondern ein älterer Typ – Mann, der sah aus wie mein Lateinlehrer und war mindestens 40. Er wollte auch nicht mit uns quatschen, sondern Nacktfotos machen. Natürlich sind wir abgehauen. Und ich bin auch zur Polizei gegangen. Die haben ganz viele Fotos bei dem Typ gefunden und die Polizei hat gesagt, dass er auch Mädchen missbraucht hat. Ich war total geschockt.« ***Clara*** *14*

Clara hat richtig gehandelt – aber viele zeigen den Täter nicht an. Weil sie sich schämen oder weil sie fürchten, dass ihre Eltern ihnen den Internetzugang sperren, wenn sie von dem Vorfall erfahren.

Internet- und Chat-Tipps

- Meide kommerziell aussehende Sexlinks und -chats – auch wenn sie verlockend aussehen sollten. Oft klickst du dich durch, bis du einen so genannten »Dialer« auf deinem Rechner hast. Der bewirkt, dass du dich in Zukunft über sündhaft teure Nummern ins Netz einwählst, ohne dass du das merkst. Nur am Ende des Monats gibt es ein böses Erwachen, nämlich wenn deine Eltern eine horrende Telefonrechung bekommen.
- Um die »Dialer«-Gefahr auszuschließen, sprich am besten mit deinen Eltern – es gibt nämlich Software, die davor schützt. Wenn du einen eigenen Rechner besitzt und deine Eltern auch, reicht der Kauf einer Software und ihr habt alle was davon – schließlich werden auch Erwachsene Opfer von teuren Internetangeboten.
- Zurzeit kursieren E-Mails im Netz, die versprechen, dass ein Dialer »geknackt« sei und man jetzt früher kostenpflichtige Sex-Seiten umsonst herunterladen könne. Das ist gelogen und führt wiederum zu hohen Telefonkosten.
- Gebt nie euren richtigen Namen als Chatnamen ein und gebt völlig Unbekannten auch nicht via Chat eure richtige Adresse.
- Seid vorsichtig, wenn euch jemand im Chat auf eine »private« Homepage einlädt. Oft verbergen sich auch dahinter Angebote, die Geld kosten.

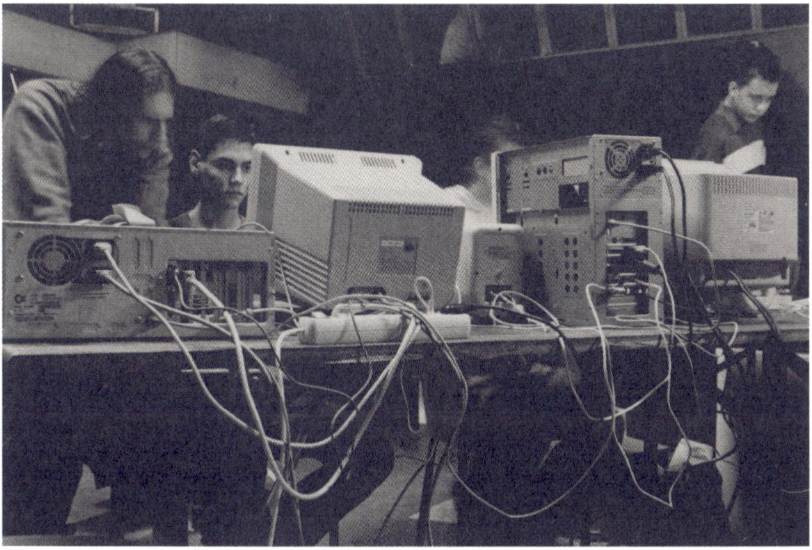

- Überlegt genau, ob ihr euren Chatpartner wirklich schon nach einem unverbindlichen Chat treffen wollt. Man könnte ja auch erst mal telefonieren. Eine Stimme zu hören ist sehr viel persönlicher als ein anonymer Chat!
- Wenn ihr euch doch mit euch unbekannten Chatpartnern treffen wollt: Verabredet euch nur an Orten, wo noch viele andere Leute sind, also in Cafés, Eisdielen, Fastfood-Restaurants oder Ähnliches. Geht auf keinen Fall beim ersten Treffen in die Wohnung des Chatpartners.
- Nimm das Chatten nicht so ernst und kontrollier dich dabei. Wenn du merkst, dass du mehr Zeit im Chatroom verbringst als mit deiner Familie, deinen Freunden oder Bekannten, dann versuch das zu ändern. Das richtige Leben ist spannender als jeder Chatraum!

»ICH KANN ES NICHT VERZEIHEN«

Wenn ich erfahre, dass mein Freund mir untreu ist, mache ich Schluss – egal was ich für ihn empfinde.
Nina *17*

»Den nächsten Urlaub verbringe ich mit Freunden. Meine Freundin fährt mit ihren Eltern weg. Ich will meiner Freundin treu sein, aber man weiß ja nie. Ich glaube nicht, dass ich es ihr sagen würde, wenn ich untreu gewesen wäre. Denn würde ich es ihr sagen, wär Schluss, das weiß ich und das will ich nicht.« ***Ben*** *17*

»Treusein ist eine Willensfrage. Es wird neben meiner Freundin immer Mädchen geben, die mir gefallen. In dem Moment muss man eben stark sein.« ***Julian*** *18*

Treue ist wieder in. Die meisten sechzehn- bis siebzehnjährigen Jungen und Mädchen verbinden heute Sexualität stärker mit Liebe, Partnerorientierung und Treue als noch vor zwanzig Jahren, so Wissenschaftler. Deutlich mehr als achtzig Prozent der 302 befragten Jungen gaben an, in Beziehungen treu zu sein. Bei den Mädchen – 340 wurden befragt – waren es sogar mehr als neunzig Prozent.
Doch wo Treue endet und Untreue beginnt, darüber gehen die Ansichten weit auseinander:

»Ich finde es schon nicht gut, wenn meine Freundin einem anderen Jungen einen Begrüßungskuss auf den Mund gibt.« ***Christian*** *15*

»So eine Urlaubsliebelei würde ich meinem Freund nicht übel nehmen. Ich weiß ja von mir selbst, dass man im Urlaub in einer ganz anderen Stimmung ist als zu Hause. Da hat man dann vielleicht schon ein paar Gläser Wein getrunken, da ist der malerische Sonnenuntergang, der schöne Strand, und es stellen sich Gefühle ein, die aber so ernst gar nicht sind.« ***Birgit*** *17*

Die Sehnsucht nach Beständigkeit und Geborgenheit nimmt zu. Und diese Gefühle können sich nur entwickeln, wenn man zu seinem Partner Vertrauen hat, meinen die meisten Jugendlichen.
Auf jemanden, der ständig auf Abwegen ist, kann man sich in Krisenzeiten nicht verlassen, so die Befürchtung. Das ist eigentlich nichts Neues. Schon immer galt Treue als wichtigster Liebesbeweis, der die Beziehung festigt. Neu hingegen scheint die Heftigkeit der Sehnsucht nach stabilen Beziehungen mit sicherer Zweisamkeit zu sein. Psychologen sehen die Ursache unter anderem darin, dass die Welt immer anonymer und unpersönlicher wird. Die Mängel, die sich daraus ergeben, versuchen viele in ihrer Beziehung auszugleichen. Intimität, leidenschaftliche Bindung und dauerhafte Treue werden wichtiger. Und gerade Jugendliche suchen den zu ihnen passenden Partner auf der Grundlage von Ausschließlichkeit und Beständigkeit.

Mein Partner war untreu

Wenn man »betrogen« wird, ist nichts mehr wie zuvor. Man ist verletzt, misstrauisch, wütend. Und viele Beziehungen gehen in die Brüche, weil der oder die Betrogene das Fremdgehen nicht verzeihen kann.

»Mit meiner letzten Freundin endete es ziemlich krass. Wir fuhren getrennt mit unseren Eltern in Urlaub. Als wir uns nach den Ferien wiedertrafen, sagte sie mir, dass sie am Strand angesprochen worden war, mit dem Typ auch im Club war und sie später mit ihm auch gepennt hatte. Damit kam ich nicht klar. Ich war so verletzt. Ich stand wirklich auf sie. Aber ich habe dann Schluss gemacht. Ich bin zwar nicht der Typ, der sagt, meine Freundin gehört mir. Aber als ich mir vorstellte, dass sie dasselbe mit einem anderen Typ getan hat, was sie mit mir getan hat, war ich am Boden zerstört. Allein der Gedanke daran war mir unerträglich. Ich wäre gern weiter mit ihr zusammengeblieben, weil ich richtig grässlich verliebt war. Aber es ging einfach nicht mehr. Ich konnte es nicht verzeihen.« ***Malte*** *18*

Der »Betrug« eröffnet, so schmerzhaft er ist, aber auch Chancen. Das Wichtigste ist jetzt, miteinander zu reden. Nichts wäre unangebrachter als sich verletzt in sein Schneckenhaus zurückzuziehen und zu hoffen, dass alles schon wieder werden wird. Auch mit der anderen Extremreaktion, nämlich einfach Schluss zu machen und sich in eine neue Beziehung zu stürzen, weicht man einer Auseinandersetzung aus. Das mag der bequemste Schritt sein, der beste ist es nicht unbedingt. Denn jeder Seitensprung hat Gründe: Unzufriedenheit in der Beziehung, Lust auf Abwechslung, sexuelle Geilheit, Suche nach Selbstbestätigung …

Der Treuebruch ist eine Gelegenheit, den Gehalt eurer Beziehung zu überprüfen. Lebt ihr eure Beziehung wie nach einem Stundenplan, und ist sie deshalb vielleicht zur immer gleichen Routine erstarrt? Und wenn ja, wie lässt sich das ändern und neuer Schwung in die Beziehung bringen? Oder liegen dem Betrug Machtspiele zugrunde, nach dem Motto: Sieh her, ich kann auch andere haben, wenn ich will. Gab es vielleicht etwas, das deinen Partner verletzt hat, so dass er dich, quasi aus Rache, betrogen hat? Oder ist er einfach besessen davon, möglichst viele Kerben in seinem Bettpfosten einzuritzen; oder legt sie es darauf an, Britney Spears im Männerkonsum zu übertreffen?

Vielleicht haben sich aber auch einfach die Gefühle verändert. Die Phase der ersten großen Verliebtheit, mit all ihren Übertreibungen, mit dem jenseits allen Maßes liegenden Gefühl ist vergangen. Am Anfang dachtest du jeden Tag an den anderen, ihr konntet es nicht erwarten, euch zu sehen, und wenn ihr euch einmal nicht treffen konntet, habt ihr mindestens zweimal am Tag telefoniert. Das ist jetzt – nach ein paar Wochen oder Monaten Beziehung – anders und du bist verunsichert. Aber es ist ganz normal, dass man sich nach der ersten Verliebtheit wieder

ein bisschen mehr auf sich selbst besinnt, alte Freundschaften wieder aufnimmt, die man zeitweilig doch arg vernachlässigt hat.
Das Fremdgehen des einen kann, wenn der erste Schock und Schmerz verwunden ist und beide die Beziehung weiterführen möchten, zum Ausgangspunkt genommen werden, die Frage zu klären, ob ihr die Beziehung auf eine neue Ebene bringen könnt, ob aus Verliebtheit tatsächlich so etwas wie Liebe entsteht. Oder, andere Variante, ob man sich eingestehen muss, dass außer der vorübergehenden körperlichen und oberflächlichen seelischen Attraktion nichts mehr da ist. Die Liebe ist vergangen oder nie entstanden. Dann ist es besser, die Beziehung zu beenden, da sie ohnehin nicht mehr zu retten ist und es auch nicht wert wäre, gerettet zu werden. Natürlich ist das enttäuschend. Und Enttäuschung schmerzt. Aber zugleich, in des Wortes eigenster Bedeutung, kann sie einen auch weiterbringen. Man ist enttäuscht, ist also vielleicht einer Täuschung aufgesessen und sieht danach klarer.

Vielleicht ist dein Freund/deine Freundin gar nicht bereit für eine feste Beziehung. Oder du bist es nicht, willst lieber noch deine Freiheit genießen oder einfach nicht so viele Verpflichtungen eingehen. Das ist völlig okay. Wichtig ist, sich die eigenen Gefühle einzugestehen und auch den anderen an diesem Prozess oder an den Erkenntnissen daraus teilhaben zu lassen. Welche Ängste und Erwartungen hast du? Und wie steht es wirklich um deine Gefühle dem anderen gegenüber?

»Ich wollte mal wieder mit meinen Freunden in den Club gehen. Ich fand Gefallen daran, machte aber keine Mädchen an, denn ich war ja mit Melanie zusammen. Doch beim dritten Mal – meine Freunde baggerten Mädchen an – fing ich auch an rumzubaggern. Allerdings noch ohne Hintergedanken, nur aus Spaß. Einmal hatte ich die Möglichkeit, ein Mädchen für eine Nacht zu haben, und ich dachte: ›Okay, du machst es nicht, aber es wird Zeit, die Beziehung zu beenden.‹ Denn ich hatte bemerkt, dass ich mich wieder ernsthaft für andere Mädchen interessierte. Meine Beziehung war zur Gewohnheit geworden, ich kam mir vor wie ein Hamster im Drehrad. Und dann habe ich Schluss gemacht.« ***Roger*** *17*

Manchmal schließt sich ein Partner so eng an den anderen an, dass der kaum noch Luft bekommt. Versucht er sich Freiräume zu schaffen, »klammert« der andere noch mehr, aus Angst, verlassen zu werden. Aber ein geliebter Mensch ist kein Besitz und er ist auch kein Garant für immer währendes Glück. Solche übertriebenen Erwartungen überfordern nicht nur den Partner, sie sind in der Regel auch der Anfang vom Ende einer Bezie hung. Denn meist gesellt sich zu ihnen das quälende Gefühl der Eifersucht. Man macht sich selbst und dem anderen das Leben zur Hölle.

DAS GRÜNGEÄUGTE SCHEUSAL: EIFERSUCHT

»O bewahrt Euch, Herr, vor Eifersucht, dem grüngeäugten Scheusal, das selbst schafft die Speis, die es nährt.«
William Shakespeare

Jeder kennt sie. Jeder hat schon unter ihr gelitten. Für die einen gehört sie zur Liebe, für andere ist sie die schlimmste emotionale Krankheit, die es gibt: Eifersucht. Auch wenn wir ihn nicht ständig spüren, diesen Stachel, so stoßen wir doch tagtäglich auf ihn. Ungezählt sind die Theaterstücke, Fernsehrührschnulzen, aber auch Romane der Weltliteratur, die sich um Eifersucht ranken, sie als Drehscheibe für eine bittere oder blutrünstige Handlung benutzen.

»Ich bin sehr eifersüchtig. Meine Freundin arbeitet manchmal als Fotomodell. Dabei kommt sie mit vielen gut aussehenden Typen zusammen. Einmal holte ich sie von einem Fototermin ab und ich merkte gleich, dass der Fotograf was von ihr wollte. Er unterhielt sich mit ihr und streichelte ihr dabei, wie zufällig, über den Oberarm. Da wär mir fast 'ne Sicherung rausgeflogen. Obwohl ich keinen Anlass hatte zu glauben, dass meine Freundin mir untreu werden könnte. Sie ist die treueste Seele der Welt. Aber das war egal. Ich dachte nur: ›Wenn der sie noch mal anfasst, geh ich mit ihm vor die Tür und prügel mich.« ***Lars*** *18*

»Neulich habe ich meinen Exfreund zusammen mit seiner neuen Freundin gesehen. Das war wie ein Stich ins Herz, weil ich ihn doch noch sehr mag. Es war ein ohnmächtiges Gefühl, denn ich konnte ja nichts tun. Und für hysterische Auftritte habe ich nichts übrig.« ***Britta*** *17*

Eifersucht ist so alt wie die Menschheit und so verbreitet wie Schnupfen. Ihr wichtigster Bestandteil ist Angst. Angst, den Geliebten an jemand anderen zu verlieren. Angst vor dem Alleinsein.
Trauer, Schmerz und Kränkung wegen der vermeintlich oder tatsächlich verloren gegangenen Liebe sind weitere Komponenten der Eifersucht. Hinzu kommen feindselige Gefühle gegen den Rivalen und bange Selbstzweifel, ob man vielleicht etwas falsch macht oder gemacht haben könnte in der Beziehung.
Eifersucht wird es wohl immer geben und sie gehört – in Maßen – auch zu einer Liebesbeziehung. Doch kann die »gesunde« Eifersucht, die darauf abzielt, den geliebten Partner zu halten, auch umschlagen in eine ungesunde, krankhafte. Die will den Partner nicht nur halten, sondern über ihn verfügen. Meist grundlos kommt es zu einem unheilvollen Gemisch aus Misstrauen und unterdrückten oder ausgesprochenen Vorwürfen.

Die siebzehnjährige Maria ist seit vier Monaten mit Martin zusammen. Sie ist sehr in ihn verliebt, er ist der erste Freund, mit dem sie geschlafen hat. Eigentlich weiß sie, dass sie ihm vertrauen kann. Und doch rasen seit einiger Zeit belastende Gedanken mit Höchstgeschwindigkeit durch ihren Kopf: ›Warum kommt Martin schon wieder zu spät? Wo war er gestern Abend? Das mit dem Skatabend unter Freunden war doch mit Sicherheit gelogen. Ob ich bei Christian anrufen soll, um herauszukriegen, ob sein Bruder tatsächlich gestern mit in der Skatrunde war, wie Martin mir gesagt hat? Er hat doch bestimmt was mit Julia aus der Clique. Die guckt ihn in letzter Zeit immer so verträumt an. Und er reagiert darauf. Neulich hat er sie sogar zum Kaffee eingeladen. Sie sieht super aus und lässt auch nichts anbrennen, das Biest. Außerdem ist sie solo.‹

Solche Gedankenspiele sind wie ein Strudel. Fortwährend verstärken sie sich, du wirst immer tiefer in sie hineingezogen, bis du ganz von ihnen verschlungen wirst. Am

Ende stehen stechendes Misstrauen, Vorwürfe und ätzende Auseinandersetzungen, gepaart mit tiefem Selbstzweifel, der in einer »Ich bin nichts wert«-Haltung gipfelt.
Gegen übersteigerte Eifersucht gibt es keine Patentrezepte, dennoch muss man ihnen nicht tatenlos zusehen: Versuch, die Situation realistisch einzuschätzen. Besprich dich mit deiner besten Freundin oder deinem besten Freund und hör dir an, was sie zu sagen haben. Als Außenstehende besitzen sie einen kühleren und dadurch auch wirklichkeitsnäheren Blick als du. Und frage dich, ob du das eifersüchtige Verhalten, das du deinem Partner entgegenbringst, bei dir selbst dulden würdest. Auch kann es helfen, dich wieder mehr auf dich selbst zu besinnen. Wer bist du? Bist du abhängig von deinem Beziehungspartner oder könntest du auch ohne ihn leben? Und wieso zweifelst du überhaupt an seiner Treue? Gibt es konkrete Anlässe oder stimmt dein Selbstwertgefühl im Moment nicht? Bist du vielleicht nicht mit dir zufrieden – mit dem, wie du aussiehst, wie du dich fühlst, was du machst, wie du dein Leben lebst?

Ansichten und Erfahrungen

»Eifersüchtig zu sein ist für mich ein Beweis von Zuneigung. Wenn man etwas lieb gewonnen hat, hat man Angst, es zu verlieren. Ich glaube nicht, dass man Eifersucht in einem selbst bekämpfen sollte. Sie gehört einfach dazu.« ***Stefanie*** *16*

»Einmal traf ich mich mit meiner Freundin in einem Dancefloor. Ich hatte noch etwas zu tun gehabt an diesem Abend und war deshalb eine Stunde zu spät gekommen. Meine Freundin hatte schon zwei Telefonnummern von anderen Typen bekommen. Ich hatte gar keine Chance, eifersüchtig zu werden, denn meine Freundin lächelte mich an, gab mir die Telefonnummern und sagte, ich könne ja die Typen anrufen, wenn ich wolle. Von da ab war ich noch mehr in sie verliebt.« ***Frank*** *17*

»Wenn mein Freund eifersüchtig ist, finde ich das ganz süß. Vor kurzem meinte er, ich hätte mit einem anderen Typ rumgeflirtet und ich würde ihn gar nicht mehr mögen. Das stimmte aber gar nicht und ich konnte ihm auch klar machen, dass er sich irrt. Irgendwie fand ich seinen Eifersuchtsanfall sehr nett, denn er zeigte mir damit, dass er mich richtig lieb hat. Eifersucht kann die Beziehung auch beleben.« ***Christine*** *17*

»Ich glaube, Eifersucht ist falsch. Dahinter steht, dass man den anderen besitzen will, ihn als Eigentum betrachtet. Das lehne ich eigentlich ab. Aber manchmal packt es mich halt doch, dieses bohrende Gefühl der Eifersucht, da kann ich nicht aus meiner Haut.« ***Patrick*** *17*

ALLES IST AUS

»Es gibt Antworten, die anzuhören ich nicht die Kraft hätte – folglich verzichte ich darauf, die Fragen zu stellen«. ***Simone de Beauvoir***

(franz. Schriftstellerin)

»Verdammt«, schluchzt die sechzehnjährige Britta und schleudert ihre Lieblingssneaker quer durchs Zimmer. An den Schnürsenkeln hat sie so lange herumgezerrt, bis sie zerrissen sind. Das ist mehr, als Britta in ihrem augenblicklichen Zustand ertragen kann. Ihr Freund Ralf hat gestern Abend nämlich Schluss gemacht. Nach acht Monaten. Einfach so. Er fände alles langweilig und so vorhersehbar. Außerdem habe er ein anderes Mädchen kennen gelernt. »Wir haben uns wohl einfach auseinander gelebt«, sagte er zum Schluss und ließ die Tür ins Schloss fallen.

Britta schwankt den ganzen Abend zwischen Heulkrampf und Brechreiz. Trauer mischt sich mit Wut. Heute Morgen ist sie nicht in die Schule gegangen, Ralf geht in die Klasse über ihr. »Das würde ich heute nicht aushalten«, sagt sie und schleppt sich mit rot geränderten Augen durch den Tag.

Kommt dir diese Situation bekannt vor? Vor ein paar Tagen wart ihr noch ein Herz und eine Seele und jetzt ist alles aus, vorbei. Nun heißt es tapfer sein. Sprüche wie: ›Das Leben geht weiter‹ oder ›Es wird schon wieder werden‹ sind dir im Moment kein Trost. Und das ist verständlich.

Vielleicht hilft es dir ein wenig über deinen Schmerz hinweg, wenn du weißt, was deine Gefühle so in Aufruhr versetzt.

Der Leidensdruck wegen eines gebrochenen Herzens besteht aus verschiedenen Facetten. Doch die Mischung dieser Bestandteile wirkt verheerend. Schlimmste Erkenntnis ist zunächst der Verlust des Zusammengehörigkeitsgefühls. Dieser plötzliche, heftige Schmerz, der mit jeder Trennung einhergeht, wirkt auf dich wie ein Schlag in die Magengrube.

»Meine letzte Trennung war ein ziemlicher Schock für mich. Ich dachte, alles ist aus, tutto finito. Ich fiel in einen riesigen Abgrund, wusste nicht mehr, wer ich bin, was ich bin, überhaupt nichts mehr. Drei Monate waren Hans und ich zusammen. Ich war irre verliebt gewesen, konnte es kaum abwarten, ihn zu sehen. Dann kamen die ersten Probleme in der Beziehung, unterschiedliche Interessen und so. Aber ich hab das alles nicht so ernst genommen. Irgendwann telefonierten wir, hatten eine Auseinandersetzung und er meinte dann, es sei besser, Schluss zu machen. Da war ich wie erschlagen, wie vom Donner gerührt, denn ich hatte gedacht, unsere Probleme wären gar nicht so schlimm. Ich hab nur zu Hause gesessen und war wie betäubt. Dann habe ich losgeheult und tagelang kaum noch etwas gegessen. Ich hatte auf nichts mehr Lust und alles war mir egal. Kurzzeitig dachte ich sogar daran, Schluss zu machen.

Meine Eltern waren mir keine große Hilfe, sie hatten einfach kein Verständnis für mich, ständig kamen nur so Sprüche wie: ›Nimm's nicht so schwer‹ oder ›Das wird schon wieder‹. Eine gute Freundin, die kurz zuvor ebenfalls verlassen worden war, hat mir am meisten Halt gegeben. Wir konnten stundenlang miteinander reden, weil wir sozusagen im selben Boot saßen. Dieses gemeinsame Gefühl hat mir sehr geholfen, ich fühlte mich geborgen.« ***Carolin*** *17*

Ist man verliebt in einen Menschen und verbringt eine Menge Zeit mit ihm, schafft man sich eine kleine Welt, die abgeschirmt ist von den Dingen, die um einen herum passieren. Es ist wie ein eigener Stern. Nennen wir ihn »Benny-und-Flora-Stern«. Auf ihm gibt es Späße, die außer Benny und Flora niemand versteht. Erlebnisse, die kein anderer kennt, Sexspiele, die kein anderer erfährt, Lieblingsspiele, Lieblingsvideoclips, Lieblingsfernsehsendungen.

Wenn der »Benny-und-Flora-Stern« auseinander bricht,

Alles ist aus

bleiben nur noch Asteroiden übrig – totes, durchs Weltall irrlichterndes Gestein. Und genauso fühlst du dich jetzt. Alleinsein vor einer neuen Beziehung ist wie eine Wiese im Morgentau. Alleinsein, nachdem du eine Beziehung beendet hast, ist wie eine Atempause. Aber Alleinsein, in das du durch die Trennung deines Partners geworfen wirst, ist wie ein Erdbeben. Vor allem hast du dein Ichgefühl verloren. All deine Gefühle, deine Stimmungen und Gedanken kreisten um den anderen. Alles in dir hat sich vermischt mit den Gefühlen, Stimmungen und Gedanken des anderen. So als wäre eine neue Person aus euch beiden entstanden. Und jetzt ist ein Teil einfach weg und du fühlst dich nicht mehr vollständig. Wirst du an diesen verlorenen Teil erinnert, geht es dir furchtbar schlecht. Wie Melanie, die mit ihrer besten Freundin zwei Tage nach der Trennung ins Kino geht und in der Schlange das Aftershave von Peter riecht. Augenblicklich wird ihr übel. Oder wie Martin, der mit seiner Freundesclique im Eissalon sitzt und panisch Reißaus nimmt, weil am Nebentisch das Lieblingseis seiner noch immer geliebten Exfreundin Helena serviert wird.

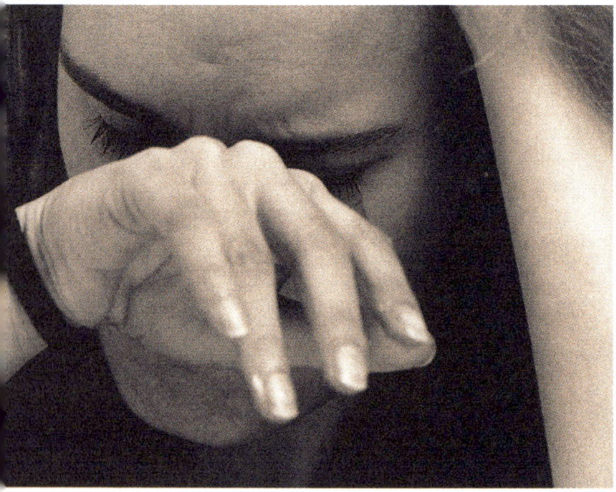

Eine weitere Komponente ist die Trauer. Es ist furchtbar traurig, von jemandem verlassen zu werden, den man geliebt hat, den man immer noch ganz toll findet. Es bleibt eine zutiefst deprimierende Erfahrung. Man fühlt sich wertlos und weggeworfen. In dieser Situation denken viele an Selbstmord, weil dann das Leiden ein Ende hat. Doch das ist Kitsch und passt bestenfalls ins 19. Jahrhundert. Damals war das vielleicht ein gutes Drama, heute ist es nur noch Schund. Nein, die Poesie liegt darin, am Leben zu bleiben!

Du kannst dich kurieren, es zumindest versuchen. Aber nur, wenn du es wirklich willst. Zunächst einmal: Schluchze und schrei, klage und tobe, wenn dir danach ist. Lass deinen Gefühlen freien Lauf!

Niemand nimmt einen heute noch so richtig ernst, wenn man gerade durch das Jammertal des Verlassenwordenseins geht. Das war vor hundert Jahren noch anders. Frauen mit Liebeskummer siechten dahin, warfen sich auf ihr Bett, waren umringt von Eltern, Tanten und gestrengen Ärzten und standen monatelang nicht mehr auf. Oder sie begaben sich gleich ins Kloster. Männer – nun, Männer wurden nicht verlassen. Sie verließen. Nahm ihnen Gevatter Tod die Gefährtin, zogen sie sich auf ihr Landgut zurück oder flohen nach Afrika und dienten sich der Fremdenlegion an.
Heute ist alles anders. Du bist verlassen worden, sitzt heulend, zerknirscht, den Schmerz der Welt in deinem Herzen zu Hause, da ruft dein bester Freund an, um dich, nun ja, bestenfalls ins Kino einzuladen. Oder deine beste Freundin überredet dich zu einem Bummel durch die Stadt und versucht dich aufzumuntern, indem sie dir in einer Boutique bombastische Hüte überstülpt, mit denen du aussiehst wie die jüngere Schwester von Daisy Duck. Doch das wird nichts zum Guten wenden. Trotzdem: Pfeif nicht einfach auf solche – zugegeben – unbeholfenen Ablenkungsmanöver. Deine Freunde und Freundinnen wollen dich etwas aufmuntern und sind vielleicht genauso hilflos wie du. Aber tu nicht so, als ginge es dir gut, sondern leide nach Kräften. Mute deinen guten Freunden oder deiner besten Freundin durchaus etwas zu. Sie werden wahrscheinlich nicht begeistert sein, aber wofür sind gute Freunde schließlich da? Dich so zu geben, wie dir im Augenblick zumute ist, wird dir

gut tun: mal eine Auszeit zu nehmen, nicht ständig nett sein zu müssen ist genau das, was du jetzt brauchst. Und außerdem lassen sich Zorn, verletzter Stolz, Schmerz und Trauer nicht einfach vergraben wie ein alter Schuh, der einem nicht mehr passt. Wenn du deine Trauer in dir zuschüttest, sie nicht auslebst (»Sie hat mich verlassen. Soll sie nur. Sie wird schon sehen, was sie davon hat«), wird sie irgendwann einfach wiederkommen. Früher oder später. Das kann üble Folgen haben. Du wirst instinktiv Angst haben vor »zu viel« Nähe (das »Hilfe, komm mir nicht zu nahe«-Syndrom). Es führt dazu, dass du davonläufst, wenn noch mal eine große Welle Liebe auf dich zurollt. Einfach weil du nicht noch mal so tief verletzt werden willst.

Oder, andere Variante, du »rächst« dich an deinen späteren Partnern, indem du sie zur Abwechslung verlässt. Damit hast du dann die frühere Kränkung ausgeglichen. Denkst du. Doch wirst du unter Umständen immer wieder so handeln. Dann sind deine Beziehungen Instant-Affairs und die sind wie Instant-Kaffee: schnell, geschmacklos und ohne dass ein Gefühl bleibt. Was dir weiterhin zusetzt, ist Angst. ›Werd ich mich je wieder verlieben?‹, fragst du dich. ›Gibt's überhaupt noch ein Mädchen oder einen Typ, das/der zu mir passt?‹ Deine Freundinnen (Freunde) sagen dir, dass alle Jungen (Mädchen) schon eine Freundin (einen Freund) haben. Haben sie keine/n, sind sie wahrscheinlich schwul beziehungsweise lesbisch. Zumindest aber unausstehlich. Du guckst dich ein bisschen um und denkst: ›Vermutlich haben sie Recht.‹
Was also sollst du tun? Wo du dich doch sowieso nicht für so besonders hältst. Was sollst du morgen tun? Und was übermorgen?

Was kannst du tun?

- Schmeiß alles weg, was dich an sie oder ihn erinnert!
- Lies Comics oder Kriminalromane!
- Telefonier stundenlang mit deiner besten Freundin oder deinem besten Freund, oder noch besser: Besuch sie gleich, quatsche mit ihr oder ihm und geht zusammen ins Kino! Am besten in einen Actionfilm. Bloß nicht in eine Hollywoodrührschnulze. Das wirft dich wieder um Tage oder Wochen zurück!
- Renovier dein Zimmer oder bau alles um! Du glaubst gar nicht, wie gut das tut. Mal alles zu ändern, Möbel umzustellen, sich von alten Gewohnheiten und Dingen zu trennen, das ist wie ein frischer Wind im Gehirn.
- Meld dich im Fitnessstudio an oder beleg einen Power-Yoga- oder Tae-Bo-Kurs!
- Kauf dir eine neue Jeans, ein neues Hemd oder geh zum Friseur. Auf jeden Fall: Tu dir was Gutes!
- Stell dir deine Exliebe in einer lächerlichen beziehungsweise unangenehmen Situation vor, male dir zum Beispiel aus, wie dein Exfreund im Fummel aussieht. Oder lasse in deinen Vorstellungen deiner Exfreundin große dicke Pusteln im Gesicht wachsen!

Was du auf gar keinen Fall tun solltest

- Ihm oder ihr zwanzigseitige »Komm doch bitte zu mir zurück«-Briefe schreiben, auf denen deine Tränen eingetrocknet sind!
- Ihm oder ihr hinterherlaufen oder sie/ihn zweimal am Tag anrufen!
- Wochenlang wie ein Trauerkloß teilnahmslos rumsitzen. Klar, ein paar Tage tiefer Trauer sind voll in Ordnung. Und sicher wirst du in bestimmten Situationen wieder von deiner Trauer überrollt. Aber vertraue darauf, dass es immer wieder Tage gibt, wo sie dich nicht ganz einholen kann. Du bist jetzt im tiefsten Tal – der Weg führt auf-

wärts! Und dann frag dich mal: War er/sie wirklich so toll? Hatte er/sie nicht auch ziemliche Macken? Versuch dich zu erinnern, was dich schon immer gestört hat. Wenn dir nichts einfällt und du immer noch nur verliebt bist ... nein, das geht nicht, niemand ist vollkommen. Und wenn er oder sie es doch war, dann überleg doch mal, ob Vollkommenheit nicht furchtbar langweilig ist.

⊖ Dich um deinen Exlover zu sorgen. Bestimmt geht es ihr/ihm auch nicht gut, denkst du. Blödsinn. Hinter deiner Sorge steckt nur deine Sehnsucht. Je eher du dir das klar machst, desto besser!

Denke daran,

- dass sich alles im Leben wandelt wie der Lauf eines Flusses!
- dass eine vermiedene Trennung oft Stillstand und lang andauernden Frust bedeutet, und das ist letztlich schlimmer als eine vollzogene Tennung!
- dass du selbst das Beste bist, was du hast!
- dass Schmerzen auch wichtig sein können. Wenn du sie aushältst und überwindest, wirst du stärker sein als je zuvor!
- dass Trennungen etwas Lebendiges sind. Schon die Geburt beginnt mit einer Trennung!

Und tschüs!

»Mein erster Freund hat sich in der Schulstunde von mir getrennt. Es war in Mathematik, die erste Stunde nach den Winterferien. Auf einmal kam ein kleines zerknülltes Briefchen. Das fand ich ziemlich blöd und pubertär. Ich war sehr verletzt, weil ich es gar nicht verstehen konnte und immer noch in ihn verliebt war. Wir haben ein halbes Jahr nicht miteinander geredet.« ***Christa*** *16*

»Ich war sehr verliebt in Antje. Wir waren gerade mal drei Wochen zusammen, da hat sie einfach Schluss gemacht. Einfach per SMS. Und das aus heiterem Himmel. Ich war total fertig, enttäuscht, einfach weil ich mehr erwartet hatte. Ich fühlte mich weggeworfen. Meine Trauer und Enttäuschung wandelten sich zu Wut. Aber es war mehr ein innerliches Kochen. Ich kann dann nicht heulend durch die Gegend laufen, Gegenstände malträtieren oder mich auf den Boden werfen und um mich schlagen. Ich fresse erst mal ziemlich viel in mich hinein.« ***Felix*** *16*

So reagieren die meisten Jungen: hinnehmen, sich abfinden, in sich hineinfressen. Das ist sehr ungesund. Und für die späteren Beziehungspartner eine Qual. Die Welt ist voll von verletzten Jungenseelen, die versucht haben mit Gleichmut ihren Liebeskummer zu überspielen und in ihren späteren Liebesbeziehungen unnahbar und supercool werden.

Wer sich selbst trennt, hat es natürlich leichter als jemand, der die Trennung zu erleiden hat. Du wirst vielleicht schon beide Erfahrungen gemacht haben und das hilft dir möglicherweise dich ein bisschen in die Lage des anderen zu versetzen. Wenn du schon »das Schwein« bist, das sich trennt, dann tu es wenigstens behutsam. Ohne Verletzungen gehen Trennungen nie ab, aber man kann versuchen sie in Grenzen zu halten. Behandle den anderen nicht wie einen alten Putzlumpen! Denk daran: Auch wenn deine Liebe völlig erkaltet ist, der andere ist ein Mensch, der Gefühle hat und wertvoll für dich war, und es gab eine Zeit, in der ihr glücklich wart.

»Als ich sechs Monate mit Susanne zusammen war, fing es an zur Gewohnheit zu werden. Immer trafen wir uns am Wochenende für zwei Tage und in der Woche auch mindestens einmal. Irgendwann merkte ich, dass ich meine Freunde völlig vernachlässigt hatte. Ich wollte mal wieder mit ihnen einen Doppelkopfabend machen oder mit ihnen in einen Club gehen. Damit hatte Susanne ziemliche Prob-

leme. Sie konnte nicht verstehen, dass ich einfach mal wieder einen ›Männerabend‹ haben wollte. Sie wollte immer mit mir zusammen sein. Zusammen rumhängen, ins Kino oder zu Leuten gehen. Sit-in machen, Videos gucken. Nichts Besonderes, und mir wurde es langweilig. Ich sagte ihr, dass ich jetzt mal Zeit für mich bräuchte, und schlug ihr vor, zwei Wochen Beziehungspause zu machen. Sie fand das zwar nicht besonders toll, war aber einverstanden. Wir haben nur miteinander telefoniert, aber uns nicht gesehen. In den zwei Wochen merkte ich, dass ich sie überhaupt nicht vermisste, im Gegenteil. Ich genoss meine neue Freiheit. Ich hab jeden Tag was anderes gemacht. Nach den zwei Wochen kam sie zu mir und hoffte, dass alles wieder so würde wie zuvor. Doch ich sagte ihr, dass ich keine Sehnsucht nach ihr gehabt hätte und dass ich Schluss machen möchte. Sie fing tierisch an zu heulen, schloss sich eine Dreiviertelstunde im Bad ein. Anschließend rief sie ihre Eltern an, damit sie sie abholten. Innerlich war ich sehr aufgewühlt, aber ich konnte sie doch nicht halten. Ich stand nicht mehr auf sie, das war mir immer klarer geworden. So endete meine erste Beziehung.« ***Stephen*** *17*

Gleichzeitig musst du dich nicht schuldig fühlen und dir alles gefallen lassen, was deine Exbeziehung dir zumutet.

»Ich lernte Sibylle auf einer Videosession bei einem Freund kennen. Sie war achtzehn, ich fünfzehn. Wir fanden uns auf Anhieb sympathisch, haben lange miteinander geredet. Auf einmal waren wir allein im Zimmer, wir fingen an uns zu streicheln und zu küssen. Wir trafen uns von da an regelmäßig. Sexuell ging es ziemlich weit. Wir zogen uns völlig aus, haben zwar noch nicht miteinander geschlafen, aber es war kurz davor. Sie hatte zuvor mit einem Jungen Sex gehabt, was ziemlich blöd für sie gewesen sein muss. Ich war noch Jungfrau. Bis wir dann richtig miteinander geschlafen haben, es war während einer gemeinsamen Reise, verging noch einige Zeit. Drei Monate waren wir zusammen.

Wahrscheinlich war der Altersunterschied doch zu groß, ich fühlte mich jedenfalls von ihr unterdrückt und machte Schluss. Es war für uns beide schmerzhaft. Aber ich wollte einfach nicht mehr. Es waren mir einfach zu viele Verpflichtungen. Klar gehört es auch zu einer Beziehung, für den anderen da zu sein, sich seine Probleme anzuhören, aber sie belegte mich so mit Beschlag, dass ich manchmal glaubte zu ersticken. Wenn sie Probleme hatte, musste ich mich damit auseinander setzen. Immer. Irgendwann war es einfach too much.« ***Fred*** *17*

Trennungen gehören zu deiner jetzigen Lebensphase. Sie sind wichtig und durch sie lernst du auch eine Menge.

»Ich dränge in meiner Beziehung auf Offenheit. Dabei ist es mir scheißegal, ob ich vielleicht beleidigt werde. Ich will wissen, was Sache ist. Meine letzte Freundin hat mit mir Schluss gemacht und mir genau gesagt, warum. Das habe ich zwar nicht so ganz verstanden, aber ich konnte es akzeptieren. Was ich gar nicht leiden kann, sind so Nichtbegründungen wie ›Es ist eben so‹ oder ›Ich weiß auch nicht, warum‹. Denn ich denke, es gibt immer einen Grund, warum man Schluss machen will. Und wenn es nur Langeweile ist. Das will ich dann auch wissen, denn ich finde, darauf habe ich ein Recht, wenn ich mit jemandem ein paar Monate zusammen war.« ***Christopher*** *17*

Grüble nicht zu viel rum, wenn deine Beziehung zu Ende gegangen ist. Du wirst vielleicht die Gesetze eurer Beziehung durchschauen, kannst erklären, warum du verlassen worden bist, und du schmiedest einen Plan nach dem anderen, sie oder ihn wiederzubekommen. Am Schluss nützt dir alles nichts. Dein Freund, deine Freundin ist weg, mit den von dir ausgebrüteten Gesetzen oder ohne sie. Weg – das ist das Einzige, was bleibt. Leider. Nun hast du aber alle Chancen der Welt, darüber hinwegzukommen.

THE DARK SIDE OF SEX

Ich wurde mit zwölf Jahren das erste Mal von meinem Stiefvater sexuell missbraucht. Es fing alles damit an, dass meine Mutter allein in Urlaub vorausfuhr. Mein Stiefvater hatte nicht zur gleichen Zeit mit ihr Urlaub bekommen, so dass wir in ein paar Tagen nachkommen sollten. Als meine Schwester im Kindergarten war, zog er mich in das Schlafzimmer und machte Petting mit mir. Einen Abend später schauten wir zusammen Fernsehen. Er wollte, dass ich mich auf seinen Schoß setze, dann umarmte er mich und drückte mich ganz fest an sich. Ich fühlte, dass etwas hart gegen meinen Po drückte, und ihm traten Schweißperlen auf die Stirn. Dann stöhnte er kurz auf, ließ mich hinunter und sagte: ›Das darfst du niemandem erzählen, denn sonst komme ich ins Gefängnis, und das willst du doch nicht. Am besten, alles bleibt jetzt unser kleines Geheimnis.‹

Er tat es wieder und wieder, obwohl ich bei einigen Malen sogar anfing zu weinen. Ich dachte immer: ›Du darfst das keinem sagen, denn sonst heißt es, du wolltest es doch, schließlich hast du dich nicht gewehrt. Ich redete mir ein, ich hätte an allem schuld. Ich habe ihn wirklich gehasst und dachte, er tut das nur, weil ich nicht seine richtige Tochter bin. Meine Wut ließ ich an meiner Schwester aus, weil sie ihm so ähnlich sieht.

Seit drei Jahren fasst mich mein Stiefvater nicht mehr an. Irgendwann kriegte meine Mutter etwas mit und sie sagte ihm: ›Entweder du lässt es oder ich reiche die Scheidung ein.‹ Ich war sehr froh, dass sie das gesagt hat.

Immer wieder, wenn ich einen Bericht über Missbrauch sehe oder davon höre, kommen die Scheißgefühle wieder hoch.

Ich denke immer noch daran, habe immer noch Beklemmungen, wenn ich Jungen kennen lerne. Ich habe noch mit keinem geschlafen und frage mich, ob ich das überhaupt kann.« ***Gitti*** *17*

Jährlich werden in Deutschland rund 20 000 Fälle von sexuellem Missbrauch an Kindern und Jugendlichen registriert, nach Expertenmeinung liegt die Dunkelziffer, also die nicht angezeigten Fälle, deutlich höher. Ein Viertel der Opfer ist jünger als fünf Jahre. Die meisten Täter kommen aus der eigenen Familie oder aus deren unmittelbarem Umfeld. In über achtzig Prozent der Fälle sind Männer die Täter.

Nicht nur Vergewaltigung ist sexueller Missbrauch. Auch wenn Erwachsene oder ältere Jugendliche Kinder oder Jugendliche an den Geschlechtsteilen berühren, vor ihren Augen onanieren oder sie zwingen Pornos anzuschauen – das heißt, immer wenn ein Älterer oder Stärkerer ein Kind oder einen Jugendlichen benutzt, um sich sexuell zu befriedigen, spricht man von sexuellem Missbrauch. Findet der Geschlechtsverkehr zwischen Familienmitgliedern statt, heißt er Inzest (Blutschande).

Die Grenzen zwischen liebevollen Zärtlichkeiten, die sich jeder Mensch wünscht, und sexuellen Übergriffen sind oft fließend. Doch wenn dir etwas komisch vorkommt, lass dich nicht von Erwachsenen, älteren Jugendlichen oder Gleichaltrigen bequatschen, dass das, was sie tun, »ganz normal« sei. Verlass dich auf dein Gefühl: Du weißt, was dir gefällt und was nicht, was in dir eine vertrauensvolle Stimmung auslöst und was dich verunsichert oder ängstigt.

Dein Körper gehört dir. Du allein bestimmst, wer wann wo anfassen darf. Manche Berührungen von Eltern, Verwandten, Freunden und Freundinnen sind angenehm. Du möchtest von ihnen umarmt, gestreichelt werden und das ist okay. Jeder von uns hat ein Bedürfnis nach Zärtlichkeit.

Dann gibt es aber auch unangenehme Berührungen, ein Tatschen und Tätscheln, das bei dir ein seltsames Gefühl entfacht: Was will er/sie von mir? Irgendwie stimmt das nicht, denn es passt jetzt nicht. Oder einfach: Es gefällt mir nicht, ich möchte, dass das aufhört.
Gegen Berührungen, fortwährendes Anfassen oder Kitzeln darfst du dich immer wehren. Niemand hat das Recht, dir gegen deinen Willen seine Hand unter die Bluse zu schieben, deinen Penis, deine Scheide oder deinen Po zu berühren. Und mach aus deinen Gefühlen kein Hehl. Sage: »Nein, ich möchte das nicht« oder einfach: »Lass das«. Wenn das nicht fruchtet, lauf weg, möglichst zu jemandem, der dir helfen kann.

Du bist sexuell missbraucht worden oder wirst noch missbraucht, fühlst dich schmutzig und machst dir vielleicht selbst Vorwürfe: »Das passiert nur mir, ich bin der letzte Dreck.« Und du denkst, dass du niemandem mehr vertrauen kannst, du fühlst dich mutlos und ohnmächtig und darüber reden geht gleich gar nicht. Aber du darfst nicht schweigen. Denn dir ist etwas Schlimmes passiert und du brauchst Hilfe.
Vielleicht weißt du nicht, an wen du dich wenden kannst. In deiner Familie würde dir nie jemand glauben, dass der nette Onkel Erwin so nett gar nicht ist, dass dein Vater manchmal ins Badezimmer kommt, wenn du in der Wanne liegst, und nachschaut, ob du schon »richtig entwickelt« bist.
Vielleicht hast du, wie Gitti, auch versprochen nichts zu erzählen, das Geheimnis zu hüten. Und du willst nicht als blöde Petze dastehen. Aber dass dir dein Peiniger dieses Versprechen abgenommen hat, ist auch ein Teil des Missbrauches. Er nutzt seine Macht aus, macht dich zum Mitwisser und will dich damit auch zum Mittäter machen: »Du hast es doch auch gewollt, es hat dir doch gefallen«, lautet der Standardsatz. Er ist gemein und hinterhältig. Denn du bist nicht Täter, du bist Opfer, und auch wenn du unter Druck (»Das muss unser Geheimnis bleiben, denn du willst

So geht es mir
ich werde ausgenutzt
ich werde mißhandelt
ich bin isoliert
ich werde verleumdet
ich erlebe Ekel
ich werde bevorzugt
ich werde aufgewertet
ich muß andere schützen
ich bekomme besondere Zuwendung
ich möchte schreien
ich stehe im Mittelpunkt
ich möchte mich wehren
ich bin groß und trage Verantwortung
ich werde verklärt
ich muß erhalten
ich erlebe angenehme Gefühle

erkennen
Aber auch ohne Signale kann sexueller Mißbrauch vorliegen.
Signale erkennen
„Ich spiele das Zauberspiel mit dem Onkel."
„Mein Onkel hat einen Pipimann, der kann lachen und weinen!"
„In meiner Badewanne ist ein Monster."
„Ich bin doch zu groß, um immer noch zu Papa ins Bett zu gehen, nicht wahr?"
„Dürfen große Leute eigentlich noch ins Bett machen"?
„Der Onkel gibt mir so eklige Spuckeküsse."
„Ich muß solange mit dem Pipimann von meinem Onkel spielen, bis Milch rauskommt."
„Ich hab keine Lust, mit Opa Stehaufmännchen zu spielen."
„Immer kommt nachts ein schreckliches Gespenst zu mir."
„Aus Papas Penis kommt so klebriges Zeug."
„Nachts kriechen Tiere in mich hinein."

doch nicht, dass ich ins Gefängnis komme«) versprochen hast zu schweigen, musst du dich nicht dran halten. Du hast das Recht, es zu erzählen, damit es dir anschließend besser geht. Es gibt Menschen, denen du vertrauen kannst. Und: Du bist nicht der oder die Einzige, der/die missbraucht wird. Wenn du niemanden weißt, an den du dich wenden kannst, dir kein Lehrer, keine ältere Freundin, keine verständnisvolle Tante in den Sinn kommt, dann wende dich an eine der Selbsthilfe-Initiativen, wie »Wildwasser« oder »Zartbitter« (siehe Anhang). Außerdem kannst du den Kinderschutzbund anrufen oder Pro Familia, die in fast jeder Stadt ein Büro haben (siehe Adressenteil).

»Nirgendwo sind die Machtverhältnisse, die emotionale Verstrickung und Abhängigkeit deutlicher als beim Missbrauch von Mädchen.«
Aus einer Broschüre von »Wildwasser«

Prostitution

»Ein Freund von mir bekam zu seinem achtzehnten Geburtstag einen Puffbesuch von seinen Freunden geschenkt. Das fand ich ziemlich abstoßend.« ***Mike*** *17*

»Ich war kürzlich mit Freunden in Hamburg. Wir schlenderten über die Reeperbahn und wurden natürlich ständig von Huren angequatscht. Ich fand es teilweise ziemlich traurig. Denn unter den Prostituierten waren Frauen, die sehr gut aussahen, die mir gefielen, weil sie wirklich süß waren. Da habe ich mich gefragt: Warum gerade die? Warum muss so ein hübsches Mädchen auf eine solche Art ihr Geld verdienen?« ***Uwe*** *18*

»Ich finde nichts Unmoralisches daran, seinen Körper zu verkaufen. Das tun Karolina Kurkova und Christina Aguilera schließlich auch. Nur stehen Models und Pop-Stars gesellschaftlich hoch im Kurs, während man auf Prostituierte herabschaut. Das finde ich verlogen.« ***Oliver*** *17*

»Du bist ja pervers!«

»Du bist ja pervers.« Ein Spruch, den bestimmt schon jeder mal gehört hat. Aber was ist das eigentlich – »pervers«? »Pervers« heißt eigentlich nichts weiter als andersartig veranlagt, empfindend oder handelnd, besonders in sexueller Hinsicht. Im Alltag definiert »pervers« jeder anders: Der eine hält jemanden für »pervers«, weil der sich Pornofilme ausleiht, ein anderer gilt als »pervers«, weil er mitunter sadistische[1] oder masochistische[2] Fantasien hat und offen darüber spricht. Und der Dritte nennt jemanden »pervers«, nur weil ABBA dessen Lieblingsgruppe ist und er unablässig ihre alten Hits abdudelt.

»Pervers« ist nichts endgültig Feststehendes. Was vor noch nicht allzu langer Zeit als widernatürlich und abartig (also als »pervers«) galt, Geschlechtsverkehr vor der Ehe zum Beispiel, ist heute »normal«.

Wenn jemand einen anderen einen »Perversen« nennt, dann meist deshalb, um ihn zunächst einmal einzuordnen – nämlich bei den Abartigen – und ihn im nächsten Schritt auszugrenzen: »Mit so einem Perversen will ich nichts zu tun haben.« Doch sollte man nicht vergessen, dass unter dem Deckmäntelchen, nur das »Abnorme«, »Abartige« und »Perverse« eindämmen zu wollen, in der Vergangenheit Verbrechen verübt wurden: Die Nazis, ganz der »Reinheit der arischen Rasse« verpflichtet (was ein Unfug an sich war, weil es überhaupt keine arische Rasse gibt), sperrten »perverse« Homosexuelle ins KZ, brachten viele von ihnen um. Andere Menschen, die nicht den absurden Rassekriterien genügten, wurden zwangssterilisiert, konnten also keine Kinder mehr bekommen.

Allein diese Erfahrungen sollten uns davor warnen, jeden, der anders ist als wir, mit den Begriffen »pervers« und »abnorm« zu belegen.

Da »pervers« von jedem anders verstanden wird und inzwischen eigentlich gar nichts mehr aussagt, sollte man

[1] Sadismus: **nach dem französischen Schriftsteller Marquis de Sade (1740–1814); sexuelle Veranlagung, durch körperliche oder seelische Schmerzzufügung anderer zu sexueller Erregung und Lust zu gelangen**

[2] Masochismus: **nach dem österreichischen Schriftsteller Leopold von Sacher-Masoch (1836–1895); sexuelle Veranlagung, bei der sexuelle Befriedigung und Lust durch das Erleiden von Misshandlungen durch den Geschlechtspartner erreicht wird**

den Begriff am besten aus dem Wortschatz streichen. Es gibt viele Spielarten der Sexualität, die allesamt nicht »pervers« sind, sein können, weil nämlich beide Partner oder mehrere sie ausleben möchten, freiwillig, ohne Zwang und ohne einem anderen zu schaden. Sexuell »per-

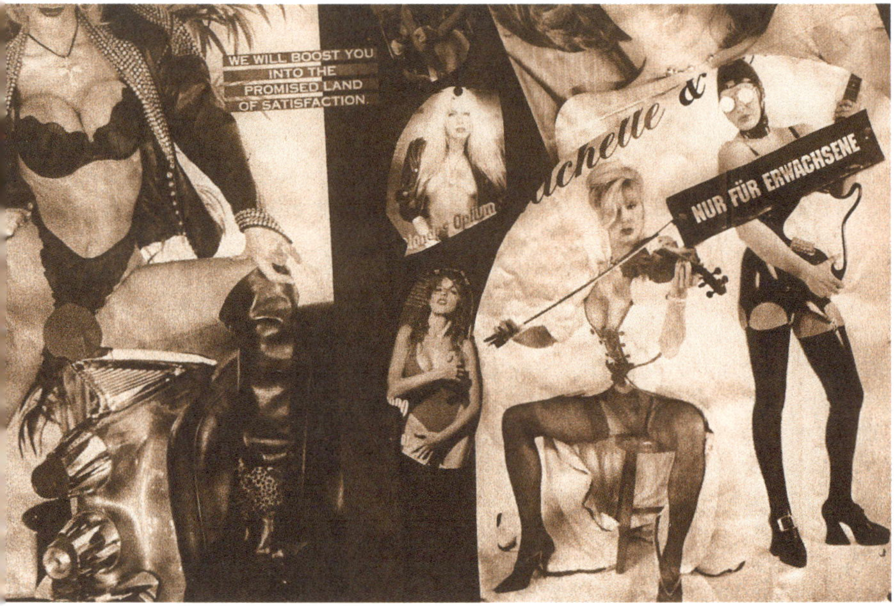

vers« kann eigentlich nur wie folgt definiert werden: Wer andere in einer sexuellen Beziehung ausbeutet, unterdrückt, gegen den Willen des anderen körperliche oder seelische Grausamkeit walten lässt, der ist pervers. Sonst niemand. Auch der Sadist, der mit einem Masochisten eine Beziehung führt, kann nach dieser Auslegung nicht für »pervers« gelten, denn beide haben sich für diese extreme sexuelle Spielart entschieden, und zwar aus freien Stücken. Sie haben Spaß daran – und sie schaden niemandem. Es mag zwar sein, dass wir sagen: »Das könnte mir im Traum nicht passieren«, aber wir haben nicht das Recht, sie als »pervers« zu verunglimpfen.

Und, Hand aufs Herz, so ganz stimmt das ja auch nicht mit dem »Das könnte mir nie passieren«: Denn in fast allen von uns sind Wünsche, Fantasien und Träume, die, spräche man sie aus, am elterlichen Abendbrottisch sicher für viel Stimmung sorgten:

»Ich stell mir manchmal vor, zwei Frauen dabei zu beobachten, wie sie miteinander Sex haben. Das wäre, glaube ich, ziemlich geil.« ***Michael*** *17*

»Manchmal habe ich leicht sadistische Fantasien. Ich würde, glaube ich, gerne mal ein Mädchen fesseln, während ich mit ihr schlafe. Natürlich nur, wenn sie damit einverstanden wäre, wenn sie Spaß daran hätte oder einfach neugierig wäre, wie das ist. Macht haben finde ich ziemlich interessant. Aber alles, was weiterginge, Schlagen, Schmerzen zufügen, würde ich nicht tun.« ***Uwe*** *18*

In wahrscheinlich jedem von uns steckt ein Stückchen Sadismus, Masochismus, Voyeurismus[1] oder Exhibitionismus[2], und wenn es nur Gedanken sind von der Dauer eines Wimpernschlages. Außerdem wandelt sich ständig die Meinung über das, was noch als salonfähig gilt und was bereits die Grenze zum »Perversen« überschreitet: Heute findet unter Jugendlichen kaum jemand etwas dabei, wenn Typen in knallengen Schnür-Shorts und mit entblößtem Oberkörper auf der Techno-Party eine Nacht durchtanzen; oder wenn am Bauchnabel gepiercte Mädchen mit hautengem Leder-Top und einem »sweet nothing« von Minirock beim Outdoor-Rave abhotten. Die Exhibitionisten sind überall, man muss nur richtig hinsehen – und schon bist du ein Voyeur.

[1] Voyeurismus: **von lat.-frz. voyeur, eigentlich Zuschauer. Jemand, der durch den heimlichen Anblick der Geschlechtsorgane anderer Menschen oder durch das Beobachten von sexuellen Handlungen anderer sexuelle Luststeigerung erfährt**

[2] Exhibitionismus: **Neigung zur Entblößung der Geschlechtsteile in Gegenwart anderer Personen**

»Was soll dieses vorwurfsvolle ›Du bist ein Voyeur!‹. Wir sind doch alle Voyeure: der Peepshow-Mann genauso wie Frau Müller, die mit ihrem Opernkieker in die gegenüberliegende Wohnung kiekt, wo sich ein Pärchen liebt. Jeder schaut doch auf jeden. Wenn du kein Voyeur bist, nimmst du das Leben gar nicht wahr. Ich finde es nichts Negatives, ein Voyeur zu sein.« ***Lotti Huber,*** *Schauspielerin*

Meist wehren wir uns gegen die dunklen Gedanken, die mit der Sexualität verbunden sind. Sie sind uns unheimlich, gefährden das gern gezeichnete Bild, Sexualität habe ausschließlich etwas mit tiefem Frieden, Zärtlichkeit und wattierten Gefühlen zu tun. Und doch: Sexualität ist zärtlich, hingebungsvoll, romantisch, liebevoll, rein, weich – aber gleichzeitig auch triebhaft, unkontrolliert, schweißig, heftig, geil, aggressiv. Du musst nicht alles ausleben, was es an sexuellen Möglichkeiten gibt, keineswegs. Aber es ist gut, zu wissen, dass es nicht nur eine einzige, »normale« Sexualität gibt. Lass dich nicht von etwas abhalten, was du dir ersehnst, nur weil es nicht als »normal« gilt, manche es vielleicht sogar für »pervers« halten. Analverkehr[1] zum Beispiel. Nicht nur Homosexuelle (nicht alle übrigens) praktizieren ihn, sondern auch Heterosexuelle (nicht so wenige übrigens). Warum? Weil sie es wollen, weil sie Lust dazu haben und weil sie Lustgewinn daraus ziehen.
Und gleichzeitig brauchst du dich, nur weil es vielleicht gerade Mode ist, nicht zu Dingen überreden zu lassen, die du nicht willst. Prüfe, was du möchtest, wie weit du zu gehen bereit bist und was du mit deinem Partner zusammen umsetzen kannst, und zwar ohne ihm zu schaden. Wenn dies alle täten, würde auch weniger in einer Mischung aus Angst und Lust auf vermeintliche sexuelle Entgleisungen gestarrt werden.

[1] Analverkehr: **das Einführen des Penis in den After; der After ist eine sehr erogene Zone**

HIV und Aids

»AIDS KOTZT MICH INZWISCHEN AN«

Aids wird durch ein Virus hervorgerufen, das HI-Virus (Humanes Immunschwäche-Virus). Aber das wisst ihr ja längst aus dem Biologieunterricht.

Wie ihr sicher ebenfalls wisst, ist Aids bis heute unheilbar. Und doch hat es ein bisschen von seinem Schrecken verloren, denn seit einiger Zeit gibt es wirkungsvolle Medikamente, die den Ausbruch der Krankheit um Jahre verzögern. Das ist auch der Grund, warum in den letzten Jahren eine gewisse Sorglosigkeit um sich gegriffen hat: Die Zahl der verkauften Kondome geht zurück. 2000 wurden noch 207 Millionen Kondome in Deutschland verkauft, drei Jahre später waren es nur noch 189 Millionen. Folglich nehmen die Neuinfektionen mit HIV wieder zu: Im Jahre 2003 steckten sich 1950 Menschen in der Bundesrepublik neu mit dem HI-Virus an. Sichtbare Aufklärung in Form von Plakaten und TV-Spots findet kaum noch statt. Immer sichtbarer dagegen die aufwändig gestalteten Anzeigenkampagnen der Pharmaindustrie, die mitunter den Eindruck vermitteln, ihre Medikamente gegen das Virus seien ungefähr so gefährlich wie eine Kopfschmerztablette. Das sind sie aber keineswegs. Tatsächlich haben alle Arzneimittel, die das Virus in Schach halten (nicht sehr lange übrigens), erhebliche Nebenwirkungen: Übelkeit, Brechreiz und Durchfall sind noch die harmlosesten.

Was viele immer noch nicht wissen, ist, dass Aids sehr leicht zu vermeiden ist. Das Virus ist nämlich sehr empfindlich. Es kann nur in Flüssigkeit überleben. Kommt es an die Luft, dann stirbt es ganz schnell ab. Deshalb kann es nur in folgenden Fällen zu einer Ansteckung kommen (natürlich nur, wenn einer HIV-positiv ist):

- durch Geschlechtsverkehr ohne Kondom (Anal- wie Vaginalverkehr)
- durch gemeinsamen Gebrauch von Spritzen, beispielsweise beim Fixen oder beim Injizieren von Anabolika

- durch direkten Austausch von Blut, zum Beispiel bei starken Verletzungen oder beim Schließen von »Blutsbrüderschaften«
- Ein geringes Restrisiko besteht bei Bluttransfusionen. Aber statistisch gesehen fällt dir auf der Straße eher ein Dachziegel auf den Kopf, als dass du dich durch Blutprodukte ansteckst.

Was ist Aids?

- eine Virusinfektion
- bislang unheilbar, mit (fast immer) tödlichem Verlauf

Wo kommen Aids-Viren vor?

- im Blut
- in der Samenflüssigkeit
- in der Scheidenflüssigkeit
- im Speichel, in der Tränenflüssigkeit, im Urin, im Nasensekret und im Schweiß *(Aber hier ist die Viruskonzentration so gering, dass eine Infektion ausgeschlossen ist. Niemand auf der ganzen Welt hat sich bisher durch einen feuchten Kuss angesteckt.)*

Was ist Aids nicht?

- **Schicksal**

Aids fliegt einen nicht an wie ein Grippevirus, Aids holt man sich. Mit Kondomen kannst du dich und den anderen ausreichend schützen.

- **das Ende der Liebe**

Jetzt, wo du gerade deine Sexualität entdeckst, ist Aids ganz schön lästig. Neben Verhütung, Liebeslust und Liebesfrust muss man auch noch daran denken. Du kannst zwar ein Weilchen so tun, als gäbe es Aids nicht, aber es wird ein beklemmendes Gefühl bleiben, wenn du ungeschützt mit anderen schläfst. Eine Mischung aus Angst und Verdrängung begleitet dich. Und die ist äußerst ungeil

beim Sex – und gefährlich noch dazu. Also: Lerne mit Kondomen umzugehen (Safer Sex)! Jetzt, wo du vielleicht sechzehn oder siebzehn bist und mit deinem gleichaltrigen Freund oder deiner Freundin schläfst, gehst du kaum ein Risiko ein, das ist wahr. Aber was ist in drei, vier Jahren? Wahrscheinlich hast du dann einen anderen Partner, hast mehr Erfahrungen gemacht, und dein neuer Freund, deine neue Freundin ebenfalls. Spätestens dann ist das Kondom unter Umständen lebenswichtig. Wenn du jetzt schon lernst ein Kondom zu benutzen, es in das Liebesspiel einzubeziehen, wird es in ein paar Jahren ganz normal sein. Und sicher.

Wenn du und dein Freund beziehungsweise deine Freundin Petting miteinander macht, braucht ihr euch um Aids keine Gedanken zu machen. Küssen, Zungenspiele sind weitgehend risikolos. Mit zwei Ausnahmen: Wenn der Junge seinen Penis bis zum Orgasmus im Mund seiner Partnerin lässt, also seine Samenflüssigkeit in den Mund spritzt, kann sich die Partnerin infizieren. Die zweite Ausnahme gilt für den Fall, dass Blut in der Vagina ist. Dies kann während der Menstruation sein. In dieser Zeit sollte man deshalb auf Mundverkehr verzichten.

eine Strafe für ein perverses Leben

Aids ist eine schreckliche Krankheit. Wohl wahr. Aber es ist weder eine Strafe für ein »sündhaftes Leben« (das sowieso jeder anders definieren würde) noch hat irgendwer »Schuld« an Aids. Aber jeder ist verantwortlich, und zwar für sich und seinen Partner. Das Virus kennt keine Moral ... Jeder, der sich nicht schützt, kann sich infizieren, und das schon beim ersten Mal.

eine Schwulenpest und das Los von Fixern

Früher hieß es immer, nur Schwule und Fixer kriegen Aids. Deshalb nannte man sie Risikogruppen. Das hat zwar noch nie gestimmt, aber damit hatte man zwei Dinge erreicht: Man konnte mit dem Finger auf sie zeigen und sich selbst beruhigen, nach dem Motto: ›Gott sei Dank sind wir nicht so und deshalb können wir es auch nicht kriegen.‹ Falsch gedacht: Es gibt keine Risikogruppen, es gibt nur Risikoverhalten. Heterosexuelle Frauen und Männer können sich infizieren (und sie tun es auch) und auch Jugendliche sind nicht gefeit vor HIV und Aids.

ein Grund, sich von Menschen abzuwenden

Im alltäglichen Leben kannst du dich nicht mit HIV anstecken. Deshalb kannst du dasselbe Klo benutzen wie ein aidskranker Mensch, aus derselben Tasse trinken, ihn umarmen. Wenn du einen HIV-positiven Menschen kennst, dann geh normal mit ihm um. Natürlich solltest du Rücksicht auf seinen oder ihren Gesundheitszustand nehmen, aber spiel nicht Mutter Teresa. HIV-Positive beziehungsweise Aids-Kranke sind nicht ständig traurig, wollen weder ständig getröstet werden noch unablässig über ihre Krankheit reden. Sie liegen auch nicht permanent ermattet im Bett, sondern haben ganz normale Bedürfnisse. Wollen in die Kneipe oder ins Kino gehen und am Leben teilhaben. Tu es mit ihnen zusammen!

Aids, Kondome und kein Ende

Ansichten

»Aids ist ein so durchgekautes Thema. Es kotzt mich inzwischen an, immer wieder neu über die Gefahren aufgeklärt zu werden.« ***Hanno*** *16*

»Ich glaube, die Erwachsenen benutzen Aids auch, um uns Sex zu verbieten.« ***Michaela*** *17*

»Wenn ich ein Mädchen kennen lerne und mit ihr schlafe, benutze ich immer ein Kondom. Ich habe immer welche zu Hause. Und wenn wir bei ihr sein sollten, erwarte ich, dass sie ein Kondom hat. Aids-Verhütung ist schließlich nicht nur Sache des Mannes.« ***Julian*** *18*

»Das Gummi an sich ist ganz okay. Es stört mich nicht besonders. Es ist nur so schwer, es in den Sex einzubinden. Irgendwie ist es immer mechanisch. Wenn man sich dann zwei Minuten zurückziehen muss, macht das das Gefühl doch für eine Weile kaputt.« ***Sven*** *18*

»Bei meinem ›ersten Mal‹ spielte Aids noch keine Rolle. Ich war noch Jungfrau, meine Freundin hatte erst mit *einem* Jungen geschlafen und nahm die Pille. Nach dieser Beziehung lernte ich eine junge Amerikanerin kennen, die für einige Wochen in Deutschland war. Ich kannte sie kaum, als ich mit ihr geschlafen habe, wusste nichts von ihrem Vorleben, und da war für mich klar, dass ich ein Kondom benutzte. Sie dachte übrigens genauso. Wir waren zusammen im Kino, gingen anschließend in den Park. Dort war ein Spielplatz, sie holte ein Kondom aus der Tasche und es war überhaupt nicht peinlich oder unangenehm.« ***Robert*** *18*

Sexuell übertragbare Krankheiten im Überblick

Typ	Übertragung
Tripper (Gonorrhöe)	Vor allem durch ungeschützten Sex. Eine indirekte Übertragung durch die Hände oder Sexspielzeug ist möglich.
Pilze (insbesondere Candida albicans)	Selten durch Geschlechtsverkehr. Durch zu starkes Reinigen der Scheide, durch Einnahme der Pille oder andere Medikamente und durch Stress wird die Abwehr gegen Pilze stark herabgesetzt.
Chlamydien (sprich: Klamüdien)	Besonders leicht beim Sex. Viele Menschen sind angesteckt, ohne es zu wissen.
Trichomonaden (Parasiten)	Durch Sex ohne Kondom, durch gemeinsam genutzte Textilien (Handtücher, Badewäsche etc.)
Herpes genitalis	Durch Geschlechtsverkehr einmal übertragen, sind die Erreger lebenslang vorhanden. Ausbruch in Stresssituationen.
Hepatitis (B)	Durch Geschlechtsverkehr
Syphilis	Durch ungeschützten Geschlechtsverkehr
Aids	s. Seite 227 ff.

Anzeichen	Behandlung
Bei Mädchen: brennender Schmerz beim Pinkeln; bei Jungen: weißlich-gelber Ausfluss, ebenfalls Schmerzen beim Pinkeln	Mit Antibiotika. Während der Therapie ist Geschlechtsverkehr verboten. Partner/in mitbehandeln lassen
Bei Mädchen: geschwollene Schamlippen, verstärkter Ausfluss, oft gelblich, stark riechend; Scheide entzündet; Juckreiz; bei Jungen: oft nur gerötete Haut am Glied, manchmal juckende Eichel mit kleinen Pünktchen	Leichtes Stadium: Milchsäurebakterien in die Scheide (als Tabletten, Zäpfchen, Joghurt. Dabei ein Tampon in Joghurt mit rechtsdrehender Milchsäure tunken und in die Scheide einführen); sonst Scheidencreme, Scheidenzäpfchen.
Symptome werden nur bei 25% der Mädchen spürbar. Heller Ausfluss, Schmerzen beim Pinkeln und im Unterleib; bei Jungen ähnliche Symptome.	Antibiotikum als Tabletten oder Injektion
ähnlich wie bei Tripper	Antibiotika zum Einnehmen oder Zäpfchen, Partner unbedingt mitbehandeln lassen
Jucken, Brennen, empfindliche Haut an Genitalien und After, dann Bläschen, die innerhalb von drei Wochen schmerzhaft aufplatzen.	Bei Ausbruch der Krankheit mit entsprechenden Tinkturen oder Salben, vom Arzt verschrieben, bestreichen. Zeit der schmerzhaften Beschwerden dadurch erheblich verkürzt.
nach ein bis sechs Wochen: Grippegefühl, Übelkeit, Fieber, Abneigung gegen Fett und Alkohol	Bettruhe über mehrere Wochen, Diät, striktes Alkoholverbot; vorbeugend impfen lassen!
Bildung von kleinen schmerzlosen Knoten an der Eintrittsstelle; später Schwellungen, Hautausschläge; unbehandelt tödlich	Antibiotika; unbedingt Partnerbehandlung

Der Test

»Ich habe schon fünfmal einen HIV-Test gemacht. Ich bin sauber.« ***Michael*** *18*

Michael ist ein Extrembeispiel, aber viele Jugendliche haben schon einmal daran gedacht, diesen Test zu machen. Dabei wird dir Blut abgenommen und mithilfe eines komplizierten Verfahrens prüft das Labor, ob sich in deinem Blut HIV-Antikörper gebildet haben. Das Dumme ist nur, dass erst ungefähr drei Monate nach der Infektion Antikörper nachweisbar sind. Die Zeit zwischen Ansteckung und der Bildung von Antikörpern nennt man diagnostisches Fenster. In einigen Fällen wurden noch ein halbes Jahr nach der Infektion keine Antikörper gefunden. Dennoch kann dieser Mensch das Virus weitergeben. Der negative Test ist also keine Sicherheitsgarantie. Zumindest dann nicht, wenn du in den Monaten zuvor ungeschützte Kontakte hattest. Die können nämlich in die Zeit des diagnostischen Fensters fallen.

»Mit meiner neuen Freundin – wir sind jetzt vier Monate zusammen – hab ich am Anfang immer mit Kondom geschlafen. Vor zwei Wochen haben wir beide einen HIV-Test gemacht. Er war negativ. Jetzt schlafen wir ohne Kondom zusammen. Sie nimmt die Pille.« ***Heiko*** *17*

So wie Heiko und seine Freundin es gemacht haben, ist das Risiko tatsächlich auf ein Minimum geschrumpft. Aber jedes Mal, wenn man einen neuen Freund, eine neue Freundin hat, zum Test zu gehen, ist ziemlich stressig.

»Der Gang zum Arzt ist ziemlich hart, wenn man sich das Testergebnis abholt. Als ich nach meinem ersten HIV-Test im Wartezimmer saß, um mir das Ergebnis abzuholen, kriegte ich es echt mit der Angst zu tun. Was wäre, wenn, dachte ich. Er war dann negativ und ich fühlte mich wie neugeboren.« ***Julian*** *18*

STOP
Hanni
Ich Liebe
Dich

Die beste Adresse für alle im Buch angesprochenen Fragen oder Probleme, die du hast, ist PRO FAMILIA. Hier bekommst du bei allen Fragen zur Sexualität und zu Verhütungsmitteln, Schwangerschaft usw. Auskunft. Adressen von Mädchen- und Frauenhäusern sind zum Schutz der dort lebenden Frauen nicht im Telefonbuch oder im Netz zu finden, aber auch bei PRO FAMILIA erfragbar.
Außerdem gibt es in fast jeder Stadt weitere Beratungsstellen, an die du dich wenden kannst, wenn du Rat oder Hilfe brauchst. Stichworte, unter denen du im Internet oder im Telefonbuch nachsehen kannst, sind hier u. a. Kindersorgentelefon, Jugendnotdienst, Frauennotruf, Mädchenberatungsstelle, Männer gegen Gewalt.
In fast allen größeren Städten gibt es auch spezielle Beratungsstellen für vergewaltigte oder sexuell missbrauchte Jugendliche.

Auf den nächsten Seiten findet ihr die Adressen der PRO FAMILIA-Landesverbände und einiger wichtiger Ansprechpartner.

ADRESSEN

PRO FAMILIA

Homepage: www.profamilia.de

Allgemeine Beratungsstellen

Bundesverband
Stresemannallee 3
60596 Frankfurt
Telefon: 069/639002

Landesverband Baden-Württemberg
Haußmannstr. 6
70188 Stuttgart
Telefon: 063/639002

Landesverband Bayern
Düsseldorfer Str. 22
80804 München
Telefon: 089/30611285

Landesverband Berlin
Kalckreuthstr. 4
10777 Berlin
Telefon: 030/2139020

Landesverband Brandenburg
Gartenstr. 42
14478 Potsdam
Telefon: 0331/7408397

Landesverband Bremen
Hollerallee 24
28205 Bremen
Telefon: 0421/3406060

Landesverband Hamburg
Kohlhöfen 21
20355 Hamburg
Telefon: 040/343344

Landesverband Hessen
Schichaustr. 3-5
60314 Frankfurt
Telefon: •••

Landesverband Mecklenburg-Vorpommern
Barnstorfer Weg 50
18057 Rostock
Telefon: 0381/4904095

Landesverband Niedersachsen
Steintorstr. 6
30159 Hannover
Telefon: 0511/30185780

Landesverband Nordrhein-Westfalen
Postfach 130901
42036 Wuppertal
Telefon: 0202/2456510

Landesverband Rheinland-Pfalz
Schießgartenstr. 7
55116 Mainz
Telefon: 06131/236350

Landesverband Saarland
Mainzer Str. 106
66121 Saarbrücken
Telefon: 0681/64567

Landesverband Sachsen
Weststr. 56
09112 Chemnitz
Telefon: 0371/3556790

Landesverband Sachsen-Anhalt
Richard-Wagner-Str. 29
06114 Halle
Telefon: 0345/5220636

Landesverband Schleswig-Holstein
Marienstr. 29-31
24937 Flensburg
Telefon: 0461/9092620

Weitere allgemeine Beratungsstellen:

Bundesministerium für Familie, Senioren, Frauen und Jugend
Rochusstr. 8-10
53123 Bonn
Telefon: 0228/9300
www.bmfsfj.de

Durchblick Informationsservice für Jugendliche über Empfängnisverhütung und Sexualität
Postfach 1272
85764 Oberschleißheim
Telefon: 0130/3431

Bundeszentrale für gesundheitliche Aufklärung
Ostmerheimer Str. 220
51109 Köln
Telefon: 0221/89920
www.bzga.de

Deutsche Arbeitsgemeinschaft für Jugend- und Eheberatung e.V. (DAJEB)
Neumarkter Str. 84c
81673 München
Telefon: 089/4361091
www.dajeb.de

Katholische Bundesarbeitsgemeinschaft für Beratung e.V.
Kaiserstr. 163
53113 Bonn
Telefon: 0228/1031

Evangelische Konferenz für Familien- und Lebensberatung e.V.
Ziegelstr. 30
10117 Berlin
Telefon: 030/28303927
www.ekful.de

Diakonisches Werk der Evangelischen Kirche in Deutschland e.V.
Hauptgeschäftsstelle
Stafflenbergstr. 76
70184 Stuttgart
Telefon: 0711/21590

www.jugendhilfe.net
Angebot des Diakonischen Werks Rosenheim u.a. mit Foren. Verzeichnis der meisten Beratungsstellen in Deutschland

www.Sex-extra.de
Eine Seite in Zusammenarbeit mit PRO FAMILIA. Dies ist hauptsächlich eine Seite von Jugendlichen für Jugendliche, die Informationen und Beratung rund um das Thema Liebe und Sexualität bietet.

www.Sexundso.de
Diese Seite bietet einen Beratungsservice per Mail rund um Fragen zum Thema Sexualität und Verhütung, aber auch zum Beispiel Fragen zum ersten Verliebtsein können hier gestellt werden.

www.doclove.de
Homepage zum Thema Liebe, Liebesfrust und -lust

Medizinische Beratung

First Love Ambulanz
Krankenhaus Schwabing
Kölner Platz 1
80804 München
Dienstags 14.00 Uhr bis 18.00 Uhr

Fragen zur Schwangerschaft

www.familienplanung.de
Die Seite der Bundeszentrale für gesundheitliche Aufklärung. Sie enthält Informationen zum Thema Verhütung und Aufklärung. Außerdem verweist sie auf Broschüren und Ratgeber rund um die Schwangerschaft.

www.9-monate.de
Hier werden neben Fragen über die Schwangerschaft, den Ablauf etc. auch wichtige medizinische Fragen beantwortet.

www.menschenskinder-online.de
Hier liegt der Schwerpunkt auf dem Alltag mit einem Baby oder Kleinkind. Im Netz stehen Spieletipps, Ratschläge zur Ernährung oder Ähnliches.

Fragen zum Thema »Sexueller Missbrauch«

Wildwasser e.V.
Arbeitsgemeinschaft gegen sexuellen Missbrauch an Mädchen
Wriezener Str. 10/11
13359 Berlin
Telefon: 030/48628222
www.wildwasser-berlin.de

Mädchennotdienst von Wildwasser e.V.
Obentrautstr. 53
10963 Berlin
Telefon: 030/21003999
www.wildwasser-berlin.de

Zartbitter e.V.
Kontakt- und Informationsstelle gegen sexuellen Missbrauch an Mädchen und Jungen
(Weitere Zweigstellen im ganzen Bundesgebiet)
Sachsenring 2–4
50677 Köln
Telefon: 0221/312055
www.zartbitter.de

Fragen zum Thema »Homosexualität«

Beratungsstelle für homosexuelle Männer c/o Institut für Lebens- und Sexualberatung
Gerresheimer Str. 20
40211 Düsseldorf
Telefon: 0211/354591
www.sexologie.org

Checkpoint
Informationszentrum für Lesben und Schwule
Pipinstr. 7
50667 Köln
Telefon:
0221/92576868

Hein & Fiete
Hamburger Schwuler Infoladen
Kleiner Pulverteich 17
20090 Hamburg
Telefon: 040/240440

Landesverband des Jugendnetzwerkes Lambda e.V.
Kopernikusstr. 23
2. Hinterhaus, 3. OG (rechts)
10245 Berlin/Friedrichshain
Telefon: 030/2827990
www.lambda-bb.de

Jugendtelefon In & Out
Jugendnetzwerk Lambda Berlin Brandenburg e.V.
Kopernikusstr. 23
10245 Berlin/Friedrichshain
Telefon: 030/29668588

Lesbenberatung Berlin
Kulmer Str. 20a
10783 Berlin
Telefon: 030/2152000
www.lesbenberatung-berlin.de

Geschäftsstelle des Lesbenrings e.V.
Cloppenburger Str. 35
26135 Oldenburg
Telefon: 0441/2097137
www.lesbenring.de

Magnus Hirschfeld Zentrum
Borgweg 8
22303 Hamburg
Telefon: 040/27877800
www.hamburg.gay-web.de

Mann-O-Meter e.V.
Gay Switchboard
Bülowstr. 106
10783 Berlin
Telefon: 030/2168008
www.mann-o-meter.de

Lesben- und Schwulenverband in Deutschland (LSVD) e.V.
Pipinstr. 7
50667 Köln
Telefon: 0221/9259610
www.lsvd.de

SUB e.V.
Schwules Kommunikations- und Kulturzentrum
Müllerstr. 43
80469 München
Telefon: 089/2603056
www.subonline.org

www.stadt.gay-web.de
Webseite, die einen Überblick über fast alle innerdeutschen Städte und deren schwule Institutionen, Verbände etc. bietet.

Fragen zum Thema AIDS

www.aidsaufklaerung.de

www.aids-info.net
Beratung und Information rund um das Thema HIV-Infektion

ÖSTERREICH

Allgemeine Beratungsstellen

Familien- und Frauenberatung »Wiff«
Hauptplatz 2
9100 Völkermarkt
Telefon: 04232/4750

Familienzentrum Niederösterreich-Süd
Baumkirchner Ring 7
2700 Wiener Neustadt
Telefon: 02622/28085

Verein für Jugend- und Familienberatung
Beratungsstelle »Billy«
Weissenwolffstr. 17a
4020 Linz
Telefon: 0732/770497

Sexualberatung Salzburg
Platzl 2
5020 Salzburg
Telefon: 0662/870870
www.sexualberatung-salzburg.at

Steirischer Familienbund
Alter Bahnhof
8443 Gleinstätten
Telefon: 03457/215521

Pro Juventute
Hauptplatz 3
8940 Liezen
Telefon: 03612/22485

Jugendberatungsstelle Mühletor
Schillerstr. 18
6800 Feldkirch
Telefon: 05522/767290
www.ifs.at

Beratung zum Thema »sexueller Missbrauch«

Verein für Frauen im Burgenland
Frauenberatungsstelle
Spitalgasse 5
7400 Oberwart
Telefon: 03352/33855
www.utanet.at

Verein Belladonna
Villacher Ring 21
9020 Klagenfurt
Telefon: 0463/511248
www.frauenberatung-belladonna.at

Kinderschutz-Zentrum Kärnten
Kumpfgasse 20
9020 Klagenfurt
Telefon: 0463/56767
www.kinderschutz-zentrum-kärnten.at

Verein Kassandra
Skribanygasse 1
2340 Mödling
Telefon: 02236/42035

Notruf für vergewaltigte Frauen und Mädchen
Humboldtstr. 43
4020 Linz
Telefon: 0732/602200
www.frauenzentrum.at

Kinderschutz-Zentrum Linz
Langgasse 10
4020 Linz
Telefon: 0732/781666

Kinderschutz-Zentrum Tandem
Pfarrgasse 8
4600 Wels
Telefon: 07242/67163

Frauennotruf Salzburg Hilfe und Beratung bei Gewalt an Frauen und Mädchen
5020 Salzburg
Telefon: 0662/881100

Krisenstelle für Jugendliche
Werkstättenstr. 4
5020 Salzburg
Telefon: 0662/453266
www.koko.at

Frauennotruf Beratung, Therapie und Prävention sexueller Gewalt gegen Frauen und Mädchen
Schillerstr. 29
8010 Graz
Telefon: 0316/318077

Kinderschutz-Zentrum
Mandellstr. 18/2
8010 Graz
Telefon: 0316/831941
www.kinderschutz-zentrum.at

Verein Frauen gegen Vergewaltigung
6020 Innsbruck
Telefon: 0512/574416

Kinderschutz-Zentrum Tangram
Schöpfstr. 19
6020 Innsbruck
Telefon: 0512/583757
www.kinderschutz-zentrum-innsbruck.at

Beratungsstelle für sexuell missbrauchte Mädchen und junge Frauen
Theobaldgasse 20/9
1060 Wien
Telefon: 01/5871089
oder 5870355
www.maedchenberatung.at

Tamar, Beratungsstelle
Wexstr. 22/3/1
1200 Wien
Telefon: 01/3340436
www.tamar.at

Unabhängiges Kinderschutz-Zentrum Wien
Kandlgasse 37/12
1070 Wien
Telefon: 01/5261820

Notruf. Beratung für vergewaltigte Frauen und Mädchen
Postfach 214
1172 Wien
Telefon: 01/5232222
www.frauenweb.at/notruf

Fragen zur Homosexualität

Homosexuelle Initiative Linz
Schubertstr. 36
4020 Linz
Telefon: 0732/609884
www.hosilinz.at

Homosexuelle Initiative Salzburg
Müllner Hauptstr. 11
5020 Salzburg
Telefon: 0662/435927
www.hosi.or.at

Homosexuelle Initiative Tirol
Inrain 100/1
6020 Innsbruck
Telefon: 0512/562403

Homosexuelle Initiative Wien
Novaragasse 40
1020 Wien
Telefon: 01/2166604
www.hosiwien.at

Rosa Lila Villa
Beratungszentrum für homosexuelle Frauen und Männer
Linke Wienzeile 102
1060 Wien
Telefon: 01/5868150 (Lesbenberatung) oder 01/5854343 (Schwulenberatung)

Fragen zum Thema AIDS

AIDS-Informationszentrale Austria
www.aidshilfe.at

SCHWEIZ

Dachverband
PRO FAMILIA
Laupenstr. 45
3008 Bern
Telefon: 031/3819030

Allgemeine Beratungsstellen

Beratungsstelle für Familienplanung
Metzgergasse 20
5000 Aarau
Telefon: 062/8225522
www.fapla/ag.ch

Frauenberatungszentrum
Aarbergergasse 16
3011 Bern
Telefon: 031/3123120

Beratungsstelle für Familienplanung, Schwangerschaft und Sexualität
Rosenbergstr. 10
9001 St. Gallen
Telefon: 071/2228811
www.faplasg.ch

Glarner Beratungsstelle für Ehe-, Familien- und Sexualfragen
Asylstr. 30
8750 Glarus
Telefon: 055/6464040

Sexual- und Schwangerschaftsberatung der Frauenzentrale Zug
Tiroler Weg 8
6300 Zug
Telefon: 041/7252640
www.frauenzentrale-zug.ch

Verein Ehe- und Lebensberatung, Schwangerschaftsberatung und Familienplanung
Dornacher Str. 9
6003 Luzern
Telefon: 041/2101087

pro juventute, Zentrale
Seehofstr. 15
8032 Zürich
Telefon: 01/2567777
www.projuventute.ch

Association Suisse de planing familial et d'education sexuelle
Chemin de la Guetta 7
1073 Savigny
Telefon: 021/7840246

Fragen zum Thema Missbrauch

Informations- und Beratungsstelle für Jugendliche
Kaffi Schlappe (BFA)
Klybeckstr. 1b
4057 Basel
Telefon: 061/6810303

Triangel
Opferhilfe und Beratungsstelle für gewaltbetroffene Kinder und Jugendliche
Steinenring 53
4051 Basel
Telefon: 061/6833145

Beratungsstelle für vergewaltigte Frauen und Mädchen
Rodtmattstr. 45
3014 Bern
Telefon: 031/3321414

Nottelefon und Beratungsstelle für Frauen gegen sexuelle Gewalt
Postfach 8026
8036 Zürich
Telefon: 01/2914646
www.frauenberatung.ch

Fragen zur Homosexualität

Frauenzentrum Zürich
Lesbenberatungsstelle
Mattengasse 27
8005 Zürich
Telefon: 01/272 73 71
www.fembit.ch

Beratungstelefon für Schwule
Sihlquai 67
8005 Zürich
Telefon: 01/271 70 11

Homosexuelle Arbeitsgruppe Basel
Information und Beratung
Postfach 1519
4001 Basel
Telefon: 061/692 66 55
www.habs.ch

Homosexuelle Arbeitsgruppe Bern
Mühlenplatz 11
3011 Bern
Telefon: 031/311 63 53
www.halu-luzern.ch

HAZ, Homosexuelle Arbeitsgruppe Zürich
Sihlquai 67
8005 Zürich
Telefon: 01/271 22 50
www.haz.ch

Beratung zu AIDS

AIDS-Hilfe Schweiz
Konradtstr. 20
8031 Zürich
Telefon: 01/447 11 11
www.aids.ch

REGISTER

A
Absaugmethode **172**
Abtreibung
☛ Schwangerschaftsabbruch
Adoption **175**
Aids **227**ff.
Akne ☛ Pickel
Analverkehr **226**
Ausfluss **35, 173**
Ausschabung **172**

B
Bauchschmerzen (-krämpfe) **32**f.
Befruchtung **30**f., **33**
Beziehung(en) **176**ff.
Binden **28, 31**f.
Bisexualität/bisexuell **108**
Blutung
☛ Menstruation
Blutungen außerhalb der Menstruation **35**
Brust **17, 18, 25**f.
– behaarung **44**
– Größe der **25**
– operationen **26**
– warze **25**
Busen ☛ Brust

C
Chatten **184**ff.
Chlamydien **232**
Coitus interruptus **153**ff.
Coming-out **111**

D
Dermatologe ☛ Hautarzt
Diaphragma **152, 156**f.

E
Ei **29**
– bläschen **29**f.
– leiter **29**f.
– sprung **29**f., **33, 145**
– zelle **29**ff.
Eichel **41**f.
– entzündung **45**
Eierstöcke **29**f.
Eifersucht **200**ff.
Ejakulation
☛ Samenerguss
Empfängnisverhütung
☛ Verhütungsmittel
Erektion **42, 45**
– Schwierigkeiten mit der **47**
Erogene Zonen **105**
Exhibitionismus **225**

F
Follikel ☛ Eibläschen
Frauenarzt **34**f.
Fremdgehen **195**

G
Gebärmutter **29**ff., **95**
– schleimhaut **30**f.
Gelbkörper **30**
Genitalien
☛ Geschlechtsorgane
Geschlechtshormone
☛ Hormone
Geschlechtskrankheiten **232**f.
Geschlechtsverkehr **152, 157**
– ungeschützter **227**f.
Gestagene **19, 145**f.
Gleitmittel **147, 149**
Gonorrhöe ☛ Tripper
Gynäkologe
☛ Frauenarzt

H
Hautarzt **46**f.
Hepatitis **232**
Herpes **232**
Heterosexualität/heterosexuell **108**
Hirnanhangdrüse **29**f.
HIV **227**
– Infektion **227**ff.
– Test **234**
Hoden **20, 38, 40, 45**
– sack **40**
Homosexualität/homosexuell **108**ff.
– Diskriminierung von Homosexuellen **128**
Hormon **19, 29**
– drüsen **19**
– produktion **19**
Hygiene **47**f.
Hymen
☛ Jungfernhäutchen
Hypophyse
☛ Hirnanhangdrüse

I
Infektionskrankheiten
☛ Geschlechtskrankheiten
Intimhygiene ☛ Hygiene

Intra-Uterin-Pessar
☛ Spirale
Inzest **208**

J

Jungfernhäutchen **94, 135**

K

Kitzler ☛ Klitoris
Klitoris **94**
Knaus-Ogino-Methode **153**ff.
Kondom **141, 147, 156**f., **228, 231**
Körpergeruch **47**f.
Körperhaare **44**
Kürette **172**

L

Latex **148**f.
Lesben/lesbisch
☛ Homosexualität
Liebeskummer **204**
Lust- oder »Glücks«-tropfen **42, 149**

M

Männerarzt **45**
Masochist, masochistisch **223**
Masturbation
☛ Selbstbefriedigung
Menstruation **16, 27, 29**f.
– Schmerzen während der **32**f.
Mini-/Mikropille **145**
Missbrauch, sexueller **217**ff.
Monatsblutung
☛ Menstruation
Morgenlatte **42**
Muttermund **95**f.

O

Onanie
☛ Selbstbefriedigung
Orgasmus **95**f., **105, 136**
Östrogene **19, 25, 27, 29**ff., **145**f.
Outing **111**
Ovulation ☛ Eisprung

P

Pariser ☛ Kondom
Penis **20, 40**ff.
– entzündungen **45**
– Größe des **41**
– reinigung **47**
Periode ☛ Menstruation
Pervers **223**
Petting **105, 107, 137, 229**
Phimose
☛ Vorhautverengung
Pickel **46**f.
Pille **145**ff., **156**f.
– danach **153**
Pilze, Pilzinfektionen **233**
Pollution **16, 43**
Pornografie, Pornos **223**
Präservative ☛ Kondome
Pro Familia **236**ff.
Progesteron **30**f.
Prostitution **222**
Pubertät **19**f., **46**

R

Regelblutung
☛ Menstruation

S

Sadismus, sadistisch **223**
Safer Sex **229**
Samen **43, 147**f.
– erguss **38, 43**
– fäden **42, 96**
– flüssigkeit **148**
– zelle **38**
Schamhaare **19**
Schamlippen **94**f.
Schaumzäpfchen **149**f., **156**
Scheide **18, 29, 41, 94**f., **135**f.
Scheidenentzündungen (-infektionen) **31**f.
Scheidenflüssigkeit **31**
Schüchternheit **61**
Schwangerschaft, schwanger **160**ff.
– ungewollte **164**ff.
Schwangerschaftsab-bruch **168**ff.
– Beratung beim **168**
– Kosten für **171**
Schwangerschaftstest **160**
Schwul
☛ Homosexualität
Seitensprung
☛ Fremdgehen
Selbstbefriedigung **91**f.
Smegma **48**
SMS **63**ff.
Sperma, Spermien **38**
Spirale **153**ff.
Stimmbruch **44**

T

Tampons **31**f.
Testosteron **20, 42**
Träume, feuchte
☛ Pollution
Trennung **204**ff.
Treue **194**f.
Trichonomaden **232**
Tripper **232**

U

Untreue **195**ff.

V

Vagina ☛ Scheide
Vergewaltigung **217**
Verhütung **141**ff.
Verhütungsmittel **144, 156**
– natürliche **150**f., **156**f.
– chemische **156**f.
Vorhaut **41**
– verengung **45**
Voyeur, Voyeurismus **225**

W

Waschlotionen **47**ff.
Weißfluss **27**

Z

Zyklus **29**f., **145**